Martina Bölck & Hilke Veth

»Ausgerechnet zu den Chinesen ...«

Deutschsprachige Abenteurerinnen in China

Inhalt

»Ich wäre ein ganz anderer Mensch, wenn ich nicht in China gewesen wäre«

Seit der Mitte des 19. Jahrhunderts machten sich auch aus den deutschsprachigen Ländern mehr und mehr Frauen in ein – damals wie heute – ziemlich fremdes Land auf: China. Für die meisten von ihnen war es eine lebensverändernde Erfahrung, so wie es Irmgard Grimm mit dem Satz oben in ihren Erinnerungen beschreibt. Abenteurerinnen waren sie auf ihre Art alle, wagemutige Frauen, die sich dem fremden Land auf ihre jeweils persönliche Weise näherten. Einige von ihnen möchten wir hier vorstellen.

Wir beginnen mit der Weltreisenden Ida Pfeiffer. Sie besuchte 1847 Hongkong und Kanton – wenige Jahre, nachdem Großbritannien die Öffnung Chinas erzwungen hatte –, im Gepäck die damals gängigen kolonialen Vorurteile. Und wir enden mit Eva Siao, die als Fotografin den Alltag in der Volksrepublik dokumentierte. Obwohl sie als Volksverräterin mehrere Jahre im Gefängnis war, hielt sie an ihrem Glauben an die Ideale des Kommunismus fest. Unter den ausgewählten Frauen sind eine Diplomatengattin und eine Spionin, Missionarinnen und Kunstsammlerinnen, Journalistinnen und eine Emigrantin, die als Jüdin in Shanghai vor der Verfolgung durch die Nationalsozialisten Zuflucht suchte. Manche hielten sich nur wenige Wochen in China auf, andere verbrachten dort mehrere Jahre oder sogar den größten Teil ihres Lebens. Jede von ihnen versuchte auf ihre Art und Weise, der Fremde zu begegnen und sich zu behaupten. Einige waren heftigen Verwerfungen (durch Aufstände, Bürgerkriege, die Weltkriege und persönliche Schicksalsschläge) ausgesetzt und gezwungen, unglaubliche Kräfte zu entwickeln. Wie etwa die Konditoreibetreiberin Erna Kluge Scheel, die bis zur völligen Erschöpfung immer wieder neu anfangen musste. Oder Franziska Tausig, die im Exil ununterbrochen arbeitete, um sich und ihren Mann durchzubringen. Die »älteren« Frauen waren meist Hausfrauen oder Lehrerinnen. Dann kamen die ersten Akademikerinnen, wie die Ärztin Elise Troschel, die Anfang des 20. Jahrhunderts schon in einer erstaunlich gleichberechtigten Partnerschaft lebte. Oder die Kunsthistorikerin Eleanor von Erdberg, der man noch gesagt hatte, dass sie mit einem Doktortitel keinen Mann finden würde.

Alle hatten das Bedürfnis, über ihre Erfahrungen zu schreiben: Reiseberichte, Tagebücher, Romane, Essays, Lebenserinnerungen. Einige Autorinnen gelangten damit zu Ruhm, andere blieben der Öffentlichkeit unbekannt. In ihren Texten zeigen sich vom Kolonialismus geprägte Überlegenheitsgefühle, Neugier, christlich motiviertes Mitleid, Bewunderung für die Kultur des fremden Landes, revolutionäres Pathos – ein Spiegel der jeweiligen Lebensumstände und der (kultur-)politischen Hintergründe. Insofern gibt dieses Buch auch einen Einblick in die Geschichte der deutsch-chinesischen Beziehungen vor dem Hintergrund der Zeitläufte. Zum besseren Verständnis der Zusammenhänge haben wir im Anhang zu verschiedenen Stichpunkten Informationen zusammengetragen.

Auch wenn einige der porträtierten Frauen nach der Gründung der kommunistischen Volksrepublik China 1949 im Land blieben und manche sogar die chinesische Staatsbürgerschaft annahmen, war dieser Zeitpunkt doch eine Zäsur in den deutsch-chinesischen Beziehungen. Die meisten Ausländerinnen und Ausländer verließen das Land. Nach Maos Tod 1976 entstand – mit der Öffnungspolitik unter Deng Xiaoping – eine Vielzahl neuer Beziehungen. Es kam zu einem Austausch in Handel, Wirtschaft, Wissenschaft und Kunst, der unter ganz anderen Vorzeichen stattfand als zu Beginn des 20. Jahrhunderts. Mit diesem Austausch sind auch wieder viele interessante Frauen nach China gegangen, haben dort geforscht, Firmen gegründet und journalistisch und künstlerisch gearbeitet. Über sie wird vielleicht eines Tages ein anderes Buch geschrieben werden.

Unser Interesse an dem Leben der hier vorgestellten Frauen hat persönliche – wenn auch jeweils unterschiedliche – Motive. Hilke stammt selbst aus einer chinadeutschen Familie und ist noch in Shanghai geboren. Sie hat miterlebt, wie sehr der Aufenthalt dort das Leben ihrer Eltern und Verwandten auch in Deutschland geprägt hat. Nach einer Phase der Abgrenzung hat sie angefangen, sich für ihre »chinesischen Wurzeln« zu interessieren. Martina, aufgewachsen in einem kleinen bayerischen Dorf, wollte immer die Welt bereisen und landete schließlich für fünf Jahre als Dozentin an einer chinesischen Universität in Peking.

Auch wir beide wären andere Menschen, wenn wir bzw. unsere Familienangehörigen nicht in China gewesen wären.

Ida Pfeiffer 1856, vor der Reise nach Madagaskar

»Ich sah mehr, als je eine Frau in China gesehen hatte«

Ida Pfeiffer

geb. Reyer

Weltreisende und Reiseschriftstellerin

(1797 – 1858)

»Noch vor einem Jahr hätte ich kaum gedacht, daß es mir gelingen würde, unter die kleine Zahl der Europäer zu gehören, die dies merkwürdige Land nicht blos aus Büchern, sondern auch durch eigene Anschauung kennen lernten. Ich hätte nicht gedacht, je in Wirklichkeit die Chinesen zu sehen, mit ihren geschornen Häuptern, langen Zöpfen und den häßlichen, schmal geschlitzten, kleinen Augen, gerade so, wie sie auf den Bildern gezeichnet sind, die wir in Europa haben.«[1]

Die 50-jährige Wienerin Ida Pfeiffer, die hier so ungeniert zu erkennen gibt, wie sehr ihre »eigene Anschauung« durch europäische Vorstellungen geprägt ist, befindet sich gerade auf ihrer ersten Weltreise. Es ist Juli 1847. Sie hat sich einige Tage in Macao und im englischen Victoria, dem heutigen Hongkong, umgesehen und möchte jetzt endlich das »echte« China kennenlernen.

»Zum Reisen geboren«

Bis zu diesem Moment war es nicht nur geografisch ein weiter Weg. »Wenn es Naturen gibt, die zum Reisen geboren sind, so ist eine davon, glücklicher Weise, die meine«[2], schreibt Ida Pfeiffer über sich selbst. Doch es dauert ziemlich lange, ehe diese Natur zu ihrem Recht kommt. Lange Zeit ist sie das einzige Mädchen unter fünf Brüdern und trägt am liebsten Jungenkleidung. Sportlich und unternehmungslustig träumt sie von einer Offizierslaufbahn und Expeditionen in die weite Welt. Der Vater Aloys Reyer, ein wohlhabender Wiener Tuchhändler, erzieht seine Kinder streng, hat aber Gefallen am jungenhaften Benehmen seiner Tochter. Als er stirbt, ist sie neun Jahre alt und die Mutter findet es höchste Zeit, ein »richtiges« Mädchen aus ihr zu machen. Ida wehrt sich erbittert, wird sogar schwer krank und muss schließlich doch kapitulieren. Aber sie liest weiterhin mit großem Interesse Reisebücher. Mit 22 Jahren heiratet sie den wesentlich älteren Witwer Anton Pfeiffer, einen Rechtsanwalt aus Lemberg (heute Westukraine). Es ist eine Vernunft- und Trotz-Ehe, weil sie ihre große Liebe, den Hauslehrer, nicht heiraten darf. Die Mutter findet ihn nicht standesgemäß. Ida Pfeiffer bekommt zwei Söhne, eine Tochter stirbt kurz nach der Geburt. Die Ehejahre sind schwierig. Ihr Mann neigt zu Depressionen, nachdem er seine Anwaltspraxis schließen musste und keine neue Anstellung findet. Geld ist knapp. »Ich verrichtete alle Hausarbeiten, ich fror und hungerte, ich arbeitete im Geheimen für Geld, ich ertheilte Unterricht in Zeichnen und Musik, und doch trotz aller Anstrengungen gab es oft Tage, an welchen ich meinen armen Kindern kaum etwas mehr als trockenes Brot zum Mittagessen vorzusetzen hatte!«[3] 1833 trennt sie sich von ihrem Mann, zieht mit ihren Söhnen nach Wien und nimmt die finanzielle Unterstützung ihrer Brüder in Anspruch. Als sie in Triest mit 38 Jahren zum ersten Mal das Meer sieht, erwacht eine »kaum zu bewältigende Reiselust«[4] in ihr, aber pflichtbewusst wie sie ist, gibt sie ihr erst nach, als ihre Söhne erwachsen sind und auf eigenen Beinen stehen können.

Mit 44 Jahren, für damalige Verhältnisse schon eine ältere Dame, wagt sie sich – allein und mit beschränkten finanziellen Mitteln – auf ihre erste große Fahrt. Diese dauert von März bis Dezember 1842 und führt über die Türkei ins Heilige Land, dann nach Ägypten und über Italien wieder zurück. Ein Wiener Verleger überredet sie, ihre Reisetagebücher zu veröffentlichen. Die *Reise einer Wienerin in das heilige Land* wird ein großer Erfolg, mehrfach aufgelegt und in mehrere Sprachen übersetzt. Das Buch legt den Grundstein für ihre Entwicklung zu einer der beliebtesten Reiseschriftstellerinnen des 19. Jahrhunderts. Mit Hilfe der Verlagshonorare kann Ida Pfeiffer sich weitere Reisen finanzieren. Ihre zunehmende Berühmtheit verhilft ihr außerdem zu nützlichen Kontakten, Einladungen und Freifahrten. Nach einer Reise durch Skandinavien und Island erfüllt sie sich 1846 ihren großen Traum, eine *Frauenfahrt um die Welt,* die zweieinhalb Jahre dauern wird. Inzwischen ist sie so bekannt, dass in den Zeitungen laufend davon berichtet wird.

»Je näher man Canton kömmt«

Nach Brasilien, Chile und Tahiti geht es mit dem Schiff über den Pazifik nach Macao und Hongkong, wo sie fünf Jahre nach dem Ende des Ersten Opiumkriegs eintrifft, mitten hinein in eine angespannte politische Situation: Das chinesische Kaiserreich ist gedemütigt. Es wurde vom militärisch hoffnungslos überlegenen Großbritannien angegriffen, besiegt und gezwungen, seine Abschottungspolitik aufzugeben. Hongkong musste als Handelsstützpunkt abgetreten werden. Das dort gegründete Victoria empfindet Ida Pfeiffer als sehr europäisch. »[...] sähe man nicht chinesische Träger, Arbeiter, Kleinverkäufer u.s.w. auf den Straßen und in den Buden, so würde man kaum glauben, sich auf chinesischem Boden zu befinden.« Sie wundert sich zwar, keine chinesischen Frauen zu sehen, hat aber das Gefühl, sich selbst frei bewegen zu können. Neben Kaufleuten lernt sie dort auch »den rühmlich bekannten Herrn Gützlaff« kennen, den ersten deutschen evangelischen Missionar in China, der wenige Jahre später auf einer großen Reise durch Europas Hauptstädte für seine »Chinesische Mission« werben wird. Noch sind christliche Missionare im Inland nicht zugelassen, doch die ersten bereiten sich auf ihren Einsatz vor. »Auch vier andere deutsche Missionäre traf ich da. Sie studiren die chinesische Sprache, kleiden sich chinesisch, lassen sich die Köpfe scheeren gleich den Eingebornen und tragen Zöpfe ebenfalls wie jene.« Getreu dem Motto der China-Mission: den Chinesen ein Chinese werden.

Dschunken bei Kanton, um 1880

So angenehm das Leben in Hongkong sein mag, Ida Pfeiffers Ziel ist es, fremde Welten kennenzulernen. Als sich eine Gelegenheit bietet, auf einer chinesischen Dschunke den Perlfluss hinauf nach Kanton zu reisen, ergreift sie diese. Auch wenn ihre deutschen Bekannten dringend davon abraten, sich »so ganz ohne allen Schutz dem chinesischen Volke anzuvertrauen [...]«. Andere Reisemöglichkeiten sind der stets preisbewussten Wienerin schlicht zu teuer. »Auch muß ich gestehen, daß mir der Anblick und das Betragen der Chinesen durchaus keine Furcht einflößte. Ich setzte meine Pistolen in Stand und begab mich am Abende des 12. Juli [1847] ganz ruhig an Bord.«

In Kanton (dem heutigen Guangzhou) angekommen, macht sie sich zu Fuß zu einem Herrn Agassiz auf, der ihr als Gastgeber empfohlen wurde. Erst im Nachhinein wird ihr bewusst, »wie höchst gewagt es für mich als Frau gewesen war, allein mit einem chinesischen Führer die Straßen Canton's betreten zu haben. Es war dies ein hier noch nie vorgekommener Fall, [...]. Wohl hatte ich auf dem Wege vom Schiffe bis zur Faktorei bemerkt, daß Alt und Jung mir nachschrie und nachsah, mit Fingern nach mir wies, daß die Leute aus den Buden liefen und daß sich sogar nach und nach ein mich begleitender Zug bildete. Was blieb mir wohl übrig, als gute Miene zum bösen Spiel zu machen, – ich schritt furchtlos weiter, und vielleicht gerade weil ich keine Furcht zeigte, geschah mir auch nichts.«

»Man lebte in immerwährender Angst«

Kanton war vor dem Opiumkrieg der einzige Hafen, den Europäer für den Handel nutzen durften. Immer noch müssen sie dort abgeschlossen innerhalb ihrer Handelsniederlassungen und Fabrikanlagen leben, die eigentliche Stadt hinter den Stadtmauern dürfen sie nicht betreten. Ida Pfeiffer lernt Herrn von Carlovitz kennen, einen der ersten deutschen Chinahändler, und stellt fest, dass das Leben innerhalb der kleinen europäischen Gemeinde ziemlich eintönig ist: »Nur wenige Europäer nehmen ihre Familie mit nach China, am allerwenigsten aber nach Canton, wo Frauen und Kinder beinahe wie im Gefängnisse leben und ihr Haus höchstens in einer wohl verschlossenen Sänfte verlassen können.« Auch für die Männer gibt es wenig Abwechslung, keine Pferde, keine Wagen, keine Unterhaltungs- und Versammlungsorte. »Ueberdies ist alles so theuer, daß man dagegen in London noch billig lebt.«

Die Stimmung zwischen den Fremden und der einheimischen Bevölkerung ist angespannt und feindselig. Angesichts der chinesischen Übermacht – laut Pfeiffer stehen etwa 600.000 Chinesen nur 200 Europäer gegenüber – eine bedrohliche Situation. In den Büroräumen lagern Waffen für alle Fälle und die Kaufleute sind »zu augenblicklicher Flucht« bereit. Während Pfeiffers Aufenthalts wird ein Schweizer Geschäftsmann, der von

Europäische Fabriken in Kanton, 1843

Kanton nach Shanghai reisen wollte, von Piraten ermordet und ausgeraubt. Man vermutet, dass seine Diener den Piraten einen Hinweis gegeben haben. »So vergingen selten Tage, ohne daß man von Unfügen oder Gewaltthätigkeiten hörte, und man lebte in immerwährender Angst, besonders da sich das Gerücht einer nahe bevorstehenden Revolution verbreitet hatte, in welcher alle Europäer getödtet werden sollten. [...] Glücklicherweise ging die für den Ausbruch der Revolution bestimmte Zeit vorüber, ohne daß das Volk seine Drohung erfüllte.«

Ida Pfeiffer ist zwar erleichtert, nicht in einen Aufstand verwickelt worden zu sein, sieht darin jedoch auch eine Charakterschwäche der Chinesen. »Die Chinesen sind im höchsten Grade feige, – sie sprechen groß, wenn sie sicher sind, selbst keinen Schaden zu leiden [...]. Wo sie aber auf Widerstand zu rechnen haben, da greifen sie sicher nicht an. Ich glaube, daß ein Dutzend guter europäischer Soldaten wohl hundert chinesische in die Flucht schlüge. Mir ist noch kein feigeres, falscheres und dabei grausameres Volk vorgekommen als das chinesische.« Da sie selbst während ihres Aufenthalts kaum Gelegenheit hat, Einheimische kennenzulernen, kann man wohl davon ausgehen, dass sie in ihrem Urteil auf das zurückgreift, was sie von ihren europäischen Bekannten gehört hat.

»Was die Sitten und Gebräuche der Chinesen anbelangt«

Doch Ida Pfeiffer lässt sich nicht abschrecken. »Trotz der ungünstigen Stimmung des Volkes wagte ich viele Gänge. Herr von Carlovitz hatte viel Güte und Geduld, mich überallhin zu begleiten, und setzte sich meinetwegen gar manchen Gefahren aus. [...] Durch seine Verwendung sah ich mehr, als je eine Frau in China gesehen hatte.«

Da ihre Aufzeichnungen für den Druck bestimmt sind, betont Pfeiffer ihrem Publikum gegenüber ihre Anstrengungen und die Authentizität ihrer Berichte. »Was die Sitten und Gebräuche der Chinesen anbelangt, so bin ich nur im Stande einzelner zu erwähnen, indem es für den Fremden schwer, ja beinahe unmöglich ist, dieselben kennen zu lernen. Ich bemühte mich, so viel als möglich davon zu sehen, begab mich bei allen sich darbietenden Gelegenheiten unter das Volk und schrieb dann getreulich nieder, was ich alles bemerkt hatte.«

Sie unternimmt Spaziergänge und Ausflüge, besichtigt Tempel und Dörfer, das Haus und den Garten eines vornehmen Mandarins und eine Teefabrik, die sie jedoch schnell verlassen muss, weil ihr Erscheinen zu einem Tumult unter den Angestellten führt. Beim Gang um die Stadtmauer von Kanton muss sie sich als Mann verkleiden, um nicht zu sehr aufzufallen. Ida Pfeiffer interessiert sich für alles, schreibt über Schriftzeichen, Essen, Haartracht und Kleidung, über Häuser und Dörfer, die Tötung von Kindern, die Situation von Frauen und die Rolle der Religion. Sie sieht Gefangene, einen Leichenzug und die verkrüppelten »Lotus«-Füße einer Frau. Ein Anblick, der selbst ihr zu schaffen macht, wie sie ihrer Schwester in einem Brief gesteht: »Es sieht so ekel[ig] aus, daß einer andern Dame als mir, gewieß übel geworden wäre, denn selbst bei mir war es nahe daran.«[5] Dass eine chinesische Frau über-

Vor den Toren Kantons, 1869

haupt ihre Füße zeigt und dann noch einer Fremden, ist äußerst ungewöhnlich. Und womöglich ein Hinweis darauf, dass Pfeiffers Neugier des Öfteren ihr Taktgefühl übersteigt.

Trotz ihres Anspruchs, Fakten zu sammeln und ihre Beobachtungen objektiv wiederzugeben, prägt das europäische Chinabild des 19. Jahrhunderts immer wieder ihre Sicht. Viele Menschen im damaligen Europa halten das chinesische Volk für degeneriert und unfähig – es trage komische Zöpfe, sei dem Opium verfallen und lebe in weiten Teilen in Schmutz und Armut. Ida Pfeiffer bestätigt dieses Bild häufig. So schreibt sie über die Kleidung: »Der Anzug beider Geschlechter des gemeinen Volkes besteht aus weiten Hosen und langen

Ueberkleidern und zeichnet sich durch grenzenlose Unsauberkeit aus. Der Chinese ist ein Feind der Bäder und Waschungen, er trägt kein Hemd, die Hose aber so lange, bis sie am Körper zerreißt.« Die Einrichtung der Häuser des einfachen Volkes erscheint ihr »höchst erbärmlich«, ebenso wie die Dörfer selbst. »Die Ortschaften, die wir passirten, waren alle sehr belebt, sahen aber höchst armselig und unrein aus. Bei dem Durchgange mancher Gäßchen und Plätze mußten wir uns die Nase verhalten, und gerne hätten wir oft auch die Augen geschlossen vor dem häufigen Anblicke eckelhafter Kranken, deren Körper mit Hautausschlägen, Geschwüren und Beulen überdeckt waren.«

Eine besondere Freude sind ihr jedoch die Besuche bei Künstlern und Kunsthandwerkern. Deren Werke weiß sie durchaus zu schätzen, vor allem Schnitzarbeiten, Seide und Porzellan – chinesische Produkte, die auch in Europa bekannt und beliebt sind. Was ihr fremd ist, wird durch die europäische Brille gesehen. In der Malerei vermisst sie die Perspektive und mit der Musik kann sie gar nichts anfangen. »Die Musik steht hingegen auf einer so niedrigen Stufe, daß die guten Chinesen hierin beinahe den wilden Völkern zu vergleichen sind. Es fehlt ihnen zwar nicht an Instrumenten, wohl aber an der Kunst, dieselben zu behandeln. [...] sie scharren, kratzen und schlagen auf ihre Instrumente der Art, daß sie den vollkommenen Effekt einer Katzenmusik hervorbringen.«

Aber nicht nur die Chinesinnen und Chinesen, auch die europäischen Missionare entgehen nicht ihrer spitzen Feder. So schildert sie etwa die zweifelhaften Missionsversuche eines Begleiters, der jedem Einheimischen, der auch nur in seine Nähe kommt, christliche Broschüren in die Hand drückt, obwohl die meisten gar nicht lesen können. Ironisch bemerkt sie: »Unser Missionär kehrte seelenvergnügt heim, – er hatte alle 500 Exemplare richtig an den Mann gebracht. Welch herrlichen Bericht gab das nicht für die Missionsgesellschaft, welch glänzenden Artikel für die geistliche Zeitung!« Vielleicht greift sie auch hier Vorurteile der europäischen Kaufleute auf, die von den Aktivitäten der Missionsgesellschaften nicht immer begeistert sind.

Ihren eigentlichen Plan, von Kanton nach Shanghai weiterzureisen, gibt Ida Pfeiffer schließlich auf. Sie sieht ein, dass das Unterfangen für sie als alleinreisende westliche Frau zu gefährlich wäre. So verlässt sie die Stadt nach gut fünf Wochen, wieder auf einer chinesischen Dschunke, wenn auch »nicht so furchtlos wie das erste Mal«. Am Ende ihres Chinakapitels listet sie für ihr Publikum noch einige Angaben zu Geografie und Bevölkerungszahl Chinas (400 Millionen) auf und teilt ihre recht eurozentrische Einschätzung des Opiumkrieges mit: »Eines der wichtigsten Ereignisse in der Geschichte China's [...] ist der im Jahre 1840 mit England ausgebrochene Krieg, durch dessen rasche, siegreiche Beendigung es den Engländern gelang, das seit Jahrtausenden in China geübte Absperrungs-System etwas zu lockern und den Europäern mehrere Häfen zu erschließen. Die Folge dieser Concession ist eine größere Handels-Freiheit, ein stets lebhafterer Verkehr mit den Chinesen, und es dürfte die Zeit nicht mehr sehr fern sein, in welcher es der siegenden Kultur des Abendlandes gelingen wird, sich der Strecken dieses ungeheuren Reiches nach und nach zu bemeistern.«

Ida Pfeiffer im Reisekostüm, 1856

»Dass mich Mut und Ausdauer in keiner Lage verließen«

Ida Pfeiffer reist weiter nach Indien und kehrt schließlich über Mesopotamien, Bagdad, Persien und Konstantinopel im Herbst 1848 nach Wien zurück. 1850 erscheint *Eine Frauenfahrt um die Welt* in drei Bänden. Schon im März des darauffolgenden Jahres beginnt sie ihre nächste Weltreise, die mehr als vier Jahre dauert und auf der sie unter anderem das heutige Indonesien, die Vereinigten Staaten und Südamerika besucht. Ein Journalist rätselt damals: »Zu welchem Zweck, welcher Idee Leben gebend Frau Ida Pfeiffer reist, weiß sie wohl selbst nicht. [...] es scheint mir eine Abenteuerlust, ein Reiz an Gefahren, eine Sonderbarkeitsgrille und jetzt schon eine Gewohnheit.«[6] Zunehmend entwickelt sie einen ausgesprochenen Forscherdrang und sammelt auf ihren Reisen Naturalien und ethnologische Gegenstände, die sie teilweise an Museen verkauft. Fehlende naturwissenschaftliche Bildung versucht sie durch Lektüre, Besuche in Museen und Gespräche mit Gelehrten nachzuholen. Auch Alexander von Humboldt gehört zu ihren Bewunderern und das preußische Königspaar überreicht ihr die Goldene Medaille für Wissenschaft und Kunst. Das tut gut, denn es fehlt nicht an Spott und bösen Karikaturen, vor allem im heimischen Österreich. Eine besondere Genugtuung ist es ihr, dass sie als erste Frau die Ehrenmitgliedschaft der *Gesellschaft für Erdkunde* in Berlin erhält. (In der *Royal Geographical Society* in London debattiert man dagegen noch Ende des 19. Jahrhunderts heftig darüber, ob Frauen zugelassen werden sollten oder »aufgrund ihres Geschlechts und ihrer körperlichen Verfassung für Forschungsreisen ungeeignet«[7] seien.) Auf ihrer letzten großen Reise in das noch fast unbekannte Madagaskar verlässt Ida Pfeiffer ihr Glück. Es ist ein waghalsiges Abenteuer, von dem ihr selbst Humboldt dringend abgeraten hat. Sie wird in politische Intrigen verwickelt – ihr französischer Mitreisender hat einen Staatsstreich geplant, der misslingt. Aus Rache lässt die Königin der Insel sie und ihren Begleiter fieberkrank (vermutlich Malaria) ohne ärztliche Behandlung durch Sumpfgebiete zur Küste transportierten. Todkrank kehrt die Weltreisende im Juni 1858 nach Europa zurück und stirbt am 27. Oktober in Wien. Erst 34 Jahre später erhält sie ein Ehrengrab auf dem Wiener Zentralfriedhof.

Als Ida Pfeiffer stirbt, ist in China gerade der Zweite Opiumkrieg (1856–1860) in Gange, der den Westmächten – oder, wie sie es nennt, »der siegenden Kultur des Abendlandes« – noch weitreichendere Zugriffe auf chinesisches Territorium ermöglichen wird und die Grundlage für Konflikte legt, die teilweise bis heute nachwirken.

1 Pfeiffer, Ida (1850): Eine Frauenfahrt um die Welt. Zweiter Band. Kapitel: China. In: Dies.: Gesammelte Werke (eBook 2015). e-artnow. (Wenn nicht anders angegeben, sind alle Zitate aus diesem Kapitel, ohne Angabe von Seitenzahlen).

2 Pfeiffer, Ida (1846): Reise nach dem skandinavischen Norden und der Insel Island im Jahre 1845. Kapitel: Reise nach Reikholt (Reikiadal) und der Grotte Surthellir. (21. Juni). In: Dies.: Gesammelte Werke (eBook 2015). e-artnow.

3 Pfeiffer, Ida (1861): Biographische Skizze: Ida Pfeiffer, nach ihren eigenen Aufzeichnungen. In: Dies.: Gesammelte Werke (eBook 2015). e-artnow.

4 Ebenda.

5 Brief an ihre Schwester Marie vom 24.10.1847. Zit. nach: Habinger, Gabriele (Hg.) (2008): Ida Pfeiffer. »Wir leben nach Matrosenweise«. Briefe einer Weltreisenden des 19. Jahrhunderts. Wien, S. 53.

6 Unterhaltungen am häuslichen Herd (1856). Leipzig. Zit. nach Habinger, Gabriele (1997): Eine Biedermeierdame erobert die Welt. Die Lebensgeschichte der Ida Pfeiffer (1797–1858). Wien. S. 131.

7 Zit. nach Habinger (1997), a.a.O., S. 73.

Elisabeth von Heyking, um 1900

»Sie wollten uns ja alles geben, was wir verlangten, nur eben auf ihre Art«

Elisabeth von Heyking

geb. Gräfin von Fleming, verwitwete zu Putlitz
Diplomatengattin und Schriftstellerin
(1861 – 1925)

»10. Dezember [1897]. Es ist wirklich ein aufregender Posten, und der erste, auf dem mir Edmunds Tätigkeit eine fortwährende Sorge ist. Oft wache ich darüber des Nachts auf, weil mich die Angst darüber nicht schlafen läßt. Edmund soll hier das deutsche Prestige heben, der deutschen Industrie Beteiligung schaffen und eine Flottenstation erwerben! Wir stehen davor und fragen uns: Wie? Wie soll man hier gegen russisches und französisches Übergewicht ankämpfen und gegen chinesische Verranntheit.«[1]

Als Elisabeth von Heyking diese Notiz in ihr Tagebuch einträgt, lebt sie bereits vier Monate mit ihrem Mann, dem Gesandten Edmund von Heyking, in Peking. Zwölf Jahre lang hatte sie ihn auf Diplomatenposten in New York, Chile, Indien und Ägypten begleitet, bevor er hierher versetzt wurde. Seit ihrer Zeit in Valparaíso führt sie regelmäßig Tagebuch, so auch während des vierjährigen Aufenthaltes in China. Anschaulich und voller

Emotionen erzählt sie von den Erlebnissen und Sorgen einer Diplomatengattin im Kaiserreich. Das Tagebuchschreiben scheint wie eine Vorübung zu ihrer späteren schriftstellerischen Arbeit. Den Wunsch, Größeres zu leisten, hat sie zu Beginn der Notizen formuliert. »1. Januar 1887. [...] Es ist mir oft wie ein Schmerz, als fühlte ich ein zweites Leben in mir, das nicht zum Ausdruck kommen kann. Ich habe so keinerlei Gaben und kann gar nichts. Oft will es mich dünken, könnte ich nur das Kleinste leisten, ganz aus mir selbst heraus und selbständig, so käme dieser zweite Geist zur Ruh.« (23)[2]

»Ein Schatten für das ganze Leben«

Elisabeth von Heyking ist in die Welt der Diplomatie und auch der Literatur »hineingeboren«. Sie erblickt am 10. Dezember 1861 als Tochter des preußischen Gesandten am badischen Hof, Albert Graf von Flemming, und seiner Frau Armgart, geb. von Arnim, in Karlsruhe das Licht dieser Welt. Die Vorfahren des Vaters bekleideten hochrangige Posten im Kurfürstentum Sachsen. Die Großeltern mütterlicherseits, Bettine und Achim von Arnim, sind ein verehrtes Schriftstellerpaar der Romantik. Man lebt in wohlsituierten Verhältnissen mit vielen Dienstboten; Konzerte, Lesungen und Begegnungen mit zahlreichen Berühmtheiten der Kunst- und Geisteswelt gehören zum Lebensstil. Zusammen mit ihrer jüngeren Schwester Irene, später bekannt als die Schriftstellerin Irene Forbes-Mosse, erhält Elisabeth eine privilegierte Erziehung, lernt Französisch und Italienisch, Klavierspielen und Malen und übt sich im Geschichtenerfinden und -schreiben. Kaum aber sind die Mädchen herangewachsen, erkrankt die Mutter und stirbt. Elisabeth ist noch nicht 18 Jahre alt. »Es ist wohl das Traurigste, was einem Mädchen passiren kann [...], und der Schatten bleibt auch sicher für das ganze Leben.«[3] Im August 1881 heiratet sie den Nationalökonomen und Professor Stephan Gans zu Putlitz. Nach der Geburt einer Tochter knapp ein Jahr später kränkelt die junge Mutter, in der Ehe kriselt es, ihr Mann begeht aus letztlich ungeklärten Gründen Selbstmord. Es beginnt eine »Familientragödie«, die bald »Züge eines antiken Dramas« annimmt – so der Biograf Herward Sieberg.[4] Eine aufgeheizte Presse spielt den Fall hoch. Als bekannt wird, dass Elisabeth zu Putlitz in Venedig, wohin sie mit ihrer Tochter zur Erholung gereist ist, regen Umgang mit Baron Edmund von Heyking hat, ein Studienkollege ihres verstorbenen Mannes, machen sie die Schwiegereltern für den Tod ihres Sohnes verantwortlich. Man unterstellt ihr, sie habe sich von zu Putlitz scheiden lassen wollen. Nach Ende des Trauerjahrs heiratet sie den aus baltischem Adel stammenden preußischen Diplomaten – ein Skandal. Fatal ist auch, dass Elisabeth von Heyking die Tochter in dieser Zeit dem Schwiegervater in Obhut gegeben hat. Der Streit um die Rückgabe des Kindes wird gerichtlich ausgetragen und ist weiterhin Stoff für die Skandalpresse. Als Albert Graf von Flemming, ihr Vater, stirbt, verfügen Elisabeth und ihre Schwester über ein beträchtliches Vermögen. Aber die Umstände ihrer zweiten Eheschließung – es gehen Gerüchte, von Heyking trage eine Mitschuld am Tod von zu Putlitz – beeinflussen die Karriere des jungen Diplomaten und auch das Schicksal seiner Frau langfristig. Während der nächsten zwanzig Jahre, von 1885 bis 1905, ist das Ehepaar zu einem diplomatischen Wanderleben gezwungen, nicht selten bestimmt von Geldsorgen. Man pflegt trotz des anfangs niedrigen Gehalts den gewohnten gehobenen Lebensstil. Durch Finanzspekulationen ihres Mannes geht das Vermögen Elisabeth von Heykings so gut wie verloren. Zugang zu den politisch einflussreichen Kreisen des Wilhelminischen Reiches bekommt das Ehepaar nicht, ein großer Schmerz für die junge Frau. Sie ist vielleicht nicht zufällig häufig krank und leidet seit dem Tod der Mutter an Melancholie. Als Edmund von Heyking 1896 als Gesandter nach Peking geschickt wird, lässt das Paar die Tochter aus erster Ehe und die beiden gemeinsamen Söhne in Deutschland bei Verwandten zurück.

Unter »schmutzigen Barbaren«

Seit 1895 verfolgen Kaiser Wilhelm II. und seine Marine das Ziel, einen deutschen Marinestützpunkt in China zu erwerben, eine schwierige diplomatische Mission. Edmund von Heyking ist begeistert von den Aufgaben, die ihn hier erwarten, und auch das doppelt so hohe Gehalt wie beim letzten Posten lockt. Elisabeth von Heyking dagegen hat Angst, wie sie die Jahre in Peking gesundheitlich aushalten wird. Ihr Urteil über die »Tartarenstadt [...], ein weites leeres Dorf von elenden grauen Häuschen und Hütten«, ist vernichtend: »14. August [1896]. Der erste Anblick ist so schauerlich häßlich, dass man das Ganze für ein Fieberbild und Alpdrücken hält.« Verglichen mit der Straße der Gesandtschaften ist ihr »die schmutzigste litauische Dorfgasse

Straße der Gesandtschaften und Nördliches Stadttor in Peking, um 1900

ein Paradies«. Ihr Haus »so verwohnt, finster und bis ins Detail scheußlich, que celà serre le cœur [...]. Man fragt sich, wie es je Europäer aus guter Gesellschaft in dieser Umgebung ausgehalten haben.« (190) Während sie die Renovierung der Villa plant, macht ihr Mann seinen Antrittsbesucht im chinesischen Gesandtenrat. Seine von zivilisatorischem Hochmut und kolonialen Interessen bestimmten Vorurteile gibt seine Frau wieder, wenn sie notiert:

»18. August. [...] Prinz Kung empfing Edmund und geleitete ihn in das Empfangszimmer, wo sieben alte Chinesen um einen Tisch saßen, von denen Edmund meint, sie hätten alle wie abschreckende stiere Larven ausgesehen, und der Begriff, mit ihnen ernsthafte Geschäfte zu besprechen, erschien ihm nach dieser

Elisabeth von Heyking: Tempel in Peking 1897

Entrevue wie die reine Sinnlosigkeit. Die Stimme der Macht, aber auch nur diese, verstehen sie.« (191) Ganz anders erlebt sie das Land, als sie mit ihrem Mann die

Stadt verlässt, um – wie andere Diplomaten auch – den Sommer in einer Tempelanlage mit uralten Zedern und Pappeln in den Bergen zu verbringen.

»20. August. [...] Ich war gleich ganz verliebt in den Ort und hatte nichts annähernd so Hübsches erwartet. Es ist unbeschreiblich friedlich und still, und wenn wir das ganze Jahr hier leben könnten, hätte ich nichts gegen den Posten einzuwenden.« (193 f.) Man lebt hier einfach, hauptsächlich auf der Veranda. Elisabeth von Heyking entdeckt ihre alte Leidenschaft, das Malen und Zeichnen, und erkundet auf Motivsuche die Umgebung. Diese Kunstwerke, von denen heute nur wenige erhalten sind, wird sie später mit großer Resonanz in Berlin ausstellen.

Nach der Rückkehr richtet man sich in Peking im »Ghetto« der Diplomaten ein, pflegt auch mit den Gesandten der konkurrierenden Mächte Frankreich und Russland höflichen Umgang, hat aber keinen gesellschaftlichen Kontakt mit Chinesen. Zeitweilig ist Elisabeth von Heyking mit der Ausstattung der Wohnung befasst, 137 Kisten persönlichen Besitzes sind eingetroffen, und sie besucht auf der Jagd nach Raritäten chinesische Märkte, eine Lieblingsbeschäftigung vieler Ausländerinnen und Ausländer. Vor allem nimmt sie lebhaft Anteil an der Arbeit ihres Mannes: »Dezember [1896]. Es ist wirklich ein aufregender Posten, und der erste, auf dem mir Edmunds Tätigkeit eine fortwährende Sorge ist. Oft wache ich darüber des Nachts auf, weil mich die Angst darüber nicht schlafen läßt.« (198) Dabei teilt sie seine koloniale Sicht weiterhin unhinterfragt. »20. Februar [1897]. Sie [die Chinesen] sind trotz ihrer bitteren Erfahrungen fortschrittfeindlicher denn je, hassen alles Fremde und Reformen, und Eisenbahnen müssen ihnen aufgezwungen werden, nicht als seien dies Vorteile für sie selbst, sondern Zugeständnisse für fremde Nationen. [...] Was sie auch früher gewesen sein mögen, heute sind die Chinesen schmutzige Barbaren, welche keine europäischen Gesandten, wohl aber europäische Herren brauchten – je eher, je besser!« Die Vorgehensweise scheint klar: »Chinesen verstehen nur die Dollar- oder Kanonensprache.« (204 f.)

»Gott segne die Marine«

Mit Flottenadmiral Tirpitz hatte Edmund von Heyking vor der Reise mehrere Unterredungen über die Frage eines Stützpunktes und einer zu erwerbenden Kolonie. Voreilig votierte er für den Standort Xiamen (früher: Amoy) im Süden Chinas. Was er nicht wusste: Der Admiral hat sich längst für die Bucht von Jiaozhou (Kiautschou) entschieden. Er wird dabei von Kaiser Wilhelm II. unterstützt. Weitere Fehleinschätzungen und auch Animositäten von Heykings, beispielsweise gegen einen wichtigen Marinebaurat, führen zu Verärgerungen des Kaisers gegenüber seinem Gesandten – mit langfristigen Folgen.[5] Während einer Schiffsreise landet das Paar, immer noch uninformiert, in der Jiaozhou-Bucht. Edmund von Heyking unternimmt einen Erkundigungsgang, seine Frau betritt als erste Europäerin das künftige Pachtland und skizziert die Landschaft. Als sie später von der Ermordung zweier katholischen Missionare in Shandong erfahren, wissen sie zwar, dass sie »[4. November...] vor einem Ereignis mit weittragenden Konsequenzen stehen.« Eingebunden in die Entscheidung, die Bucht zu besetzen, aber wird der Gesandte nicht. Dennoch begrüßt Elisabeth von Heyking das Vorhaben: »9. November 1887. Gottlob, daß wir unsern Kaiser haben, war das erste dankbare Gefühl. Seiner Initiative allein ist doch offenbar das Vorgehen zu danken.« Verspätet erreicht beide die Nachricht von der am 14. November erfolgten Besetzung der Bucht, sie notiert: »[17. November ...] Gott segne die Marine!« (233 f.)

Edmund von Heyking erhält die schwierige Aufgabe, in Verhandlungen das »Fait accompli« der Besatzung, für das es keine Rechtsgrundlage gibt, von der chinesischen Regierung akzeptieren zu lassen. Unter dem Druck des deutschen Kaisers, getragen auch von seinem Ehrgeiz, erfüllt er die Aufgabe mit ganzer Härte. Wieder unterstützt seine Frau ihn anteilnehmend. Als sich die Gespräche hinziehen, weil die Chinesen auf ihrem Recht beharren, später vor allem ihr Gesicht zu wahren versuchen, gleichzeitig die Mahnungen aus Berlin zunehmen, endlich Verträge abzuschließen, formuliert sie erstmals Unverständnis über das Vorgehen der Deutschen: »4. Dezember [1897]. Und die Schroffheit gegen die Chinesen verstehe ich auch nicht, denn sie wollten uns ja alles geben, was wir verlangten, nur eben auf ihre Art, und dabei wären wir die besten Freunde geblieben. Wir waren den ganzen Tag recht deprimiert und enttäuscht.« (246)

Am 6. März 1898 kann von Heyking die Chinesen zur Unterzeichnung eines Pachtvertrages bewegen. Zwei Tage später notiert seine Frau, dass auf Schritt und Tritt das Bestreben erkennbar wird, »[...] ja nicht den Gedanken aufkommen zu lassen, als habe Edmund Verdienste bei der Sache.« (258) Admiral Tirpitz, inzwischen Staatssekretär und Vertrauter des Kaisers, findet nur verächtliche Worte für den Gesandten. Die Marine reklamiert den Erfolg für sich allein. Während andere Beteiligte hohe Auszeichnungen erhalten, muss sich Edmund von Heyking mit einem niedrigen Orden begnügen. Wegen seiner angeschlagenen Gesundheit und einer Erkrankung seiner Frau beantragt er einen sechsmonatigen Urlaub, das Gesuch wird abgelehnt. Seine Anwesenheit in Peking scheint zwingend. Denn die Abtretung von Jiaozhou ist für China nicht folgenlos geblieben. Auch andere Großmächte verlangen »Kompensationen«. Es beginnt ein Wettlauf der Kolonialmächte um die günstigsten Positionen. Zugleich stürzt das Mandschu-Regime in eine Krise. Unruhen, Übergriffe auf Ausländer, Machtkämpfe um Reformen erschüttern das Land. Als dem Urlaubsgesuch endlich stattgegeben wird, verbunden mit einer Versetzung nach Mexiko, ist Elisabeth zutiefst enttäuscht. »4. April [1899]. Ich hatte ein so vernichtendes Gefühl bitterer Kränkung und Demütigung.« (288)

»Und doch liebe ich die graue, düstre Stadt«

Ein Stück China begleitet die von Heykings auf der Heimreise: der chinesische Diener, genannt Dagobert. Nach der Rückkehr nach Berlin und dem Wiedersehen mit den Kindern nimmt das Paar – zum Teil mit Befremden – am gesellschaftlichen Leben teil und führt auch die Tochter in die Gesellschaft ein. Elisabeth von Heyking kann erfolgreich ihre chinesischen Aquarelle in einer renommierten Galerie ausstellen. Ihre Pekinger Gedichte, die in einer französischen Zeitschrift veröffentlicht werden, erregen auch in Deutschland Aufmerksamkeit. Aber alle Versuche, die Versetzung nach Mexiko rückgängig zu machen, scheitern.

Als Elisabeth von Heyking den Diener, der aus familiären Gründen nach China zurückreist, zum Bahnhof bringt, klagt sie: »3. März [1899]. [...] Es war uns allen schrecklich schwer ums Herz, und ich mußte beständig weinen. Es war unser letztes Stücklein China, das da fortging, ein Rest aus der Zeit, wo wir etwas auf der Welt waren und wollten, wo wir noch mit so viel Mut und Energie ans Leben herantraten.« (237) Es beginnt »die Romantisierung ihres Chinaaufenthaltes – sowohl in persönlicher Hinsicht als auch in Bezug auf die politische Situation ihres Mannes«, wie die Sinologin Mechthild Leutner treffend analysiert.[6]

Kaum ist das Paar in Mexiko angekommen, erreichen es Meldungen über fremdenfeindliche Ausschreitungen in China. Als die »Boxer«-Bewegung sich ausbreitet und am 20. Juni 1900 der neue deutsche Gesandte, Baron Clemens von Ketteler, ermordet wird, ist beider Entsetzen groß. Anders aber als die empörte westliche Öffentlichkeit rechtfertigt Elisabeth von Heyking die Chinesen. »25. Juni [1900]. [...] In jeder Weise hat man sich in Berlin gegen die Chinesen chikanierend benommen, nicht einmal die Orden, die Edmund so dringend für Weng tung ho und Chang yin huan erbat, hat man gleich bewilligt.«

Unverhohlen wird sie den Kolonialismus Europas und des Kaiserreichs schließlich in ihrem ersten Roman kritisieren. Pläne, das »Briefbuch« zu schreiben, äußert sie schon im Juli 1900. Eineinhalb Jahre braucht

XII. Jahrgang
Nr. 50

Berliner
Illustrirte Zeitung

Berlin, 13. Dezember 1903
Einzelpreis
10 Pfg.

Berlin SW, Kochstrasse 23-24.

Elisabeth Baronin von Heyking.
Otto Becker & Maass phot.
Die Autorin des vielgelesenen, anonym erschienenen Romans „Briefe, die ihn nicht erreichten".
(Zum Artikel: Die Literatur im Jahre 1903.)

Elisabeth von Heyking auf dem Titelblatt der Berliner Illustrirten Zeitung vom 3.12.1903

sie, um es fertigzustellen. Ab Dezember 1902 erscheinen die *Briefe, die ihn nie erreichten* in der *Berliner Täglichen Rundschau* im Vorabdruck als Fortsetzungsroman, die Verfasserin bleibt noch ungenannt. Als das Buch

1903 unter ihrem Namen veröffentlicht wird, erreicht es bald 40, insgesamt fast 100 Auflagen. Ein Bestseller der Zeit. Der Erfolg der Erzählung beruht – wie auch zeitgenössische Reaktionen zeigen – auf der geschickten Verknüpfung von romantischer Liebesgeschichte (eine Dame der Gesellschaft schreibt Briefe an einen deutschen Forscher, den sie bei einem Aufenthalt in China lieben gelernt hat, der aber während der Boxeraufstände ermordet wird) mit einer Betrachtung der aktuellen Ereignisse in China. Radikal liest sich Heykings Einschätzung des männlichen Chauvinismus: »Die Pekinger Luft hat nun einmal einen ganz besonderen Einfluß auf die weißen Männer: entweder sie werden dort chinesischer als die Chinesen und zu leidenschaftlichen Freunden und Verteidigern Chinas [...] oder, und das sind die Jüngeren, sie werden von einem Taumel des Übermenschtums erfaßt, der in einer grenzenlosen Verachtung alles Chinesischen wurzelt. [...] Dazu werden die großen Worte ›Patriotismus, Expansion, neue Absatzgebiete, Stützpunkte‹ ausgekramt – und dazu drapieren sich ganz harmlose Bureaukratenseelen als Cesar Borgias, als Schüler Machiavellis und Nietzsches.« (34)[7] Mit »menschelnder« Grundhaltung werden dazu die Chinesen zu armen Unbekannten und Peking zu einem Sehnsuchtsort stilisiert: »Stadt des Leidens, Stadt des Verhängnisses habe ich Peking oft genannt – und doch liebe ich die graue, düstre Stadt. Ich habe jetzt oftmals ganz deutlich die Empfindung, als gehöre ich ihr, als hielte sie mich für ewig, so fern ich ihr auch räumlich bin. [...] Das ist die Rache, die China an den weißen Menschen nimmt dafür, daß sie beinahe alle doch nur deshalb hingehen, um ihm ein

Stückchen seines Bodens oder sonst irgendeinen Vorteil und Besitz abzuringen – schließlich sind sie es, die von China absorbiert werden.« (101)

Das Werk bringt der Autorin finanzielle Unabhängigkeit und die Anerkennung, die ihrem Mann im diplomatischen Dienst nicht vergönnt war. 1903 wird den vielen Bemühungen des Paares um einen Posten im »zivilisierten« Europa endlich vom Auswärtigen Amt stattgegeben: Edmund von Heyking wird zum Gesandten in Belgrad ernannt, im Anschluss ist er bis zu seiner Pensionierung 1906 als Minister Preußens bei den Hansestädten tätig.

Als Elisabeth von Heyking 1908 von einem Vetter das Flemmingsche Schloss Crossen an der Weißen Elster nördlich von Gera erbt, kann sich das Ehepaar hierher zurückziehen. Nach zwei weiteren Werken greift die Autorin das chinesische Thema erneut 1914 mit dem Roman *Tschun* auf, in dem sie ihrem ehemaligen Diener ein Denkmal setzt. Der Ausbruch des Krieges verhindert jedoch eine größere Rezeption des Werks. 1915 stirbt Edmund von Heyking, 1917 fallen die beiden Söhne im Krieg in Flandern. Bis zu ihrem Tode 1925 veröffentlicht Elisabeth von Heyking noch mehrere Erzählbände, Zeichnungen und Gemälde. Die Tagebücher werden ein Jahr später von einer Freundin herausgegeben. Faszinierend zu beobachten ist, wie sich die junge Adelige – unter dem Druck der gesellschaftlichen Außenseiterposition – zu einer eigenständig und mutig urteilenden Autorin entwickelt. Dabei bleibt sie – trotz kolonialistisch-kritischer Haltung – dem Denken der Zeit und ihrer Schicht verhaftet und eine kaisertreue Bürgerin.[8]

Schloss Crossen

1 Heyking, Elisabeth von (1926): Tagebücher aus vier Weltteilen 1886/1904, hg. von G. Litzmann. Leipzig, S. 198. (Im Folgenden Seitenzahlen nach den Zitaten).

2 Vgl. Heyking, Elisabeth von (1903^{3}): Briefe, die ihn nie erreichten. Hier formuliert die Ich-Erzählerin ähnlich: »Ich habe manchmal eine so brennende Sehnsucht, etwas zu werden, zu sein, zu leisten« (89).

3 Zitiert nach Sieberg, Herward (2012): Elisabeth von Heyking. Ein romanhaftes Leben. Hildesheim, Zürich, New York, S. 156. Der Historiker hat der Autorin die erste umfangreiche Studie gewidmet.

4 Sieberg (2012), a.a.O., S. 183.

5 Ebenda, S. 378.

6 Vgl. Leutner, Mechthild (2009): Elisabeth von Heykings ambivalente Positionen zur Kolonialpolitik. In: Marianne Bechhaus-Gerst, Mechthild Leutner (Hg.): Frauen in den deutschen Kolonien. Berlin, S. 62.

7 Heyking (1903^{3}): Briefe, die ihn nie erreichten.

8 Vgl. auch Leutner, Mechthild (2009), S. 65.

Otti Anz im chinesischen Kostüm, um 1907

»Auf die Dauer aber wird Tsingtau sehr langweilig«

Ottilie (Otti) Anz

geb. Fock
Lehrerin und Autorin
(1876 – 1945)

»Montagmorgen [...] [am 8.6.1903] waren wir in Tsingtau. Ich war wirklich überrascht. So reizend hatte ich mir die Stadt nach den spärlichen Abbildungen in den Hamburger Journalen nicht vorgestellt. Die malerisch verstreuten, ganz europäischen Häuser heben sich hübsch von den dahinterliegenden Bergen ab, der Kriegshafen mit den Schiffen, die vielen, frischen, weißen, deutschen Matrosen, ich fühlte mich gleich zu Hause.« (12.6.1903)[1]

Das Heimatgefühl, das die junge deutsche Kolonialstadt Qingdao beim ersten Anblick in der 26-jährigen Otti Anz auslöst, ist sorgfältig inszeniert. Das Zentrum der neuen »Musterkolonie« Jiaozhou (Kiautschou) soll nicht nur von der Tüchtigkeit und Überlegenheit deutscher Technik und Städteplanung zeugen. Straßennamen, Architektur, Geschäfte und ein deutsches Vereinsleben sollen die Stadt für Landsleute in der Fremde zur Heimat werden lassen.

Die lange Reise ist hier aber noch nicht zu Ende. Mitte April 1903 bestieg Otti Anz, noch als Fräulein

Fock, in Bremerhaven den Dampfer nach Shanghai, wo ihr Verlobter Walter Anz sie schon sehnsüchtig erwartete. Nach der Hochzeit brachte ein Schiff das junge Paar nach Qingdao, nun geht es auf der neu gebauten Bahnlinie ins rund 18 km entfernte Dorf Cangkou. In der Nähe baut die *Deutsch-Chinesische Seidenindustrie-Gesellschaft* eine moderne Seidenspinnerei mit Dampfbetrieb, in der ihr Mann und ihr Schwiegervater beschäftigt sind. Auf einem Hügel neben der Fabrik steht ein Haus, das der jungen Frau in ihrem verliebten Überschwang wie ein »kleines Feenschloss« (12.6.1903) erscheint. Hier wird sie in den nächsten Jahren leben.

Walter Anz: Villa Anzonia (das »Feenschloss«), 1903

»Jung und stark und glücklich«

Die Gegend ist karg, sie wohnen abgelegen, aber das stört Otti Anz zunächst nicht. Begeistert und ausführlich schildert sie im Tagebuch ihre Eindrücke, Dörfer und Märkte, das Wetter und chinesische Bräuche. Besonders empfänglich ist sie für die Schönheit der rauen Natur, die sie auf Strandspaziergängen und Bergtouren mit ihrem Mann entdeckt. Aus den Aufzeichnungen der ersten Zeit tritt uns eine leidenschaftliche junge Frau entgegen, die sich heuchlerischen Konventionen nicht beugen will und vom Leben Großartiges erwartet. Pathetisch stilisiert sie sich und ihren Mann zu Ausnahmemenschen, deren Ehe mit der »Schlafrockehe der Alltagswelt« nichts gemein hat. »[...] wir beiden, mit dem, was wir können und wissen, [...] mit unsrer starken Liebe und unsrer Kunst zu leben und unsrer Verachtung für alles Kleinliche im Leben und unsrer Unabhängigkeit von den Menschen, wir können ja nicht untergehen. [...] Dass wir so jung und stark und glücklich sind!« (2.7.1903)

Kennengelernt haben sie sich im Frühjahr 1902 in Hamburg-Bergedorf. Der Familienlegende nach stieg Otti Fock schwindlig aus einem Kettenkarussell und wurde von seinen starken Armen aufgefangen. Liebe auf den ersten Blick. Es wird ihre Abenteuerlust angesprochen haben, dass Walter Anz, zwei Jahre älter als sie, in China lebte, wo er schon einen Teil seiner Kindheit verbrachte hatte. Sein Vater hatte damals in Zhifu (heute Teil von Yantai) eine Seidenfabrik geleitet und später eine Import-Export-Firma gegründet. Sicher hat ihr die künstlerische Ader ihres zukünftigen Mannes gefallen. Er ist Zeichenlehrer, hat an der Kunstakademie studiert und – inspiriert von dem berühmten Karthografen Ferdinand von Richthofen – zusätzlich Kurse in Topografie und Kartografie belegt. Seine Karten und Reiseberichte aus Shandong werden sogar in *Petermanns Geographischen Mitteilungen,* der bedeutendsten deutschsprachigen Fachzeitschrift für Geografie, veröffentlicht. Auch sie schreibt, Gedichte und Liebesromane, hat allerdings zu diesem Zeitpunkt wohl noch nichts veröffentlicht.

»Nicht nur Luxusgegenstand«

Obwohl Otti Anz anfangs betont, dass sie sich keineswegs langweilt – sie lernt Chinesisch und schwimmen, liest, macht Ausflüge mit ihrem Mann, legt einen Garten an – wird doch deutlich, dass ihr das Leben als verwöhnte Ehefrau auf Dauer nicht genügt. »[...] ich bin ordentlich froh, wenn ich fühle, dass ich hier doch nicht nur Luxusgegenstand bin« (12.6.1903), schreibt sie bereits in den ersten Tagen. In Deutschland könnte sie den Haushalt zu ihrer Aufgabe machen, doch der ist in China fest in den Händen des zahlreichen Personals. In der Küche waltet der Koch, der es nicht gern sieht, wenn sie dort auftaucht. Ein Hausdiener, der Boy, organisiert alles perfekt, zwei Kulis übernehmen die schweren Arbeiten, die Wäsche wird regelmäßig von einem Waschboy abgeholt. »Vom Standpunkt einer europäischen wenigstens deutschen Hausfrau aus, habe ich eigentlich nichts zu tun.« (12.6.1903) Würde sie in Qingdao leben, hätte sie gesellschaftliche Verpflichtungen, müsste Einladungen geben und »ein Haus führen«.

Aber in das abgelegene Cangkou kommt nur selten Besuch.

Vor ihrer Ehe war Otti Anz in Hamburg eine erfolgreiche und beliebte Lehrerin und unterrichtete mehrere Jahre sowohl an Mädchen- als auch an Jungenschulen Deutsch, Französisch, Religion und Geografie. Natürlich interessiert sie sich für das Internat, das an die Seidenfabrik angeschlossen ist. Ähnlich wie auf der Qingdaoer Werft oder in den Werkstätten der *Schantung-Eisenbahn-Gesellschaft* hat man auch hier eine berufsbezogene Schule für chinesische Jungen eingerichtet, um geeignete Fachkräfte heranzuziehen. Etwa 100 Schüler sind dort untergebracht, die neben Chinesisch, Naturwissenschaften und berufspraktischem Wissen auch Deutsch lernen. Walter Anz leitet die einheimischen Lehrer an und unterrichtet selbst. Seine Frau ist beeindruckt. »Die Chinesen lernen kolossal rasch fremde Sprachen. [...] Ich bin erstaunt über die Resultate, die er da erzielt.« (12.6.1903) Könnte sie nicht einen Teil des Unterrichts übernehmen? Unmöglich, meint ihr Mann. »Erstmal müsste ich dazu unumgänglich chinesisch können, und dann würden die Jungen so außer sich sein über einen weiblichen Lehrer, dass sie wenig lernen würden [...].« (17.6.1903)

Ende 1903 schickt sie einige schriftstellerische Versuche an Hamburger Zeitungen. Schreibt sie über China? Dienen ihr die Schilderungen in ihren Tagebüchern als Vorlage? Ihre Hoffnungen auf eine Veröffentlichung scheinen sich jedenfalls nicht zu erfüllen.

Mit Otti Anz' Hochstimmung ist es bereits nach zwei Monaten vorbei. Sie ist schwanger und gerät unversehens in eine Depression. Plötzlich hat sie Heimweh, »nach deutschen Wäldern, nach tropfendem Laub und frischem Baumgrün« (28.7.1903), sie leidet unter dem Klima, fühlt sich einsam und antriebslos, denkt sogar ans Sterben. Vier Wochen lang muss sie das Bett hüten. Ihr Mann pflegt sie aufopfernd, doch die Schwangerschaft macht ihr bewusst, dass sie in dem fremden Land keine Freundin hat, die ihr beistehen könnte. Öfter schreibt sie nun, dass sie nach einer Aufgabe sucht, besonders wenn Walter von der Arbeit in Anspruch genommen ist. »Die Fabrik raucht und tutet, und ich bin wieder einen großen Teil des Tages allein und lechze nach ernster Arbeit.« (7.12.1903) Ein großer Trost ist ihr der Besuch ihres Bruders Peter über Weihnachten.[2]

In der Seidenspinnerei gibt es immer wieder Probleme, zwischendurch muss sie sogar ein paar Monate schließen. Die Existenz der Fabrik und damit die finanzielle Grundlage für Otti und Walter Anz stehen all die Jahre auf der Kippe.

»In diesem hochnäsigen Klatschnest«

Mit der Zeit werden die gelegentlichen Ausflüge nach Qingdao für Otti Anz als Abwechslung wichtiger. »Mir macht es viel Spaß, so von Laden zu Laden zu bummeln, wo sie alle deutsch reden, im Hotel zu essen, mich ein bisschen bewundern zu lassen, und die Chinesen zu beobachten.« (14. 7. 1903) Manchmal muss Walter mehrere Tage geschäftlich dort zubringen. Dann begleitet sie ihn, sie wohnen im Hotel *Prinz Heinrich* am Kaiser-Wilhelm-Ufer, dem ersten Haus am Platze, und

Blick auf Qingdao, 1913

genießen das städtische Leben, die Geschäfte, Konzerte und Gesellschaften. »Tsingtau ist, besonders am Abend, eine schöne Stadt und ganz modern europäisch mit großen, breiten sauberen Straßen, mit Telegrafenleitungen und elektrischen Bogenlampen und Wasserleitung, mit Radfahrern, schönen Villen, prächtigen Hotels und großen Läden, mit hundert Vereinen, als da sind: Turner, Schützenverein, akademischer Verein u.s.w.« (6.10.1903) Doch trotz dieser Annehmlichkeiten und obwohl die Stadt im Sommer mittlerweile ein beliebtes Seebad ist, scheint sie für die meisten keine Traumstadt zu sein, auch nicht für Otti Anz. »Auf die Dauer aber wird Tsingtau sehr langweilig, und für viele Jahre wohnen möchte ich da nun schon gar nicht. Ich habe auch noch keinen Europäer gesprochen, der gerne dort wäre. [...] Nur das höhere Gehalt lockt und hält sie dort.« (6.10.1903) Das entspricht nicht dem Idealbild, das man in Deutschland offiziell von der Stadt vermittelt. Auch mit der propagierten »harmonischen Kolonialgesellschaft« unter den rund 1.000 Deutschen ist es anscheinend nicht allzu weit her. »[...] der Klassengeist ist scharf ausgebildet, Hochmut und Klatschsucht stark entwickelt.« (6.10.1903) Otti Anz selbst ist nicht im Luxus aufgewachsen und empfindlich für solche Untertöne. Ihre Mutter eröffnete nach dem frühen Tod des Vaters, eines Ingenieurs, eine Pension in Hamburg, legte einen großen Garten an und zog in unermüdlicher Arbeit ihre sechs Kinder groß. Einerseits freut Otti Anz sich, dass ihr Mann in den höheren Kreisen beliebt und angesehen ist, gleichzeitig macht sie sich über die betonten Standesunterschiede »in diesem hochnäsigen Klatschnest« (7.12.1903) lustig. Auch den Frauenmangel kommentiert sie. »Heiratslustige Männer gibt es hier genug, aber keine passenden Vertreter des weiblichen Geschlechts.« (15.1.1904) Wobei unter »passend« europäische bzw. deutsche Frauen zu verstehen sind. Beziehungen mit Einheimischen sind unerwünscht, ihr zufolge jedoch keine Seltenheit. So lebe etwa der Zollbeamte in Cangkou mit einer Chinesin zusammen, »wie die meisten alleinlebenden [!] Europäer hier, besonders die in untergeordneten Stellungen«. (16.11.1903).

»Viel netter als unsere Hamburger Dienstboten«

So unkonventionell Otti Anz sich auch fühlen mag, ihre Aussagen über China und die Menschen dort sind es nicht. Sie seien eher braun als gelb, groß und kräftig und auch gar nicht so hässlich, wie man gemeinhin denke, notiert sie schon kurz nach der Ankunft in Shanghai. »Nur dumm sehen sie aus und indolent durch die kleinen schrägstehenden Augen und das Platte im Gesicht.« Außerdem störe sie der »penetrante Geruch [...] und der Schmutz«. Ansonsten seien sie aber »fröhlich und liebenswürdig, ganz gewandt und diensteifrig [...]« (12.6.1903). Solche verbreiteten westlichen Chinabilder, die – wenn überhaupt – nur auf eine bestimmte soziale Schicht zutreffen, dienen den Kolonialmächten auch als Rechtfertigung. Können sie ihre Übergriffe doch auf diese Weise zu einem Segen für China umdeuten, da sie dem Land Hygiene, Technik, kurz: zivilisatorischen Fortschritt bringen. Die Gegenüberstellung von deutscher Tüchtigkeit und chinesischer Rückständigkeit wird auch von Otti Anz kritiklos übernommen.

Über die Einheimischen, mit denen sie näheren Kontakt hat, schreibt sie anders. Das sind – wie bei vielen ausländischen Frauen – fast nur ihre Dienstboten. »Die Chinesen, mit denen ich zu tun habe, strahlen mich überhaupt alle an, und darum finde ich die Rasse großartig, viel, viel netter als unsere Hamburger Dienstboten.« (22.6.1903) Der Koch versteht sein Amt hervorragend und in den Boy ist sie »ganz verliebt«. (12.6.1903) Insgesamt ist das Verhältnis zum Personal freundlich und familiär. Weihnachten wird auch für die

Dienstboten ein Gabentisch bereitet und sie wiederum werden am Frühlingsfest in deren Häuser eingeladen. Doch eigene Namen haben sie im Tagebuch nicht, dort werden sie immer nur mit ihrer Funktion bezeichnet.

Bei Spaziergängen trifft Otti Anz ansonsten vor allem auf einfache Menschen vom Land, bei denen sie großes Aufsehen erregt. »Von allen Seiten kamen die Dorfbewohner herbeigelaufen und starrten mich mit offenem Mund und angstvollen Augen an wie eine übernatürliche Erscheinung. [...] Ein kleines Kind lief schreiend davon.« (16.6.1903) Als sie während eines Spaziergangs allein unversehens in ein Chinesendorf gerät, steht sie »Todesangst« aus. »Wenn es diesen Menschen nun auf einmal einfallen würde, über mich herzustürzen, ich war einfach rettungslos verloren, wie sollte ein Europäer meine Stimme hören. Und ich würde spurlos verschwinden, wer sollte wissen, wo ich geblieben und was mit mir geschehen.« (22.6.1903) In Shandong hat es nach der Besatzung durch die Deutschen immer wieder Aufstände gegeben. Der Boxerkrieg ist erst vor wenigen Jahren blutig niedergeschlagen worden. Seitdem hat sich die Situation beruhigt, doch eine verborgene Furcht, vielleicht bedingt durch ein insgeheimes Wissen um die Unrechtmäßigkeit der Besatzung, scheint geblieben.

»Ein aus dem Gleichgewicht geworfenes Menschenkind«

Im Frühjahr 1904 wird Tochter Ilse geboren. Otti Anz ist glücklich, nun hat sie eine Aufgabe. Die nächsten Jahre bringen viele Veränderungen. Ihr Schwiegervater

Otti und Walter Anz mit vier Kindern, vermutlich in Zhifu, um 1911

geht nach Deutschland zurück. Sie und Walter ziehen in ein größeres Haus und bekommen in den folgenden fünf Jahren noch zwei weitere Kinder, während gleichzeitig ihre wirtschaftliche Grundlage bröckelt und es wohl auch in der Ehe kriselt. Für das Tagebuchschreiben scheint Otti Anz in diesem Lebensabschnitt keine Zeit mehr zu haben, Informationen über die Familie stammen aus Briefen und den Tagebüchern, die sie für ihre Kinder anlegt, vieles bleibt lückenhaft und unklar. 1906 verbringt sie fast ein Dreivierteljahr bei ihrer Mutter in Bergedorf als »körperlich und seelisch gebrochenes, ganz und gar aus dem Gleichgewicht geworfenes Menschenkind« (1910). Das klingt dramatisch. Auch 1908 ist die Situation, wie sie viel später im Rückblick schreibt, »verzweifelt geld- und zukunftslos« und sie selbst »seelisch zerrüttet von meiner unseligen Liebe zu dem andern Mann« (3.1.1941). Offensichtlich gelingt es dem Paar, die Ehekrise zu überwinden, wirtschaftlich müssen sie sich jedoch umorientieren. Die Seidenfabrik macht Verluste und wird 1909 geschlossen. Otti Anz fährt daraufhin mit den Kindern nach Deutschland, während ihr Mann den Umzug nach Zhifu organisiert, wo er schon als Junge gelebt hat und wo 1910 das vierte Kind, Oscar, geboren wird. Walter Anz kann in Zhifu in der väterlichen Import-Export-Firma, die mittlerweile sein Bruder leitet, unterkommen. Doch er sucht dringend eine Stelle, die seinen Wünschen und Fähigkeiten mehr entspricht, bewirbt sich in Deutschland und China, ohne Erfolg. Mitten in dieser schwierigen Situation ist Otti Anz – ungewollt – wieder schwanger. Kurz vor der Geburt der Tochter Ursel im November 1911 bekommt ihr Mann ein Angebot als Kartograf im argentinischen Landwirtschaftsministerium. In China spitzt sich in dieser Zeit die politische Situation zu, es kommt zu Unruhen und Aufständen gegen das Kaiserhaus, das erleichtert die Entscheidung, das Land zu verlassen. Im Januar 1912 fährt Walter Anz mit zwei Kindern nach Deutschland, bringt sie dort bei seiner Schwiegermutter unter und reist dann allein weiter nach Südamerika, um die Lage zu erkunden. Seine Frau bleibt mit drei Kindern in Zhifu zurück. Sie genießt noch einmal den Strand, das Meer und das gesellschaftliche Leben. Gleichzeitig vermisst sie die Kinder und ihren Mann schmerzlich.

Von diesem kommen lange, liebevolle und verzweifelte Briefe aus Argentinien. Er quält sich mit der Frage, ob das Geld, das er dort verdienen kann, für die große Familie reicht. »Mein Nucki, eins ist sicher. Zusammen müssen wir bald wieder sein. Dieses in das leere Weltall hineinschreiben, wo die Antworten erst nach 3 Monaten kommen, zerreißt die Nerven.« (10.6.1912)

Im September 1912 verlässt auch Otti Anz mit den Kindern China. Nach einigen Wochen in Hamburg reist sie weiter zu ihrem Mann. Als sie zurückkommt, um die Kinder nachzuholen, wird sie vom Ersten Weltkrieg überrascht. Reisen ist nicht mehr möglich. Es dauert sechs lange Jahre, bis die Familie 1920 in Argentinien wieder vereint ist.

»Heilig soll mir sein, wer meine Sprache spricht«[3]

Das Familienleben in Südamerika ist arbeitsbedingt zweigeteilt: Die Hälfte des Jahres macht Walter Anz Vermessungen und geologische Studien in den Kordilleren, die andere Hälfte ist er bei der Familie in Buenos Aires und wertet seine Aufzeichnungen aus. Seiner Frau fallen die langen Trennungen sehr schwer. »Sie lebte erst wieder auf, wenn er zurückkam«, erzählt ein Enkel.[4] Auch in Argentinien bleibt Deutschland der Bezugspunkt, das »gelobte Land«. Otti Anz bewegt sich vor allem in den Kreisen der zahlreichen deutschen Einwanderergemeinden und schreibt kleine Erzählungen und Essays für deutschsprachige Zeitungen, wie *Teutonia* oder die *Deutsche La Plata Zeitung* – nicht zuletzt, um die stets knappe Familienkasse aufzubessern. Aber sie ist sicher auch stolz darauf, nun doch noch zu veröffentlichen. In einer großen Kladde sammelt sie

Entwürfe und Gedichte und klebt sorgfältig alle Zeitungsausschnitte ein. Ein Artikel ist Qingdao gewidmet, eine verklärte Erinnerung an vergangene bessere Zeiten. Er endet: »[...] du wunderschönes Tsingtau, das deutsches Können und deutsche Kraft aus öder Felsenwildnis geschaffen, aus einem elenden, schmutzigen chinesischen Fischerdorf herausgearbeitet hatten, warum durftest du uns nicht bleiben?!«[5] Der patriotische Ton findet sich auch in anderen Artikeln, die das als Schmach empfundene Elend in der Heimat zum Thema haben. Eine Heimat, die Walter und Otti Anz nie wiedersehen werden, deren nationalsozialistischen Aufbruch sie aber aus der Ferne begrüßen. »Dass aus den Knechten werden Herren! Dies eine, Leben, schenk mir noch!«[6], heißt es pathetisch in einem Gedicht vom März 1933. Nach dem Tod ihres Mannes 1938 lebt Otti Anz die letzten Jahre im Hause eines Sohnes in der Provinz Córdoba. Dort richtet sie sich ein geheimnisvolles »chinesisches Zimmer« ein, das die Enkelkinder nur in Ausnahmefällen betreten dürfen. Sie erlebt noch das Ende von Deutschlands »Aufschwung«, bevor sie 1945 in La Paz stirbt. Vermutlich hätte es ihr gefallen, dass eine Enkelin Jahrzehnte später ihre Tagebücher aus der China-Zeit entziffert, abschreibt und im Internet veröffentlicht.

1 Anz, Otti: Tagebücher und Briefe (in Familienbesitz). Dokumente über den Zeitraum in China (1903–1912) wurden von der Enkelin Dorothea Ileana Becker-Antico im Internet veröffentlicht: https://wurzelton.wordpress.com. Daraus stammen, wenn nicht anders angegeben, die Zitate.

2 Peter Fock (1881–1944) ist im Oktober 1903 nach Shanghai ausgereist und arbeitet dort als Kaufmann. 1914 ist er Kriegsfreiwilliger bei der Verteidigung Qingdaos und kommt bis Ende 1919 in japanische Kriegsgefangenschaft. In den 1920er Jahren arbeitet er wieder in Shanghai.

3 Anz, Otti (1923): »Einigkeit und Recht und Freiheit«. Ort o. A. (Artikel in Privatbesitz).

4 Gespräch mit Oscar Becker am 4. 12. 2021 in Potsdam.

5 Anz, Otti (o. A.): Sommerabend im deutschen Tsingtau. Eine Erinnerung von Otti Anz. Ort o. A. (Artikel in Privatbesitz).

6 Anz, Otti (1933): Zu Deutschlands Erhebung. Gedichtentwurf. (Privatbesitz).

Elise Troschel mit einem ihrer Kinder, um 1913

»Als wertvollen geistigen Gewinn nahm ich die Philosophie des Konfuzius mit in die Heimat«

Elise Troschel

geb. Schulz
Ärztin und Dichterin
(1869–1952)

»Durch schnellen Nachrichtendienst – von Mund zu Mund – wußte nach kurzer Zeit die ganze Umgebung, daß ich Ärztin war und ihren Frauen, die sich scheuten, sich an einen männlichen Arzt zu wenden, helfen wollte.«[1]

»Fräulein, das will ich mir alles selbst einmal ansehen«, teilt die zwölfjährige Elise Schulz der Lehrerin mit, als im Erdkundeunterricht über China gesprochen wird. Die lächelt nur mitleidig und antwortet zur Entrüstung des Mädchens: »Mein liebes Kind, dazu wirst gerade Du wohl keine Gelegenheit haben.« (44) Vermutlich eine Anspielung auf die familiären Verhältnisse: Elise ist ein uneheliches Kind, die Mutter hat sie beim Großvater, einem Schuhmacher, in Pommern zurückgelassen und ist nach Berlin gegangen. Erst als die Tochter bereits konfirmiert ist, holt sie sie zu sich, in eine kleine, ärmliche Wohnung und zu einem Stiefvater, der regelmäßig im Alkoholrausch gewalttätig wird. Doch trotz dieser schwierigen Ausgangsbedingungen ist Elise Troschel im Sommer 1903 mit ihrem Mann Ernst, vier Kindern zwischen acht Monaten und sechs Jahren und einem jungen Dienstmädchen auf einem Dampfer unterwegs nach China! Ernst Troschel ist Hafenbauingenieur und soll den Hafen in Qingdao ausbauen. »Nie habe ich das Leben mehr geliebt, wie in diesen Tagen und Wochen, und seine unbedingte Bejahung blieb mir fortan dauernder Besitz« (49), erinnert sie sich noch 45 Jahre später an diese Schiffsreise.

»Allen Hindernissen zum Trotz«

Nach kurzer Zeit kann die Familie in Qingdao eine Sechszimmerwohnung im neu erbauten Gebäude der Hafenbauverwaltung beziehen und Elise Troschel richtet sofort in einem der Räume eine ärztliche Praxis ein. Mit zwölf Jahren hatte sie einen Artikel über die ersten in Berlin praktizierenden Ärztinnen, Frl. Dr. Tiburtius und Frl. Dr. Lemus, gelesen. Seitdem war ihr Berufswunsch klar. »Und fortan habe ich unentwegt allen Hindernissen zum Trotz dieses eine Ziel erstrebt.« (12) Hindernisse und Umwege gibt es genug. Frauen sind in Deutschland noch gar nicht zum Studium zugelassen, sie können noch nicht einmal ein Gymnasium besuchen. Die junge Frau macht deshalb zunächst das Lehrerinnenexamen und arbeitet einige Jahre als Hauslehrerin und Erzieherin. Als die Frauenrechtlerin Helene Lange in Berlin Vorbereitungskurse für die Abiturprüfung anbietet, meldet sie sich an. Doch ihr fehlen die Grundlagen in Mathematik, ein Lehrer rät ihr deshalb dringend von einem Medizinstudium ab. Sie ist zunächst verzweifelt, doch dann sucht sie sich einen Nachhilfelehrer und findet den Bauingenieurstudenten Ernst Troschel, ein Verfechter des Frauenstudiums – und bald ihr Verlobter. Offensichtlich ist er auch ein guter Lehrer, denn als sie die schweizerische Matura besteht, wird ihr Verständnis für Mathematik besonders lobend erwähnt. 1893 beginnt sie ein Medizinstudium in Zürich, unterstützt vom *Allgemeinen Deutschen Frauenverein,* den beiden Ärztinnen in Berlin und von der Universität, die ihr ein kleines Stipendium bewilligt. »Für mich war die Zeit des Studiums in Zürich das Paradies auf Erden [...].« (27) Hier fragt niemand nach ihrer Herkunft, sie schließt Freundschaften, sieht Nietzsche und lernt Lenin während einer Teestunde bei russischen Studentinnen kennen. Nach dem Physikum 1895 heiraten sie und Ernst Troschel in Berlin, in den nächsten Jahren zieht das Paar mehrmals um und Elise Troschel versucht, wo immer es möglich ist, ihr Studium in Deutschland fortzusetzen. Frauen sind inzwischen als Hörerinnen zugelassen – wenn die Professoren zustimmen. Nebenbei pflegt sie die rheumakranke Schwiegermutter und bekommt 1896 ihre erste Tochter Klara. Ihr Mann unterstützt sie, wo er kann. »[...] er war überzeugt, daß ich ohne eigenen Beruf auf die Dauer nicht befriedigt sein würde [...].« (36) Sobald sein Gehalt es erlaubt, wird zur Entlastung seiner Frau ein Dienstmädchen angestellt. Die beiden versuchen geradezu vorbildlich und für die Zeit völlig ungewöhnlich, Familie und Beruf unter einen Hut zu bekommen. Mal zieht Elise Troschel mit dem Baby für ein Semester in eine andere Stadt, mal bleibt das Kind bei Vater und Großmutter, während sie woanders Vorlesungen hört. Als 1898 ihr Sohn Ernst geboren wird, antwortet ihr Mann auf die Frage, wie es seiner Frau gehe: »Sehr gut, mit einer Hand stillt sie ihr Kind, mit der anderen macht sie ihren Doktor.« (35) 1899 bekommt sie in Bern den Doktortitel und im gleichen Jahr ein drittes Kind, den Sohn Hans. Doch erst als Frauen 1900/1901 endlich zum Staatsexamen zugelassen sind, kann sie die letzten Prüfungen machen und ist nach insgesamt acht Jahren Studium eine der ersten approbierten Ärztinnen im Deutschen Kaiserreich. Während des Examens kündigt sich bereits das vierte Kind an. Tochter Hela wird im November 1902 geboren, knapp neun Monate später kommt der Ruf nach China.

»Wesentlich anders als in Deutschland«

Deutsche Patientinnen und Patienten hat Elise Troschel in China kaum. Es gibt ein hochmodernes Marine-Lazarett, das auch Zivilpersonen behandelt, und bereits mehrere niedergelassene deutsche Ärzte. Doch unter der chinesischen Bevölkerung spricht sich bald herum, dass eine Ärztin in der Stadt ist. Ihr Geschlecht ist hier ein Vorteil, viele chinesische Frauen möchten sich nicht von einem männlichen Arzt untersuchen lassen. Durch ihren Beruf kommt sie, anders als die meisten Frauen in Qingdao, mit Einheimischen außerhalb des eigenen Haushalts und außerhalb der Stadt in Kontakt. »Die Praxis gestaltete sich wesentlich anders als in Deutschland. In meine Sprechstunden kam selten jemand, um so häufiger wurde ich in die Wohnungen gerufen, die oft in weit entfernten Dörfern lagen und nur durch eine

Qingdao, Straßenbild, 1900/1925

Rikscha oder mit dem Boot zu erreichen waren.« (59) Oft sind das abenteuerliche Anreisen. »Bisweilen ging die Fahrt in rasendem Lauf über Berg und Tal, haarscharf an Abgründen vorbei und rücksichtslos mitten durch Flüsse [...].« (61) Sie leistet vor allem Geburtshilfe. Da es in den Arbeiterfamilien, zu denen sie hauptsächlich gerufen wird, kein Verständnis für westliche Vorstellungen von Hygiene gibt, – »[die] gebärenden Frauen benutzten zur Unterlage staubiges Packpapier, das sie unter ihrem Bett hervorzogen« (61) – hat sie zur Desinfektion immer eine Flasche Brennspiritus bei sich. »Trotz dieser Mängel habe ich hier keinen Fall von Kindbettfieber in meiner Praxis erlebt« (61), stellt sie erstaunt fest. Sie wundert sich auch darüber, wie stoisch die Frauen den Geburtsschmerz ertragen. »Das

Nervensystem der Chinesen scheint weniger empfindlich zu sein als das unsrige, niemals habe ich eine Gebärende dort schreien hören, selbst in der letzten Phase der Austreibung war nur ein leises Stöhnen zu hören.« (62) Immer wieder wird sie damit konfrontiert, dass Mädchen im traditionellen China weniger wert sind und alle Familien sich ein männliches Kind wünschen. Ihr Ruf steigt gewaltig, als sie einem jungen Vater im Scherz einen Jungen prophezeit und diese Vorhersage eintrifft. Es ist ihr ein Anliegen, die enttäuschten Eltern nach der Geburt einer Tochter umzustimmen. »Ich nahm dann die kleinen Mädchen auf die Arme, streichelte sie, bewunderte ihre reizenden roten Bäckchen und die blauschwarzen, oft schon mehrere Zentimeter langen Haare und hörte nicht auf, das Wunder des Lebens zu preisen, bevor auch die Eltern ihre Freude gezeigt hatten.« (64)

Einmal bittet eine alte Frau, die seit Jahren kaum mehr hören kann, Elise Troschel um Rat. Diese entdeckt und entfernt einen verhärteten Pfropfen Ohrenschmalz. Die Nachricht von der »Wunderheilung« verbreitet sich in Windeseile und als die Ärztin kurze Zeit später das Haus verlässt, hat sich bereits eine Anzahl von Menschen versammelt, die von ihr Hilfe erwarten. »Ich sah die Verheerungen von Krebs, Syphilis, Tuberkulose und Beri-Beri. Ihre flehenden Blicke waren um so erschütternder, da ich nichts für sie tun konnte.« (63) Sie verweist sie an das vom evangelischen Missionsverein betriebene Faber-Hospital, in dem der Missionsarzt Dr. Dipper »selbstlos und opferfreudig« (63) die chinesische Bevölkerung versorgt. Im Marine-Lazarett werden Einheimische nicht behandelt.

Geld bekommt sie für ihre Tätigkeit kaum. »Es war nicht üblich, an Chinesen Rechnungen zu schicken, sie bezahlten ihre Ärzte, vorausgesetzt, daß sie geholfen hatten, nur nach eigenem Ermessen durch Naturalien, Stickereien, Seidenstoffe oder andere Ehrengaben.« (59) Besonders freut sie sich, als ihr eine Familie, der sie bei der Geburt des ersten Sohn beigestanden hat, eine Ehrenfahne überreicht, eine Rolle schwererer, roter Seide, auf der mit Blattgold geschrieben steht: »Frau Dr. Troschel, der berühmten deutschen Ärztin aus Europa.« (64) Diese Fahne wird in den nächsten vierzig Jahren immer eine Wand des chinesischen Zimmers schmücken, das sie sich überall einrichtet.

»Die wirtschaftlichen Verhältnisse waren günstig«[2]

Ausnahmsweise ist Elise Troschel nicht darauf angewiesen, mit ihrer Arbeit Geld zu verdienen. Ihr Mann ist Marinebaumeister, Leiter des Hafenbaus, und bekommt neben seinem Gehalt eine tägliche Auslandszulage. Lebensmittel und Personal sind billig, sie können etwas sparen, besorgen sich nach und nach schöne chinesische Möbelstücke und legen sogar einen kleinen Weinkeller an. Auch Erholungsurlaube während der heißen Sommerwochen im nahe gelegenen Laoshan-Gebirge oder in den Prinz-Heinrich-Bergen können sie sich leisten. »Diese drei Jahre in China waren die einzige Zeit meines Lebens, in der ich keine Geldsorgen gehabt habe.« (58 f.)

Gebäude der Hafenbauverwaltung in Qingdao, in dem die Familie lebt

Die Familie zählt in Qingdao zur gehobenen Gesellschaft und natürlich wird das Paar zum großen Ball beim Gouverneur eingeladen, als Prinz Adalbert von Preußen, ein Sohn Kaiser Wilhelms II., 1904 die Stadt besucht. Elise Troschel fühlt sich geehrt, dass der junge Prinz sie zum Walzer auffordert. Im gleichen Jahr wird mit einem Festakt der neue große Hafen, an dem ihr Mann mitgebaut hat, eröffnet. Sie interessiert sich sehr für die Arbeit ihres Mannes, begleitet ihn öfter zur Baustelle und unterstützt seine Untersuchungen über Holzschädlinge, indem sie ihm stundenlang hilft, mit Hammer und Meißel die Gänge von Bohrwürmern in Holzbalken freizulegen.

Im Haushalt hat sie, wie die meisten ausländischen Frauen in China, wenig zu tun. »[...] wenn ich mich einmal in der Küche oder Stube beschäftigen wollte, kam sofort die Ama[h] [das Kindermädchen] herbei und flüsterte mir ernst und warnend zu: ›[...] gnädige Frau das nicht machen, Du Gesicht verlieren.‹« (64) Das Personal besteht aus sieben Personen: Boy, Koch, Kuli, zwei Waschkulis, ein Küchenkuli und eine Amah. Und das mitgebrachte deutsche Dienstmädchen, das ihnen aber im frauenarmen Qingdao nicht lange erhalten bleibt, sondern bald schon einen technischen Sekretär aus dem Hafenbauamt heiratet. Die Verständigung ist nicht immer einfach. So antwortet der Boy zwar auf alle Fragen und Anweisungen mit einen vertrauenerweckenden »Weiß Bescheid«, doch es stellt sich bald heraus, dass diese aufgeschnappte Floskel nicht bedeutet, dass er es auch verstanden hat. »Wir mussten uns also durch Gebärden verständlich machen und chinesisch lernen.« (54) Es kommt auch zu anderen kulturellen Missverständnissen. Elise Troschel entlässt vorübergehend die Amah, als diese sich weigert, die Schuhe der Kinder zu putzen und die Arbeit einem Kuli überträgt. Der Missionar des evangelischen Missionsvereins, Richard Wilhelm, rät ihr jedoch dringend, die Arbeitsteilung dem Personal zu überlassen und sich nicht einzumischen. Konflikte gibt es auch bei der Kindererziehung. Als die Amah die zweijährige Tochter mit einer Schere spielen lässt, ist die Ärztin entsetzt. Im Nachhinein erscheint es ihr jedoch richtig, Kindern ihren Willen zu lassen und nur aufzupassen, dass nichts Schlimmes passiert. »Der Wille des Menschen ist sein bestes und wichtigstes Gut [...].« (66)

Für die Kinder ist Qingdao ein kleines Paradies, sie können am Strand spielen, Muscheln, Seesterne und

Schnecken sammeln, im lehmigen Lößboden Furchen graben und Teiche anlegen. »So erwarben die Kinder spielend durch Anschauung geologische und zoologische Kenntnisse.« (57) Die älteren Söhne reiten jeden Morgen auf Eseln zur Gouvernementsschule, während ein Kuli mit den Schulbüchern nebenherläuft. Ihre Tochter Klara unterrichtet Elise selbst. Es gibt zwar die Mädchenschule der katholischen Franziskanerinnen, aber vermutlich ist ihr der dortige Lehrplan nicht anspruchsvoll genug. Er besteht vor allem aus Sprachen, musischen Fächern und Handarbeiten, von Naturwissenschaften oder Mathematik ist keine Rede. Im Februar 1904 verkündet eine Anzeige hocherfreut »die Ankunft eines kleinen Kolonisten«, Sohn Wigand ist geboren, anderthalb Jahre später kommt seine Schwester Gerda zur Welt. Beide erhalten als Erinnerung an ihren Geburtsort einen zweiten chinesischen Namen.

»Noch andere Arbeitsgebiete«[3]

Trotz ihrer ärztlichen Tätigkeit, den sechs Kindern und dem Unterricht für die älteste Tochter fühlt Elise Troschel sich noch nicht ganz ausgelastet. Sie besinnt sich auf ihre Jugendträume und beginnt, wieder Gedichte zu schreiben. Beeinflusst vom Ingenieur und Dichter Max Eyth entstehen Texte, die ihre Begeisterung für die Technik der neuen Zeit zeigen und Namen tragen wie *Der Hammer, Der Bagger* oder *Das elektrische Licht.* Einige werden in der von Eyth herausgegebenen *Technischen Rundschau,* die sie abonniert hat, veröffentlicht.

Ein weiteres Interessensgebiet wird die chinesische Philosophie. Gleich am Anfang ihres Aufenthalts beginnen sie und ihr Mann, bei einem chinesischen Lehrer die fremde Sprache zu lernen. Dreimal wöchentlich je eine Stunde. »Da er kein deutsches Wort verstand, mußten wir uns zuerst durch Gebärden verständigen, später half eine kleine Grammatik, und langsam aber sicher kamen wir vorwärts.« (55) Durch den schon erwähnten Missionar und späteren Sinologen Richard Wilhelm lernt sie die klassischen chinesischen Philosophen kennen. Besonders Konfuzius beeindruckt sie so nachhaltig, dass sie sogar ein Drama über ihn schreibt, das leider verloren geht. Noch in ihren Lebenserinnerungen widmet sie dem Leben und den Lehren dieses Weisen ein ganzes Kapitel. Sie schätzt vor allem, dass dessen Gedanken sich nicht in theoretischen Systemen erschöpfen, sondern praktische Richtlinien für eine Lebensgestaltung geben, »die die Menschheit besser und glücklicher macht« (77).

Die Chinazeit endet überraschend schon nach drei Jahren, Ernst Troschel wird nach Wilhelmshaven versetzt. Statt mit vier Kindern und einem Dienstmädchen geht es mit sechs Kindern und dem Boy zurück.

»Aus Trümmern will ich Stufen mir bereiten«[4]

In Deutschland zieht die Familie wieder häufig um, Stationen sind Wilhelmshaven, Dresden, Berlin. Das Geld ist ständig knapp. Elise Troschel bekommt die Kassenzulassung und eröffnet immer wieder eine Praxis, hält Vorträge und schreibt für Zeitungen, manchmal arbei-

Elise und Walter Troschel mit ihren sieben Kindern , um 1913

tet sie als Assistenzärztin, um die Familieneinnahmen aufzubessern. Als ihr Mann aus gesundheitlichen Gründen den Dienst bei der Marine quittieren muss, nimmt sie eine Stelle in einer Klinik in Mainz an und zieht mit der Familie dorthin. Zwischendurch gibt es eine kurze Atempause. Ihr Mann erholt sich, er findet eine gut bezahlte Arbeit in Berlin, und als 1912 das siebte Kind, die Tochter Ilse, geboren wird, muss sie eine Weile nicht arbeiten. »So konnte ich nun einmal endlich ganz Gattin, Hausfrau und Mutter von 7 Kindern sein. Das bedeutete für mich eine herrliche Bereicherung des Lebens und war, wie ich es jetzt trotz der Liebe zur Wissenschaft und zum Beruf empfinde, ein wertvoller Fortschritt zur Erfüllung meines Frauentums.« (103) Dann kommt der Erste Weltkrieg. Ihr Mann und ihr ältester Sohn, gerade 16 Jahre alt, melden sich sofort freiwillig. Sie ist entsetzt: »Ich hatte kein Verständnis für die Ideale des Krieges und konnte und wollte dies ›Heldentum‹ nicht anerkennen.« (106) Beide sterben, der Mann 1915, der Sohn 1918. Elise Troschel ist verzweifelt. Eine Typhuserkrankung und ein Heiratsschwindler, auf den sie in ihrer psychisch angeschlagenen Situation hereinfällt – die Ehe wird später annulliert –, bringen sie für eine Weile sogar in die Psychiatrie. »Die Notwendigkeit, für meine Kinder zu arbeiten und die Liebe zum ärztlichen Beruf führten mich wieder in die Aktivität des Lebens zurück.« (108) Sie zieht noch mehrmals um und eröffnet immer wieder eine Praxis, zuletzt im Ostseebad Horst in Pommern. Im Haus gibt es genug Zimmer für die Besuche ihrer inzwischen erwachsenen Kinder und der zahlreichen Enkelkinder. »Je voller das Haus wurde, desto schöner war es für mich.« (124) Über den Nationalsozialismus verliert sie kein Wort, obwohl aus verschiedenen Bemerkungen deutlich wird, dass sie keine Anhängerin war. Vielleicht ist diese Zeit in ihren persönlichen Erinnerungen überlagert durch die Odyssee von Flucht und Vertreibung, die sie am Kriegsende erlebt. Das Haus wird völlig geplündert, von ihrer chinesischen Ehrenfahne bleiben nur Fetzen und alle persönlichen Erinnerungsstücke sind weg. Sie muss mitansehen, wie ihre Tochter mehrmals von russischen Soldaten vergewaltigt wird. Mit ihr und deren sechs Kindern macht sie sich schließlich auf den langen Weg in den Westen. Ihren Lebensabend verbringt Elise Troschel bei ihrem Sohn Wigand und dessen Familie in Oldenburg (Schleswig-Holstein). Bis ins hohe Alter übernimmt sie Praxisvertretungen. Es freut sie sicher, dass mehrere Frauen in ihrer Familie Ärztinnen werden. Sie sei keine Oma gewesen, die einen auf den Schoß nimmt, erzählt eine Enkelin. Dafür gibt sie Nachhilfeunterricht in Mathematik. »Ich habe sie bewundert.«[5] Bis zum Ende ihres Lebens schreibt Elise Troschel und unterhält eine literarische Brieffreundschaft mit dem französischen Dichter Philéas Lebesgue. Ihre Gedichte zeugen von einer positiven Einstellung zum Leben,

Elise Troschel mit 80 Jahren

von Gottvertrauen, Liebe zur Natur und dem Glauben an die Liebe und das Gute im Menschen. 1948 macht sie sich daran, für die Familie ihre Lebensgeschichte aufzuschreiben, das Manuskript wird nach ihrem Tod am 6. November 1952 im Nachlass gefunden. »Wenn ich nun dankbar weiter reise«[6], so beginnt die letzte Strophe eines Gedichts, kurz vor ihrem Tod geschrieben und auf der Beerdigung verlesen.

1 Troschel, Elise (2001): Fünfzig Jahre Dr. med. 1948. unveröffentl. Privatdruck , S. 61 (Im Folgenden Seitenzahlen nach den Zitaten).

2 Ebenda, S. 57.

3 Ebenda, S. 64.

4 Textzeile aus dem Gedicht *Freude und Liebe*. In: Troschel (2001), a.a.O., S. 203.

5 Gespräch mit der Enkelin Hilde Seeger-Philipp, ebenfalls Ärztin, am 20.11.2021 in Cuxhaven.

6 Textzeile aus dem Gedicht *Von Stern zu Stern*. In: Troschel (2001), a.a.O., S. 198.

Frieda Fischer, um 1910

»Noch scheint es eine Kühnheit, die ostasiatische Kunst als gleichberechtigt neben die europäische zu stellen«

Frieda Fischer

geb. Bartoff, verh. Wieruszowski
Kunstsammlerin, Museumsgründerin
und Museumsdirektorin
(1874 – 1945)

»Hinter jedem Kunstwerk steht der Mensch, hinter dem ostasiatischen der ostasiatische Mensch. Ich will den ostasiatischen Menschen, der mit seiner hohen Kultur einen wichtigen Teil der ganzen Menschheitsgeschichte ausmacht, zum europäischen Menschen in Beziehung bringen. Nicht nur die Neugier und das Wissenwollen von diesen Nationen will das Museum befriedigen, sondern es will Ehrfurcht wecken vor einer anderen, ebenbürtigen Kultur und den Glauben an die Weltverbundenheit der Völker, an die eine große Menschheitsidee.«[1]

Frieda Fischer-Wieruszowski ist »Direktor des Museums für ostasiatische Kunst, Köln« und auf dem Höhepunkt ihrer Karriere, als sie – 46 Jahre alt – in der Frauenzeitschrift *Die Frau und ihr Haus* 1931 ein kurzes Selbstporträt schreibt. Mit dem Motto ihres Artikels »Da fing mein Leben an, als ich Dich liebte« verweist sie auf ihren ersten Mann, Adolf Fischer. Mit ihm reiste sie durch Ostasien, sammelte Kunstschätze, gründete das Museum. Nach seinem Tod 1914 übernahm sie dessen Leitung und wurde die zweite Museumsdirektorin Deutschlands. Selbstbewusst benutzt sie darin das »Ich«. Und würdigt zugleich auch ihren zweiten Ehemann, den Senatspräsidenten Dr. Wieruszowski – ganz dem bürgerlichen Frauenbild der Zeit verhaftet: »Ich kann mein Frauendasein nicht schätzen ohne den Schutz des Mannes.«[2]

»Dem Andenken Adolf Fischers«

Wenige Jahre später, die Nationalsozialisten haben ihre Terrorherrschaft in Deutschland errichtet, wird Frieda Fischer zwei Tagebücher veröffentlichen: 1938 das *Japanische Tagebuch,* 1942 das *Chinesische Tagebuch,* beide mit den Untertiteln *Lehr- und Wanderjahre.*[3] Beide ohne ihren zweiten Ehenamen. Beide Adolf Fischer gewidmet und mit Zitaten von Johann Wolfgang von Goethe versehen. Ganz bewusst führt sie schon in der Einleitung des *Japanischen Tagebuchs* das »wir« ein, wenn sie von ihren Unternehmungen mit Adolf Fischer erzählt. Sie hat ihre alten Tagebuchtexte für die Veröffentlichung eingerichtet und bearbeitet[4] und tritt als Mitarbeiterin des berühmten ersten Mannes auf. Dass sie jetzt ihren zweiten Ehenamen nicht verwendet, ist kein Zufall: Sie hatte sich nicht, wie von Nationalsozialisten gefordert, von Wieruszowski, der jüdischer Herkunft ist, getrennt. Folglich war sie 1937 – entgegen den vertraglichen Vereinbarungen mit der Stadt Köln – aus dem Amt entlassen worden, die Zahlung ihrer Leibrente wurde eingestellt, das Museum durfte sie nicht mehr betreten, in den Vorstand der von ihr gegründeten *Gesellschaft für Ostasiatische Kunst* wurde sie nicht wieder gewählt. Dazu musste sie aus ihrem Haus ausziehen. Bedroht und gesellschaftlich isoliert erinnert Frieda Fischer an die Leistungen von Adolf Fischer und die eigenen, im eigenen Interesse und im Interesse ihres zweiten Mannes. Nicht zufällig weist sie mit ihren Zitaten und Erzählungen auf deutsche Bildungs- und Humanitätsideale hin.

»Gemeinsam empfinden wir den Sinnenrausch, den unsere Kunstwerke ausströmen«

Frieda Bartoff ist 22 Jahre alt, als sie Weihnachten 1896 ins *Nollendorfeum* in Berlin eingeladen wird, wo Adolf Fischer seine auf Weltreisen gesammelten Schätze ausstellt. Aufgewachsen in gutbürgerlichem Umfeld als Tochter eines Wäschefabrikanten im Kreis vieler Geschwister, hat die junge Frau mit 14 Jahren einen »ersten großen Schmerz erfahren«, als ihr Vater starb, dann »zielsicher« eine Ausbildung als Lehrerin an höheren Schulen abgeschlossen und drei Jahre als Lehrerin gearbeitet. Der »schönheitsdurstige«, 18 Jahre ältere Kunstsammler, der seine Gäste durch »sprudelnde und geistreiche Schilderungen und Erklärungen« (10 f.) mit seiner Welt bekannt macht, beeindruckt sie zutiefst – ebenso wie seine Kunstschätze. Bereits einen Tag später, am 26. Dezember 1896, verloben sich beide. Am 1. März 1897 heiratet das Paar.

Hochzeitsfoto Frieda und Adolf Fischer

»Künstler, Schriftsteller und Gelehrte gehen bei uns ein und aus . [...] In so gelahrter [sic!] Gesellschaft komme ich mir recht wie ein Gänschen vor. Aber ich merke auf und spitze die Ohren« (11), merkt sie – selbstironisch – im Frühjahr an. Im Sommer 1897 heißt es: »Ich helfe meinem Mann beim Katalogisieren der Sammlungen und lerne dabei sie, aber auch ihn verstehen. Gemeinsam empfinden wir den Sinnenrausch, den unsere Kunstwerke ausströmen.« (24) Das erzählende »Wir« ist auch hier wirkungsvoll eingeführt.

Als Frieda Fischer ihren Mann kennenlernt, ist dieser ein bekannter Reisender und Kunstsammler. 1856 als eines von sechs Kindern in eine Großindustriellenfamilie geboren, hatte er sich mit seiner »Kunstseele«[5]

dem Zwang widersetzt, in der Seifenfabrik seines Vaters tätig zu werden, stattdessen eine Schauspielerausbildung absolviert, als Schauspieler und Direktor eines Privattheaters gearbeitet und sich als Privatier in Italien niedergelassen. Dort widmete er sich dem Studium der italienischen Kunst und reiste. Zwei Mal war er in Japan, dessen Kunst ihn zutiefst begeisterte – auch beeinflusst von der »schwärmerischen Japanmode«[6] des Wiener Bildungsbürgertums der Zeit. Als Privatgelehrter in Berlin stellte er in seiner Wohnung am Nollendorfplatz, dem *Nollendorfeum,* seine auf den Reisen gesammelten Kunstwerke aus und veröffentlichte 1897 Reiseerinnerungen.[7] Zu seinen einflussreichen Bekannten zählte u.a. auch Ferdinand von Richthofen, der als Geograf an der Preußischen Expedition nach Japan, China und Siam teilgenommen hatte und dessen Studien Material für die Kolonialpolitik des Kaiserreichs geliefert hatten.

»Unsere asiatischen Kunststudien wollen wir wissenschaftlich unterbauen«

Die erste gemeinsame Reise führt das Paar im September 1897 nach Hong Kong, Taiwan (Formosa) und Japan. Dort hat es Zugang zu Künstler- und Sammlerkreisen. Frieda Fischer lernt die Gastfreundschaft und Riten der gehobenen japanischen Gesellschaft kennen. Mit ihrem Mann erwirbt sie Kenntnisse über traditionelle japanische Kunst, auch über Holzschnitt und Holzfarbendruck. Ganz im Trend westlicher Kunstmode bietet Adolf Fischer noch aus Japan 1.400 japanische Farbholzschnitte, die das Paar dort erworben hat, der Wiener Secession für ihre geplante VI. Ausstellung an. Um sich »im Goethischen Sinn zu bilden«, betreiben beide nach der Rückkehr nach Deutschland 1899 Kunststudien in Museen in Wien, London, Paris, nehmen am kulturellen Leben Berlins teil und besuchen Universitätsvorlesungen. Aber, schreibt Frieda Fischer am 8. April 1901: »Wir wollen frei und unabhängig sein und den Weg zu einem Leben finden, das nicht nur unseren Liebhabereien dient, sondern allgemeinen Kulturzielen zustrebt.« (15) Das *Nollendorfeum* wird aufgelöst, die Sammlungen werden dem preußischen Staat für das Berliner *Völkerkunde-Museum* übergeben, Adolf Fischer bekommt eine Leibrente und einen Professorentitel. »Asien hat es uns angetan. [...] Unsere asiatischen Kunststudien wollen wir wissenschaftlich unterbauen« (15), heißt es am 2. Dezember des gleichen Jahres. Die wissenschaftliche Beschäftigung mit der Kultur Ostasiens hatte sich mit der Kolonialpolitik Deutschlands enorm entwickelt.[8]

»China: Das Ursprungsland ostasiatischer Kunst und Kultur«

Die zweite Reise führt die Fischers nach Birma, Japan und kurz nach China. Dort gewinnen sie bei einem Abstecher nach Nanjing ungeplant Einblick in eine »mittelalterlich« anmutende chinesische Welt: Am Hof des gerade verstorbenen Vizekönigs werden sie zu ihrem Erstaunen mit allen Ehren empfangen und sollen am Trauermahl teilnehmen, wobei alle Blicke ehrfurchtsvoll auf Frieda Fischer ruhen. Ihr Führer hat sie, wie sich am nächsten Tag herausstellt, als Tochter des deutschen Kaisers eingeführt. Der Grund dafür war das Band an ihrem Hut mit der Aufschrift »Prinzeß Irene«, der Name des Schiffes, auf dem sie reisten. Dazu erlebt das Paar bei der Rückfahrt im Hafen den pompösen Empfang des neuen Vizekönigs. »Es schwirrt uns der Kopf von dem ersten Erleben chinesischen Wesens, chinesischer Eigenart, in die wir noch nicht einzudringen vermögen«, notiert die Reisende begeistert und zitiert Aufzeichnungen Adolf Fischers: »Dieses China scheint mir das interessanteste Land der Erde, ein Land, in dem Erhabenes und Profanes einander die Waage halten.« Wenig später nennt sie es »Das Ursprungsland der ostasiatischen Kunst und Kultur« (19 f.) und vergleicht es mit dem klassischen Griechen- und Römertum – in Parallelisierung westlicher und östlicher Geschichte.

Nur knapp eineinhalb Jahre lebt das Paar nach seiner Rückkehr in Berlin. Dann wird Adolf Fischer zum Wissenschaftlichen Sachverständigen bei der Kaiserlichen Botschaft in Peking ernannt und erhält die Erlaubnis, für ein eigenes Museum zu sammeln.[9] »Alle unsere Wünsche, alle unsere Interessen finden Erfüllung in dieser ehrenvollen Berufung. [...] Wir besinnen uns nicht und sagen ja«, notiert Frieda Fischer und ergänzt: »Die Früchte unserer Studien im Fernen Osten wird die Heimat genießen.« (24)

»Erfassen, was in einem chinesischen Kunstwerk an Gefühlswerten und Zeitgeist steckt«

Anders als die »elegante internationale Gesellschaft« der Pekinger Diplomaten, die sich meist nur in den eigenen Kreisen bewegen und die Chinesen nach ihren Dienern beurteilen, suchen die Fischers Kontakt zur chinesischen Welt. Frieda Fischer stellt schon bald nach ihrer Ankunft fest, welche »Demütigung« (27) es für die Chinesen sein muss, dass ihr Land nach den Boxeraufständen besetzt wurde. Und wundert sich nicht, dass nur ein amtlicher Verkehr zu den Europäern gepflegt wird. Ein chinesischer Literat wird engagiert, der täglich Sprachunterricht gibt. Wie schon in Japan gelingt es Adolf Fischer, bei hohen Beamten und Sammlern eingeführt zu werden. Das Paar besucht größere und kleinere chinesische Häuser, besichtigt Privatsammlungen, auch die Bildergalerien auf den Märkten, wo Kopien berühmter Rollbilder feilgeboten werden. Frieda Fischer lernt, dass die Chinesen Kopien genauso wie Originale schätzen und kommentiert – aus westlich »wissenschaftlicher« Perspektive – von oben herab: »Erst wenn die Chinesen gelernt haben werden, objektiv und europäisch wissenschaftlich zu denken, wird es möglich sein, ihre Aussagen in unsere Kunstgeschichte einzureihen. Einstweilen müssen wir uns damit begnügen, zu erfassen was in einem chinesischen Kunstwerk an Gefühlswerten und Zeitgeist steckt.« (38)

»Wir hatten uns in unseren Ansprüchen sehr gemäßigt«

Trotz der Warnungen von Bekannten vor beschwerlichen Wegen und miserablen Unterkünften scheut das Paar sich nicht, ins Innere Chinas aufzubrechen. In Tianjin mit seiner deutschen Konzession stattet man sich mit dem Nötigsten aus: »Feldbetten, Reisebadewanne,

Frieda Fischer vor der Universität im nordchinesischen Taiynanfu

Wasch-, Koch- und Eßgeschirr aus unzerbrechlichem Email und vor allem Konserven, die fast ausschließlich unsere Nahrung ausmachen werden. [...] Am vierzehnten April [1906] um sechs Uhr früh brachen wir auf, Adolf Fischer und ich und der Dolmetscheraspirant Dr. Bethcke [...], dazu drei chinesische Diener und – wir hatten uns in unseren Ansprüchen sehr gemäßigt – achtunddreißig Gepäckstücke.« (39 f.) Unterwegs sind sie mit Eisenbahnen, in chinesischen Karren, in Sänften und auf Pferden. Sie übernachten in Klöstern, bei Europäern, die für irgendwelche Firmen irgendwo tätig sind, in primitiven chinesischen Gasthöfen und Karawansereien oder auch in Missionshäusern. Die Reisen sind nicht ungefährlich. Durch Empfehlungsschreiben wird Adolf Fischer von hohen chinesischen Beamten empfangen, die Reiseschutz versprechen. Manchmal

Frieda Fischer im Gespräch mit Mongolenprinzessinnen in Peking

werden sie von chinesischen Soldaten begleitet. Wenn die Karawane kleine Ortschaften oder Städte erreicht, werden sie immer wieder umringt. Insbesondere Frieda Fischer erweckt Aufsehen: »Man begaffte, betastete mich, man fragte mich, ob ich Chinesin sei, da ich chinesisch spräche, wies dabei aber auf meine nicht verstümmelten Füße.« Beim Besuch eines Frauenbads, »[...] wo Frauen und Mädchen sich in dem heißen Naß guttaten oder, auf dem Rand des Bassins sitzend, ihre abgelegte Kleidung wuschen«, urteilt sie: »Wie abgearbeitet und häßlich diese Frauengestalten waren, und welch ein Anblick diese verkrüppelten Füße! Mir verging die Lust zu einem Bade.« (59) Auch Bettlerscharen ängstigen sie. Das Paar lernt den Ahnenkult der Chinesen kennen und erfährt von dem Widerstand gegen die Erdarbeiten für den Bau der Shantung-Eisenbahn, wodurch alte Gräber freigelegt werden. Als sie Repräsentanten einer alten chinesischen Gelehrtenfamilie treffen, heißt es abschätzig: »Sie sind stockkonservativ, diese Herren, Tsingtau gegenüber [gemeint ist der deutsche Kolonialismus] spielen sie Vogel-Strauß-Politik.« (139)

»Wenn wir solche Dokumente in die Heimat bringen könnten!«

Anfangs ist das Fahnden nach alten Kunstwerken erfolglos. Man hält vor allem Ausschau nach »guter, alter, reifer Kunst« und urteilt negativ über »rohe, späte, nur dekorativ wirkende Machwerke« (163). Sie lassen Abriebe alter Steinplatten anfertigen, verbringen Stunden in den Läden der »Altertumshändler« und plakatieren Anschläge, um Bauern zum Verkauf von Besitztümern anzuregen. Als sie Steinreliefs aus vorbuddhistischer Zeit in der Begräbnisstätte einer Beamtenfamilie entdecken, wünscht sich Frieda Fischer bewundernd: »Wenn wir solche Dokumente in die Heimat bringen könnten!« Und bedauert: »Ausgrabungen dulden die Chinesen nicht.« (111) Es gelingt Adolf Fischer, dem Pater einer katholischen Mission zwei dieser Reliefs abzukaufen – mit Appellen an seinen Nationalstolz. Ebenso kann er gegen das Nein eines Lamapriesters einem Ortsvorsteher ein Relief abschwatzen – mit einer Gegengabe für die Gemeinde. Später wird Frieda Fischer notieren: »Adolf Fischer hat einen ausgeprägten Spürsinn; wo er etwas vermutet, da findet er.« (195) Nicht nur das: Er versteht es zu erwerben und für den Transport vorzubereiten. Für das Relief des Lamapriesters müssen neun Steinmetze seine Dicke von 37 auf 12 cm reduzieren! Dabei äußert Frieda Fischer immer wieder ihr Entsetzen über den Zustand zerstörter Denkmäler, auch über die Trümmerwelt des Sommerpalastes der Mandschu-Kaiser in den Westbergen. Sie verliert aber kein Wort darüber, wann und durch wen er zerstört wurde (im Zweiten Opiumkrieg und im Boxeraufstand). Stattdessen werden Bruchstücke der Trümmer gegen gute Bezahlung an den Priester ausgewählt und mit großem Aufwand verpackt. Den Transport der erworbenen Objekte zu organisieren und Ausfuhrgenehmigungen dafür zu erhalten, ist ebenfalls äußerst schwierig.

Neben der täglichen Organisation der Verpflegung hat Frieda Fischer eine weitere Aufgabe: das Fotografieren, manchmal »ein halsbrecherisches Unterfangen. [...] Nur von dem Rand der überhängenden Dachtrümmer aus war es möglich, den Buddhakopf in die Linse einzufangen. Also – hinauf.« (43) Auch Adolf Fischer fotografiert, sie entwickeln die Aufnahmen unterwegs.[10] Notizen und Bilder geben ein vielfältiges Bild der Unternehmungen in China im ersten Jahrzehnt des 20. Jahrhunderts.

»Vor allem bringen wir unsere Erwerbungen in Sicherheit«

Auf der Rückreise besuchen sie die ostasiatischen Abteilungen von Museen in Chicago, Boston und New York und nehmen Kontakt zu großen Sammlern und

Museum für Ostasiatische Kunst am Hansaring in Köln, 1913

Kunsthändlern auf. In Europa verschaffen sie sich einen Überblick über die dortigen Sammlungen ostasiatischer Kunst, sichten und ordnen ihre Schätze und planen »ein ruhiges, vornehmes Schatzhaus, das [...] nur die Kunstwerke zu Wort kommen läßt« (179). Schließ-

Adolf und Frieda Fischer im Arbeitsraum des Museums für Ostasiatische Kunst in Köln, 1913

lich treten sie an die Stadt Köln mit ihrer Idee für ein eigenes Museums heran. Am 21. Juni 1909 akzeptiert die Stadtverordnetenversammlung einstimmig das Projekt. Am 24. Januar 1912 ist die Grundsteinlegung, am 25. Oktober 1913 die Eröffnung.[11] Zwischenzeitlich machen sich die Fischers wieder nach Asien zu Studien und Erwerbungen auf, kehren nur kurz zur Grundsteinlegung zurück nach Deutschland, fahren erneut nach China, wo sie gezielt die Sammlungen durch Ankäufe vervollständigen. Ende des Jahres 1911 finden sie sich mitten im Revolutionstrubel in Peking, das Kaiserreich wird gestürzt: »eine nervöse, aufgeregte Zeit hier«. Aber: »Wir fürchten uns nicht und gehen unserer Arbeit nach, vor allem bringen wir unsere Erwerbungen in Sicherheit.« (201 f.) Die Einrichtung des Museums überwacht das Paar selber. Die Eröffnung empfinden beide als »Höhepunkt ihres Lebens« (205).

»Eine Frau als Nachfolgerin«

Am 13. April 1914 stirbt Adolf Fischer. Frieda Fischer übernimmt die Leitung des Museums, wie von ihrem Mann im Vertrag mit der Stadt Köln vorgesehen. Bei der Einweihung des Ehrengrabes, das die Stadt Adolf Fischer errichtet, würdigen der Oberbürgermeister und der Direktor des Kölner Museums vor allem Adolf Fischers Leistungen. Frieda Fischer selber stellt ihre Arbeit im Rückblick anlässlich der 25-jährigen Feier der Eröffnung des Museums 1938 als Weiterentwicklung des Programms vor, das ihr Mann entworfen hatte. Zuerst aber verweist sie auf die eigenen Errungenschaften: »Führungen und Vorträge und mein reger Kontakt mit den Besuchern des Museums haben es vermocht, Liebe und Verständnis für die Sammlungen zu wecken und sie auf diese Weise lebendig zu machen.«[12] Wie sehr die nun über 50-Jährige in den dreißiger Jahren leidet, als der Einfluss der Nationalsozialisten größer und die Repressalien gegen ihren jüdischen Mann und sie heftiger werden, zeigt ein Brief vom 12. Februar 1939: »Liebe Ruth, Kino? Verboten! Theater? Verboten! Konzert? Verboten! Vorträge? Verboten! Ausstellungen? Verboten! Museen? Verboten! Restaurants? Unerwünscht! Cafés? Unerwünscht! Hotels? Unerwünscht! So leben wir alle Tage!«[13]

Frieda Fischer als Direktorin des Ostasiatischen Museums in Köln, um 1922

1944 wird das Museum für Ostasiatische Kunst weitgehend durch Bomben zerstört. Das Ehepaar Fischer-Wieruszowski wurde kurz vorher schon aus seiner Wohnung von der Gestapo ausgewiesen. Ohne Gepäck verlässt es mit Hilfe des Roten Kreuzes Köln, kommt in Dresden unter, muss auch Dresden wieder verlassen. Schwer erkrankt stirbt Alfred Wieruszowski in Berlin am 9. Februar 1945 im jüdischen Krankenhaus, Frieda Fischer-Wieruszowski am 27. Dezember des gleichen Jahres.

1 Fischer-Wieruszowski, Frieda (1931): Die Frau und ihr Haus, 12. Jahrgang, Heft 3, Sonderabdruck, Köln.
2 Ebenda.
3 Fischer, Frieda (1938): Japanisches Tagebuch, München.
Fischer, Frieda (1942): Chinesisches Tagebuch. München. (Seitenzahlen nach den Zitaten).
4 Die ursprünglichen Texte wurden vermutlich – wie alle ihre Unterlagen – bei einem Bombenangriff auf ihr Haus 1944 zerstört.
5 Zitiert nach Schlomps, Adele (2009): Aufbruch in eine neue Zeit. Museum für ostasiatische Kunst in Köln. Köln, S. 10.
6 Ebenda, S. 11.
7 Fischer, Adolf (1897): Bilder aus Japan. Berlin.
8 Vgl. Schlomps, a.a.O., S. 26.
9 Die Idee entstand – laut Frieda Fischers Aufzeichnungen – 1902 in Japan, siehe Fischer (1938), a.a.O., S. 42.
10 Die Fotos sind den beiden namentlich nicht zugeschrieben, die Originale sind bei einem Bombenangriff verbrannt.
11 Genauer Bericht siehe Schlomps, a.a.O., S. 6 ff.
12 Fischer (1942), a.a.O., S. 209. Adele Schlomps schreibt ihr einen guten Teil der Idee für das Museum zu. Siehe Schlomps, a.a.O., S. 18.
Lisa Lang betont weitergehend ihr Geschick bei seiner Aufrechterhaltung in schwierigen Zeiten des Ersten Weltkriegs und der Weimarer Republik. Siehe Lang, Lisa (2022): Frieda Fischer, Lilli Fischel und Hanna Stirnemann – Frauen in Führungspositionen an Museen zu Beginn des 20. Jahrhunderts. Masterarbeit. Technische Universität Berlin, S. 32 ff.
13 Zit. nach einem Vortrag von Frau Schöne: Lebenslauf Frieda Fischer. Dokument o. A. Ostasiatisches Museum. Köln.

Elisabeth Oehler unterwegs in China

»Ich sehe oft gar keine Chinesinnen mehr in ihnen«

Elisabeth Oehler

geb. Heimerdinger
Missionarsfrau und Schriftstellerin
(1884 – 1955)

»Nun geht es immer rascher China zu und damit dem Ziel. Freilich, die Chinesen sind mir seither nie sympathisch gewesen. Man hat so viel Sonderbares und Lächerliches über sie gehört; Schlitzaugen, gelbe Haut, rasierte Schädel, lange Zöpfe ziehen ein deutsches junges Mädchen auch nicht gerade an. Und nun reise ich also nach China. Ausgerechnet zu den Chinesen. Sind sie denn nicht das sonderbarste Volk der Erde?«[1]

Die 25-jährige Elisabeth Heimerdinger, die das am 2. März 1909 in ihr Tagebuch schreibt, befindet sich an Bord der *Prinz Ludwig* auf dem Weg nach Hongkong. Dort wartet der Verlobte Wilhelm Oehler auf sie, seit drei Jahren Missionar der Basler Mission im südchinesischen Tschonghangkang. Sie ist aufgeregt, von China kann sie sich kein rechtes Bild machen, obwohl sie viel darüber gelesen hat, unter anderem den christlichen Bestseller *Wunder über Wunder*. Darin schildert der Missionar Archibald Glover die dramatische Flucht mit seiner hochschwangeren Frau und zwei kleinen Kindern während des Boxeraufstandes, einer Erhebung, der vor allem Mitglieder christlicher chinesischer Gemeinden und ausländische Missionarsfamilien zum Opfer fielen. Vielleicht nicht die allerbeste Lektüre, um sich positiv auf die neue Heimat einzustimmen. In Deutschland war dieser Aufstand nicht nur in kirchlichen Kreisen ein großes Thema, schließlich hatte er in der Provinz Shandong begonnen, wo die Deutschen gerade ein Stück Land besetzt hatten. Zudem hatten die »Boxer« bei ihrer Eroberung von Peking den deutschen Gesandten ermordet. Die Rede von der »gelben Gefahr« ging um. All das weiß Elisabeth Heimerdinger, als sie sich nach China aufmacht. Doch der »Märtyrertod so vieler Missionare« hält sie »wunderbarerweise« nicht ab. Tapfer nimmt sie sich vor, wenigstens die Kinder zu mögen. »Ich glaube, die Kinder kann man liebhaben, auch die gelben Chineslein.« (9)

Der »Brief mit der gelben Drachenmarke«

Ihr bisheriges Leben ist in geordneten, manchmal vielleicht etwas langweiligen Bahnen verlaufen. Sie ist die älteste Tochter einer frommen pietistischen Kaufmannsfamilie aus dem baden-württembergischen Cannstatt. »Bodenständig waren wir, eingesessen, hatten eine unverlierbare Heimat«[2], so beschreibt sie die Familie in ihren Kindheitserinnerungen. Nicht wie bei ihrer Freundin Lidy, deren Eltern Missionare sind und eines Tages wieder nach Indien gehen, »zu wildfremden Menschen«[3], während ihre Kinder, voneinander getrennt, für Jahre bei Verwandten und Fremden zurückbleiben.

Elisabeth besucht die Höhere Töchterschule und geht anschließend ein Jahr auf ein Mädchenpensionat in der französischen Schweiz. Nach dem Abschluss macht sie Kochkurse, nimmt aber auch Malunterricht bei einem schwäbischen Landschaftsmaler. Sie würde gerne Lehrerin werden, doch die Eltern sind der Meinung, sie solle lieber heiraten und eine Familie gründen. So lebt sie wieder im Elternhaus, hilft im Haushalt, bei der Betreuung der fünf Geschwister und im elterlichen Laden für Garn- und Kurzwaren. Sie hat ihren Kreis von Freundinnen, liest gerne, schreibt Gedichte und malt. Ein beschauliches Leben. Bis plötzlich eines Tages, im Frühjahr 1908, dieser Brief »mit der gelben Drachenmarke« (5) kommt, in dem Wilhelm Oehler aus dem fernen China um ihre Hand anhält. Nach den Regeln der Missionsgesellschaften müssen sich die Missionare erst einige Jahre »auf dem Felde« bewähren, bevor sie ein Heiratsgesuch einreichen können. Nicht selten überlassen sie die Wahl einer passenden Gefährtin ihren Gesellschaften, die sich dann unter den Familien im Umfeld nach geeigneten Kandidatinnen umsehen. Diese »Missionsbräute« machen sich anschließend also häufig nicht nur in ein fremdes Land, sondern auch zu einem völlig Unbekannten auf, mit dem sie ihr weiteres Leben teilen sollen. Das ist bei Elisabeth Heimerdinger zum Glück anders. Wilhelm Oehler ist der Bruder ihrer Jugendfreundin Maria und vielleicht hat sie den sieben Jahre Älteren als Jugendliche auch schon heimlich angeschwärmt. Jedenfalls: »Mein Herz sagte Ja, tausendmal Ja.« (5) Auch die Eltern sind einverstanden. Für eine pietistische Familie ist es eine Ehre und ein beträchtlicher Statusgewinn, wenn die Tochter für die Mission »auserwählt« wird. Das Abenteuer beginnt. Ein reger Briefwechsel muss während der einjährigen Verlobungszeit das persönliche nähere Kennenlernen ersetzen. Es gibt viel zu tun, zu bedenken und einzupacken, bis die Eltern sie im Februar 1909 zum Schiff nach Genua bringen können. Im Gepäck ist auch ein moderner Fotoapparat, damals noch eine Seltenheit.

Die Schiffsreise dauert mehrere Wochen, Zeit genug, um ins Grübeln zu kommen. »Die Heimat liegt weit hinter mir, die Brücken sind abgebrochen. [...] Habe ich kein zu großes Opfer gebracht, als ich Ja gesagt habe und verlassen, was mir das Teuerste war: die Heimat, Eltern, Geschwister, Freundinnen? [...] Wiewohl ich im Herzen meines Wegs gewiß bin, war ich doch die letzten Tage verzagt, und die Zukunft stand mir so schwer vor der Seele, daß ich die rechte Freudigkeit nicht wiederfinden konnte.« (10 f.)

»Nun beginnt ein Missionsleben in China«

Als sie Mitte März 1909 im britischen Hongkong ankommt, stürmt der Bräutigam mit weißen Rosen an Deck, zwei Wochen später wird im Gästehaus der Basler Mission die Hochzeit gefeiert. Kurz danach macht sich das junge Ehepaar mit Dampfer, Boot und Sänfte auf die zweitägige Reise in die 50 Kilometer entfernte Missionsstation Tschonghangkang in der südchinesischen Provinz Guandong (Kanton). »Nun kommen die Pflichten; nun beginnt ein Missionsleben in China mit viel Ungewohntem, Neuem. Wieviel werde ich da lernen, auch umlernen müssen und mich schicken in Din-

Hochzeitsfoto, 1909

ge, die mir fremd sind.« (25) Das neue Heim gefällt ihr, »ein weißes Haus mit einem kleinen Kirchlein daneben. Ein Garten mit rotblühenden Eibischbüschen und hohen Palmen; ein paar helle, weißgetünchte Zimmer mit Gitterstäben vor allen Fenstern, eine kleine Küche mit dem Koche Asang-go am Herd, ein Hof mit einem tiefen Brunnen. [...] Ein Kiefernberg fast senkrecht hinter dem Haus ansteigend und weiter ab ein Dorf ma-

Tschonghangkang

lerisch an einen Fischteich sich schmiegend: das ist Tschonghongkang, meine künftige Heimat!« (27) Mit Begeisterung macht sie sich ans Auspacken und Einrichten. Neben dem Koch hat sie noch eine Haushaltshilfe, die sich um die Wäsche und die groben Arbeiten kümmert. Diese junge Frau, Guijin, wächst ihr mit der Zeit immer mehr ans Herz. Mit ihr übt sie Chinesisch und durch sie bekommt sie erste Einblicke in das Leben chinesischer Frauen. Zunächst aber findet sie die Frauen vor allem aufdringlich. »Neugierige Weiber spazierten in allen Zimmern herum, bewunderten die Möbel und die Matten und sagten: so schön müsse es einmal im Himmel aussehen. Zum Glück kam mein Mann mir zu Hilfe, denn ich fühlte mich einfach verkauft.« (35) Außerdem ist es ihr in China viel zu laut. Im Gottesdienst schwatzen die Frauen mit Kindern und Enkeln, statt der Predigt zuzuhören, die älteren Jungen springen herum und selbst ein Hund schleicht sich herein: »Andächtige Stille scheint es hier nicht zu geben.« (34) Sie nimmt sich vor, eine Sonntagsschule einzurichten, um die Kinder in dieser Zeit sinnvoll zu beschäftigten.

Doch gleichzeitig ist sie fest entschlossen, sich anzupassen, »und den Chinesen ein Chinese zu werden« (41). In den meisten Missionsgesellschaften bedeutet dieses Motto mittlerweile nicht mehr, sich auch äußerlich, etwa in Kleidung oder Haartracht den Einheimischen anzugleichen. Vielmehr sollen ihre Mitglieder nun auch eine »Kulturmission« erfüllen und Vorbild für einen westlichen Lebensstil sein, was Hygiene, Sauberkeit oder das Familienleben betrifft. So ist es für die junge Missionarsfrau kein Widerspruch, dass sie europäisches Gemüse anpflanzt und dem Koch beibringt, wie man Spätzle und Klöße macht. Allmählich entwickelt sich ein geregelter Tagesablauf. Sie kümmert sich um den Haushalt und beginnt eifrig, die fremde Sprache zu lernen, vermutlich den Dialekt dieser Gegend. Ihr Mann bringt ihr jeden Tag fünf neue Schriftzeichen bei. »Nur wollte ich, ich käme schneller voran, denn auf 4.000 Zeichen sollte ich es bringen, um wenigstens das Neue Testament lesen zu können.« (46) Wenn sie Zeit hat, besucht sie das nahe gelegene Dorf, macht Spaziergänge in die Umgebung und abends sitzt sie mit einer Näharbeit auf der Veranda, während ihr Mann ihr aus einem Buch vorliest.

»Ganz unter Chinesen«

Im September darf sie ihn zum ersten Mal auf eine Missionsreise begleiten. »Kaum kann ich den morgigen Tag erwarten. Wie alles wohl werden mag? Ich kann es mir nicht recht vorstellen. Nun werde ich einmal ganz unter Chinesen sein, chinesisch reden, chinesisch essen, chinesisch schlafen.« (64) (Allerdings gehören auch Brot und Zwieback, Kaffee, Milch, Kakao und Eingemachtes ins Gepäck.) Bald muss sie feststellen, dass sie den Chinesen »ein Schauspiel« ist, was sie als sehr unangenehm empfindet. »Nichts ist mir von Natur schrecklicher als aufzufallen oder gar begafft zu werden.« (70) Doch sie ist in der Lage, die Perspektive zu wechseln und sich die Situation umgekehrt auszumalen. »Freilich, wenn ich denke, durch die Cannstatter Marktstraße würde eines Tages ein Chinese gehen in lilaseidenem langem Rock mit gelbseidenen Hosen, [...] mit einem langen, kohlschwarzen Zopf, der über den Rücken baumelt, [...] wie würden da die Leute gaffen und die Kinder johlen! Schlimmer als es uns die Chinesen machen. Gewiß würde es auch nicht an Schimpfnamen fehlen!« (70) Ihr Mann ist viel, oft tagelang unterwegs, um die teilweise sehr abgelegenen Gemeinden zu besuchen. »Kaum daß wir einmal vierzehn Tage oder drei Wochen miteinander daheim sind.« (105) Das Alleinsein fällt ihr schwer, sie vermisst ihren Mann. So oft es die äußeren Umstände erlauben, begleitet sie ihn. Während er sich dann mit den örtlichen Laienpredigern austauscht und seiner Arbeit nachgeht, versucht sie, mit den Frauen in Kontakt zu kommen. »Ueberall, wo wir hinkommen, stellen sich die Frauen ein und wollen etwas hören. [...] Freilich muß man erst tausenderlei Fragen über sich ergehen lassen, ehe sie aufpassen und zuhören wollen: ›Warum‹ fragen sie, ›trägst du keine Ohrringe?‹ ›Warum einen langen

Eingangstor zu ihrem Haus in Tschonghangkang

Rock wie die Männer?‹ ›Wie alt bist du?‹ ›Wie heißt dein Geschlecht?‹ ›Leben deine Eltern noch?‹ ›Wieviel Geschwister hast du?‹ ›Was hast du gekostet?‹ ›Wo ist deine Heimat?‹ ›Hast du Kinder?‹ ›Kommt ihr Europäer nicht mit hundert Jahren auf die Welt?‹« (120)

An ihrem ersten Neujahrsabend im fremden Land überfällt sie das Heimweh so stark, dass sie in Tränen ausbricht. »Nie gar nie die Liebsten da haben dürfen und sie in langen Jahren nicht ein einziges Mal sehen zu dürfen, das ist bitter. Und bin ich nicht von Natur schon ein Heimwehvogel?« (103)

»Man kann wirklich etwas haben an solchen Frauen«

Allmählich gewöhnt sie sich an die chinesischen Frauen, wird mit der Sprache, den Gewohnheiten und Geschichten der einzelnen Gemeindemitglieder immer vertrauter. Sie erfährt, wie schwierig das Leben für diejenigen ist, die keine Söhne haben, hört von neugeborenen Mädchen, die ausgesetzt oder getötet werden, von herrschsüchtigen Schwiegermüttern und vielen zurückgelassenen Frauen, deren Männer ausgewandert sind und in der Ferne »der Freiheit und ihren Verlockungen« nicht widerstehen können. »Ist es da ein Wunder, wenn es im Dorf viele Frauen mit blindgeweinten Augen gibt?« (108 f.) Mit ihrer Haushaltshilfe Guijin und einigen anderen gründet sie eine »weibliche Gesellschaft der grünenden Jahre« (125), mit anderen Worten: einen Verein für junge Frauen und Mädchen. Natürlich geht es ihr darum, den Mitgliedern das Evangelium zu vermitteln, aber sie lernen sich dabei auch kennen und kommen sich näher. »Man kann wirklich etwas haben an solchen Frauen! Nie hätte ich gedacht, dass sie einem so lieb werden könnten und dass manche einem wirklich zur Freundin werden würde. – Wenn ich an den Anfang denke, wo ich sie so wenig voneinander unterscheiden konnte wie einen Schwarm Bienen und wo ich nichts sah als eine blaugekleidete Menge in weiten Hosen steckend, die schwatzten und lachten und mich bestaunten! Wie verschieden sind sie doch voneinander! Ich sehe oft gar keine Chinesinnen mehr in ihnen; sie erinnern mich hundertmal an alte Bekannte daheim.« (125) Durch die strenge Geschlechtertrennung ist es für männliche Missionare nahezu unmöglich, mit chinesischen Frauen in Kontakt zu kommen, was die Arbeit in den Gemeinden sehr viel komplizierter macht. Da man sich in den deutschen Missionsgesellschaften lange Zeit schwer damit tut, Missionarinnen zu entsenden, überlässt man dieses Tätigkeitsfeld häufig (und unbezahlt) den Ehefrauen der Missionare. Eine Aufgabe, die Elisabeth Oehler gerne übernimmt. Für sie sind die Gespräche mit den Frauen nicht nur eine persönliche Bereicherung, sondern werden auch eine Quelle für ihr literarisches Schaffen. Schon 1911 veröffentlich sie unter dem Doppelnamen Oehler-Heimerdinger ihr erstes Buch: *Ich harre aus. Geschichten von chinesischen Frauen.* Darin schildert sie einige der Schicksale ihrer Bekannten und Freundinnen, unter anderem das von Guijin, die im Buch Guy yin heißt. Sie wird von ihrem Vater – obwohl dieser Christ und sogar Prediger ist – aus Geldnot an einen Mann verkauft. Die Ehe ist nicht schlecht, doch bald nach der Geburt einer Tochter verlässt der Ehemann die Familie, um im Ausland sein Glück zu machen. Guy yin bleibt bei der verbitterten Schwiegermutter zurück, die ihr das Leben schwer macht. Vergeblich wartet sie auf die versprochene Rückkehr ihres Mannes. Doch sie lernt, ihr Schicksal zu tragen, »[...] und wer sie sieht, der liest auf ihrer reinen Stirn die Worte: Ich harre aus!«[4] Aus der Perspektive der Missionarsfrau ist es der christliche Glaube, der die

Frauen auf den rechten Weg führt, ihnen die Kraft gibt, durchzuhalten, und der eine innere Wandlung bewirkt. Wie bei der Frau des Viehhändlers: »Sie war eine gewöhnliche, derbe Heidenfrau, als sie ins Dorf kam, und jetzt ist sie eine frische saubere Frau mit einem kindlich naiven Christentum. Die Freude steht ihr auf dem Gesicht geschrieben.«[5] Die Illustrationen für das Buch zeichnet Elisabeth Oehler, wie auch bei späteren Büchern, selbst. *Ich harre aus* bringt es auf fünf Auflagen und wird ins Französische und Schwedische übersetzt.

Es ist ein ausgefülltes Leben, aber sie leidet darunter, dass ihre Ehe viele Jahre kinderlos bleibt. Erst 1917 wird sie schwanger, doch das Kind, eine Tochter, stirbt bei der Geburt, weil kein Arzt rechtzeitig zur Stelle sein kann. In ihrem Tagebuch schreibt Elisabeth Oehler: »Ich wundere mich nur, wie ich weiterleben konnte! Ich wünschte, ich wäre mit dem Kindlein gestorben.«[6] Eine geplante und erhoffte Heimreise wird durch den Ersten Weltkrieg verhindert, ihre beiden Brüder sterben im Krieg, ohne dass sie sie noch einmal gesehen hat. Erst 1918 gibt es wieder einen Lichtblick, als ihr erster Sohn geboren wird.

»Vom Heimweh und vom Eingewöhnen draußen«[7]

1920 kehrt die Familie aus China zurück. Fünf Jahre später veröffentlicht Elisabeth Oehler ein Buch mit dem programmatischen Titel *Wie mir die Chinesen Freunde wurden,* in dem sie anhand von Tagebuchaufzeichnungen und eigenen Fotos ihr erstes Jahr in China schildert, ihre Erfahrungen und ihren Anpassungsprozess.

»Wenn ich von den besten Menschen erzählen soll, mit denen uns das Leben zusammengeführt hat, [...] so gehört manche schlichte Chinesenfrau, mancher edle chinesische Christ mit dazu. Sie haben mir das Einleben erleichtert und mitgeholfen, daß ich das Volk, vor dem mir anfangs bange war, schätzen und lieben lernte.« (6 f.) Es ist ihr ganz offensichtlich ein Anliegen, das negative Chinabild, mit dem sie selbst einst losgereist ist, in der Öffentlichkeit zu korrigieren. Als Missionarsfrau ist sie von der China-Mission und der Überlegenheit der christlichen Religion überzeugt, aber innerhalb dieses Rahmens ist Elisabeth Oehler neugierig und offen genug, um sich auf die fremde Kultur einzulassen. Im Vorwort schreibt sie: »Heute blicke ich zurück auf elf reiche Jahre der Arbeit in China an der Seite meines Mannes. Auf elf Jahre, in denen ich unsere Chinesen kennen lernen konnte, in unserem Haus und in ihren Familien, auf Reisen und im eigenen Dorf, alt und jung, hoch und nieder. Und sie sind mir Ersatz geworden für die eigenen Landsleute, Weggenossen, Freunde. Und wenn sie mich ›große Schwester‹ anreden oder gar sagen: ›Du bist gerade wie wir Chinesen‹, so rechne ich mir das zur Ehre und Freude.« (6)

Es geht ihr vor allem darum, ihre eigene Entwicklung, ihre nächste Umgebung in China und die sozialen Verhältnisse dort zu schildern. Die großen politischen Umwälzungen, die in der Zeit ihres Aufenthalts stattfanden, der Untergang des chinesischen Kaiserreiches, die Ausrufung der Republik 1912, auch der Erste Weltkrieg mit dem Verlust von Qingdao und der erzwungenen Repatriierung fast aller Deutschen werden von ihr nicht thematisiert.

Elisabeth und Wilhelm Oehler in Erdmannshausen

Die Familie wohnt nach der Rückkehr zunächst bei den Eltern Heimerdinger in Cannstatt, bevor Wilhelm Oehler eine Dozentur in Tübingen antritt. Später wird er Dozent in Basel und von 1926 bis 1932 Direktor der Basler Mission. Seine letzte berufliche Station ist eine Pfarrstelle in Erdmannshausen. Das Paar bekommt noch drei weitere Kinder, zwei Söhne und eine Tochter. Elisabeth Oehler beteiligt sich, beispielsweise durch Vorträge, an der Missions- und Gemeindearbeit, ist Pfarrersfrau und kümmert sich um die vier Kinder. Doch sie geht auch weiterhin ihrem Beruf als Schriftstellerin nach und verfasst eine Vielzahl von erzählenden Werken, die meist der Missionsliteratur zuzurechnen sind, darunter auch Gedichte und Biografien. Häufig greift sie dabei auf ihre Erfahrungen in China und vor allem mit chinesischen Frauen zurück. Außerdem veröffentlicht sie Geschichten, Märchen und Lieder aus China und eigene Übersetzungen chinesischer Lyrik, insgesamt rund 50 Bücher. Am 30. März 1955 stirbt Elisabeth Oehler-Heimerdinger mit 71 Jahren in Erdmannshausen.

1 Oehler-Heimerdinger, Elisabeth (1925): Wie mir die Chinesen Freunde wurden. Aus dem Tagebuch einer jungen Frau. Stuttgart., S. 9 (Im Folgenden Seitenzahlen nach den Zitaten).

2 Oehler-Heimerdinger, Elisabeth (1949): Wie's daheim war. Von Menschen, die durch meine Kindheit gingen. Stuttgart, S. 41.

3 Ebenda, S. 41.

4 Oehler-Heimerdinger, Elisabeth (1921): Ich harre aus. Geschichten von chinesischen Frauen. Stuttgart, S. 75.

5 Ebenda, S. 111.

6 Zit. nach: Konrad, Dagmar (2001): Missionsbräute. Pietistinnen des 19. Jahrhunderts in der Basler Mission. Münster, S. 355.

7 Oehler-Heimerdinger (1925), a.a.O., S. 7.

Marie von Bunsen, 1910

»Ich halte Peking für die schönste Stadt der heutigen Welt«

Marie von Bunsen

Malerin, Schriftstellerin und Salonière
(1860 – 1941)

»Jeden Farbenempfänglichen erregt der Anblick eines der großen chinesischen Kleidergeschäfte. […] Vom tiefdunklen Indigo bis zum blassen Türkisblau, vom Kornblumenblau bis zum meergrünlichen Blau hängen dort die Kleider. […] Das satte Blau vermählt sich harmonisch mit den grauen Tönen des Straßenstaubes und der Häuser.«[1]

China mit den Augen einer Malerin: »Gelborangene Häuser mit geschwungenen Dächern, steinerne Balustraden und Portale, Teehäuser, Gärten mit gewaltigen Bäumen, mit gelben und roten Callalilien. Es kamen geschwungene Steinbrücken, es kamen Tempel […].« (Im fernen Osten, 70) Marie von Bunsen malt seit ihrer Jugend Aquarelle, vor allem Landschaften. Schon in ihren Zwanzigern kann sie »zu anständigen Preisen«[2] erste Bilder verkaufen, wird ausgestellt und später in den Berliner Künstlerinnenverein aufgenommen. Auf ihren vielen Wanderungen, Ruderfahrten und Reisen hat sie immer Block und Farben dabei. Natürlich auch, als sie sich 1911, mit Anfang 50, zu einer großen Reise in den Fernen Osten aufmacht, die sie nach Japan, Korea, China und Ceylon führt und die fast ein Jahr dauert.

»Muße, Gesundheit, Mittel, Unabhängigkeit und Interessen«

Reisen spielen im Leben Marie von Bunsens eine große Rolle. »Selbstverständlich bin ich viel gereist. Es wäre doch stumpfsinnig, schwunglos gewesen, hätte ich es nicht getan, besaß ich doch Muße, Gesundheit, Mittel, Unabhängigkeit und Interessen.«[3] Jährliche Verwandtenbesuche in England, ausgedehnte Aufenthalte in Italien, Frankreich und Spanien, ein Winter auf einem Nilsegler in Ägypten, eine USA-Reise mit dem Vater ... Aber sie unternimmt auch lange Wanderungen und Ruderfahrten durch Deutschland. »[...] mögen meine anderen Gaben noch so beschränkt sein, zum Reisen hatte und habe ich Talent.« (Die Welt, 70) Als erwachsene Frau ist sie am liebsten allein unterwegs. »Alleinreisen ist Zwiegespräch; nur das Fremde, Neue, nur das eigene, aufnahmedurstige Ich. Jeder Dritte stört.« (ebd., 213 f.)

Die Mittel für ihre Reiselust verdankt sie dem Elternhaus, in erster Linie dem Vermögen der Mutter Emma, die aus einer reichen englischen Quäkerfamilie stammt. Die kinderreiche Familie Bunsen – Marie hat neun Geschwister – lebt in Berlin hochherrschaftlich in einer großen Villa mit Gartenterrasse, Rasentennisplatz und dem entsprechenden Personal. Maries Interessen werden vor allem von ihrem vielseitig gebildeten Vater Georg von Bunsen gefördert. Der liberale Politi-

Marie von Bunsen

ker und spätere Reichstagsabgeordnete der Deutschen Freisinnigen Partei schätzt ihre Wissbegier, er sieht es gern, wenn sie Zeitung liest und nimmt sie bei wichtigen Anlässen in den Reichstag mit. Die Familie unterhält nicht nur Kontakte in allerhöchste Adelskreise, im elterlichen Haus verkehren auch Menschen aus Kunst und Wissenschaft und Marie, die älteste Tochter, kann bei Tisch mit den Berliner Geistesgrößen plaudern. Daneben entwickelt sie ihre künstlerischen Talente. Sie malt und veröffentlicht ab den 1880er Jahren erste Novellen und Artikel. Außerdem macht sie das Lehrerinnenexamen. »Anderes gab es ja auch nicht.« (ebd., 45) Doch die junge Frau hat keineswegs nur geistige und künstlerische Interessen. Sie tanzt leidenschaftlich gern und ist überaus sportlich, wandert, rudert, spielt Tennis, reitet, fährt Schlittschuh, gehört zu den ersten Fahrradfahrerinnen Berlins, versucht sich auch in Golf und Florettfechten.

Was ihr Liebesleben betrifft, so deutet sie in ihren Memoiren nur an, »[...] der Wein des Lebens ist nicht so ganz an mir vorübergegangen« (ebd., 202). Es kommt auf jeden Fall nicht zu einer Heirat. Erst nach dem Tod der Eltern – Marie von Bunsen ist bereits über 40 – kann sie ganz nach ihren Vorstellungen leben. Sie nimmt sich eine eigene Wohnung und führt bald einen Salon, die legendären »Sonntagsfrühstücke«, in denen sie inspirierende Begegnungen zwischen Menschen verschiedener Kreise anstrebt. Dank ihres ausgeprägten Selbstbewusstseins gelingt es ihr, sich auch als sportelnde, rauchende, eigenständige Junggesellin einen angesehenen Platz in der Gesellschaft zu erobern. »Ich war die erste, geraume Zeit über die einzige unverheiratete Dame, der, ohne Amt, noch eigentlichen Beruf, in der Berliner Welt die Stellung einer verheirateten Frau eingeräumt wurde.« (Zeitgenossen, 57) Es ist ihr individueller Beitrag zur Emanzipation der Frau. Als Aktivistin sieht sie sich nicht, auch wenn sie viele Bekannte in der Bürgerlichen Frauenbewegung hat und gemeinsam mit ihnen und anderen betuchten Damen 1905 nach englischem Vorbild den *Lyceum-Club* gründet. Ein Frauennetzwerk, das vor allem Frauen in Kunst und Wissenschaft fördern soll. »Nicht die eigentliche Jugendperiode, sondern diese von 1902 bis zum Krieg währende Zeitstrecke der Lebensfülle und der Unabhängigkeit ist die schönste meines Lebens gewesen.« (Die Welt, 157)

»Ohne Vorbereitung kann man nicht sehen«

In diese Zeit fallen auch ihre beiden Asienreisen (die zweite führt sie 1913/14 nach Java, Siam, Kambodscha, Birma und Indien). »Immer war ich gut vorbereitet, hatte mehr Zeit als die allermeisten Reisenden, hatte die besten Empfehlungen, hatte den eindruckverstärkenden Vorteil allein zu reisen, und stets habe ich Abseitiges und Ausgefallenes kennengelernt.« (Zeitgenossen, 9)

1911, zum Zeitpunkt ihrer Reise nach China, ist das Land bei weitem nicht mehr so unbekannt wie noch zu Zeiten Ida Pfeiffers. Deutschland unterhält dort einen Marinestützpunkt und baut eine deutsche »Musterkolonie« auf. Soldaten, Kaufleute, Missionare und Missionarinnen, Wissenschaftler und Diplomaten, aber auch Globetrotter, haben das Land erobert, erforscht, bereist – und darüber berichtet. Marie von Bunsen war gut mit dem 1905 verstorbenen Geografen Ferdinand von Richthofen bekannt, der China auf ausgedehnten Forschungsreisen für die westliche Wissenschaft zugänglich gemacht hatte, sie kennt Edmund von Heyking, den ehemaligen deutschen Gesandten in Peking, und seine Frau Elisabeth. Von Professor Ernst Boerschmann, der die chinesische Architektur in Deutschland bekannt machte, hat sie sich Tempel zur Besichtigung empfehlen lassen. Eine vorherige Beschäftigung mit dem Land hält Marie von Bunsen beim Reisen für unerlässlich. »Ohne Vorbereitung kann man [...] nicht ›sehen‹.« (Im fernen Osten, 157) Das unterscheidet sie ihrer Meinung nach von »anmaßenden Reisedilettanten« (Die Welt, 213), gegen die sie immer wieder stichelt. Doch was sieht sie?

Als sie im Spätsommer 1911 in China ankommt, befindet sich das Land bereits seit mehreren Jahrzehnten in einer ökonomischen und politischen Krise. Seuchen, Naturkatastrophen, Hungersnöte und nicht zuletzt der zunehmende Verlust an Souveränität durch westliche ausländische Mächte führen immer wieder zu Unruhen und Aufständen verschiedener Gruppierungen. Sie richten sich gegen das Kaiserhaus und teilweise auch gegen Menschen aus dem Ausland. Gleichzeitig sind unter Studierenden westliche politische Ideen populär geworden, die das traditionelle kulturelle Fundament untergraben.

»Farbiges und Seltsames«

Marie von Bunsen beschäftigt sich jedoch nicht mit der aktuellen Politik, sondern ist auf der Suche nach dem vergangenen Glanz, dem Besonderen, dem »unberührten Asien« – nicht anders als viele heutige Individualreisende. »Farbiges und Seltsames« (Im fernen Osten, 2) möchte sie schildern, Dinge, die möglichst nicht schon von anderen beschrieben wurden. Aus China schaffen es nur drei Erlebnisse in ihr Buch: die Stadtmauer in Peking, die Herbstflutwelle in Hangzhou und eine Flussfahrt zu einem abgelegenen Tempel.

Anders als vom »abstoßend öden, nüchternen, reizlosen Schanghai«[4] ist sie von Peking begeistert. »[...] ich halte Peking, die Stadt des genialen Kublai Khans, für die schönste der heutigen Welt.« Einen Gang auf der Stadtmauer findet sie »tief beeindruckend, unvergeßlich«. Die klar gegliederte Ordnung der Straßen, die Mauer im Abendgold, der weite Blick in die Ferne zu den Tempelbergen. Später reitet sie durch die Stadt und um die Mauer, sieht Lastenträger, ältere Herren mit Vogelkäfigen, eine Kamelkarawane: »Weit und breit unberührtes Asien.«

In Hangzhou nimmt sich ein junges englisches Missionarspaar ihrer an, das am Westsee lebt, »an einer der fesselndsten Stätten des Himmlischen Reiches«. Am nächsten Morgen tragen vier Männer Marie von Bunsen in einer Sänfte durch die Stadt an die Küste. Sie ist begeistert von dem, was sie zu sehen bekommt. »Manchmal überspannten Bogen die schmalen Gassen, manchmal Matten, von den Dächern hingen trocknende gefärbte Stoffe in herrlichen Farben hernieder.« Besonders die Geschäfte der Handwerker gefallen ihr. »Alle Laden waren nach der Straße offen, da standen geschnitzte Holzmöbel, Töpfereien, da hingen kunstvoll geknüpfte seidene Schnüre, flott hingemalte Rollbilder. Alles bodenständiges Handwerk.« Traditionelles Kunsthandwerk interessiert Marie von Bunsen schon seit langem. 1909 hat der *Lyceum-Verein* eine gut besuchte *Internationale Volkskunst-Ausstellung* organisiert, für die sie den Katalogtext geschrieben hat. Auch einige Alltagsgegenstände aus China waren dort zu sehen. Anders als in Europa sei die Volkskunst dort noch lebendig und müsse nicht vor der Industrialisierung

Westsee Hangzhou, 1931

gerettet werden, heißt es im Katalog. Überall treffe man auf künstlerische Werke, die »hoch über denen üblicher Europäer [stehen], was ornamentale Treffsicherheit, was instinktmäßiger Sinn für Komposition, Naturbeobachtung und Farbe betrifft.«[5]

Am Uferdamm in Hangzhou herrscht Volksfeststimmung, alle warten auf die Flutwelle zum Herbstvollmond. »Sehr unterhaltend war diese mich umgebende Menschheit. O Freude, nicht ein Europäer war zu erblicken!« Natürlich wird sie angestarrt. Aber auch sie sieht sich die Leute an – als Malerin: »Vom künstlerischen Standpunkt wirken hierzulande die Männer besser als die Frauen, vorzüglich ist die Linie dieser langen, schlanken Gewänder, hierzu paßt der noch vorwiegend getragene lange, keineswegs groteske Zopf.« Abends genießt Marie von Bunsen den Spaziergang am See, geht »wie in einer Verzauberung« auf verwilderten Pfaden über Dämme zu kleinen Inseln, über denen sie einen »Hauch hochverfeinerter, verblaßter Kultur« zu spüren glaubt.

Ihren Tempel-Ausflug unternimmt sie von Ningbo aus, wo sie bei einem englischen Ehepaar wohnen kann, dem sie ausnahmsweise »viel Verständnis für chinesische Eigenart und Kultur« zugesteht. Der Mann arbeitet bei der Internationalen Zollverwaltung und so stellt man ihr ein »der Zollverwaltung gehörendes, behagliches Hausboot« samt erstem Boy und Koch für den Tag zur Verfügung. Sie genießt die Flussfahrt. »China, unberührtes China umgab mich.« Landschaft, Brücken, Grabhügel, Vergnügungsboote, Tempel, Berge, Kormoranfischer. Mit einem Tragestuhl wird sie zum Tempel gebracht. Sie besichtigt die Gebäude und trinkt Tee mit einem Priester. Auch sonst fehlt es an nichts, »ein ergiebiger warmer Lunch, Nachmittagstee, das Abendessen mit vielen Gängen, waren mir auf blumengeschmücktem, tadellos gedecktem Tisch vorgesetzt worden«. Bei der Rückkehr sind ihre Gastgeber »etwas erregt«. Von einer in Peking ausgebrochenen Revolution ist die Rede. Es ist der 11. Oktober 1911. Tatsächlich hat am 10. Oktober, nicht in Peking, sondern im südchinesischen Wuchang, ein bewaffneter Aufstand begonnen, der eine Welle republikanischer Erhebungen in China auslöst und schließlich dazu führt, dass das Land am 1. Januar 1912 Republik wird und der

Kaiser abdanken muss. Diese gewaltige Umwälzung beschreibt Marie von Bunsen im Nachhinein in einem Satz: »An jenem auf dem Fluß verlebten Tag war das tausendjährige Kaiserreich zusammengestürzt.« Auch das sieht sie mit den Augen einer Malerin: »Von nun an regierte ein Präsident im schwarzen Gehrock.«

Hier zeigen sich die Grenzen ihrer ästhetisierenden Herangehensweise. Marie von Bunsen kann auch mit Worten wunderbare Stimmungsbilder malen, sie ist voller Bewunderung für die chinesische Kulturgeschichte. »Unerreicht sind ihre Taten in der Kunst, Wissenschaft, Ethik und Literatur.« Auch das Alltagsleben interessiert sie – soweit man es aus einer Sänfte oder vom Pferd herab beobachten kann. Doch bei der Suche nach dem »unberührten« China entgehen ihr die aktuelle politische Realität des Landes, seine inneren Kämpfe und die Situation der Einheimischen. Diese kommen nur als Studienobjekte oder Bedienstete vor, auch wenn Marie von Bunsen betont, dass sie alle immer höflich und mit Achtung behandelt. »[...] mit einfachen guten Formen kommt man erstaunlich gut mit Exoten weiter.« (Im fernen Osten, 156)

»Die unharmonische Kreuzung asiatischer und europäischer Zivilisationen«

Abgesehen von Japan, das selbst Kolonialmacht ist, sind die meisten Länder, die Marie von Bunsen in Asien besucht, Kolonien europäischer Großmächte. Auch China befindet sich in einem halbkolonialen Status und muss, durch ungleiche Verträge gezwungen, fremde Konzessionen auf seinem Territorium dulden. In gewisser Weise macht dieser Sachverhalt das Reisen für Menschen aus dem Ausland erst möglich. Sie stehen unter dem Schutz eines westlichen Landes. Marie von Bunsen wird in China zwar angestarrt, aber nicht mehr mit Steinen beworfen und bedroht. Und während der westliche Einfluss die ferne Welt unwiderruflich verändert, entsteht im industriell geprägten Europa – neben dem Gefühl der Überlegenheit – die Sehnsucht nach dem unberührten, idealisierten Fremden, der auch Marie von Bunsen immer wieder erliegt.

Zu dieser Idealisierung gehört aber auch die Idee, dass Kulturen »rein« gehalten werden können oder sollten. In einem abschließenden Kapitel ihres Reisebuches macht sie sich Gedanken über die Kolonisation. Sie stellt sie keineswegs in Frage, sondern überlegt, welches Land am besten kolonisiert, welche Vorteile (nicht zuletzt für Reisende) die Verhältnisse haben, lobt die archäologischen Forschungen, bedauert das mangelnde Verständnis für Volkskunst bei den Ausländerinnen und Ausländern und beklagt die teilweise unnötig harte Behandlung der Einheimischen. Fragwürdig und problematisch erscheint ihr auf jeden Fall eine kulturelle Vermischung. So stört sie in Japan der europäische Männerhut, der »zum Kimono getragen, täglich, fast stündlich die Augen verletzt« (Im fernen Osten, 59), oder anlässlich eines Festaktes in Bangkok »die unvermeidliche, unharmonische Kreuzung asiatischer und europäischer Zivilisation« (ebd., 91). Diese Ablehnung bezieht sich nicht nur auf Kulturformen, sondern auch auf Menschen. »Mischlinge« sind in ihrem Buch in der Regel bedauernswerte oder unerfreuliche Gestalten. Die Vorstellung, dass »Rassen« unter sich bleiben sollten und dass eine Vermischung die jeweils schlechten Eigenschaften beider Seiten hervorbringt, ist zeittypisch weit verbreitet – selbst bei Menschen, die nicht von einer automatischen Überlegenheit der weißen Rasse ausgehen.

Bei Marie von Bunsen kommt hinzu, dass diese zweisprachig aufgewachsene, weltgewandte, weitgereiste und international vernetzte Frau ihre eigene englisch-deutsche Doppelnationalität als Problem empfindet und danach strebt, »die ruhige, feste Linie zweifelloser Volksgemeinschaft zu erringen« (Die Welt, 16). Sie wirkt im Vorstand des *Allgemeinen Deutschen Sprachvereins* auf die Reinhaltung der deutschen Sprache hin und versucht auch sonst, der deutschen Kultur zu Ansehen zu verhelfen. In ihrem 1916, im Ersten Weltkrieg, erschienenen Buch *Die Frau und die Geselligkeit* stilisiert sie die deutsche Frau »im Ausland und in den Kolonien« zur Hüterin des Deutschtums. »Eine deutsche Frau, deren Hauswesen verengländert oder verspaniert, an deren Tisch die Kinder schon durch ausländische Vornamen die schlappe Nationalempfindung ihrer Eltern bekunden und ebenso wie die Erwachsenen sich in einem von fremdländischen Brocken beschmutzten Deutsch ergehen, wenn sie sich nicht gar der fremden Zunge bedienen – in einer solchen Frau ersehen wir einen Schandfleck.«[6]

»Die Bereicherungen, die Beglückungen verbleiben«

Kurz nach Marie von Bunsens Rückkehr von ihrer zweiten Asienreise bricht der Erste Weltkrieg aus. Auch sie ist von der allgemeinen patriotischen Stimmung erfasst. Die Abdankung des Kaisers nach der Kapitulation 1918 ist für sie ein Schock. Im Herzen bleibt sie Monarchistin, auch wenn sie sich bald politisch engagiert. Sie war zwar keine Kämpferin für das Frauenwahlrecht, doch als es kommt, sieht sie es als ihre Pflicht, sich politisch weiterzubilden. »Ich besuchte politische Versammlungen, nahm einen Rednerkursus, auf meinem Tisch lagen nur politische Bücher [...] Sehr bald habe ich den Wert des unerbetenen Geschenkes eingesehen.« (Zeitgenossen, 168) 1918 tritt sie sogar der neu gegründeten linksliberalen Deutsch-Demokratischen Partei bei. Ihr Vermögen schmilzt durch den Krieg und die nachfolgende Inflationszeit dahin. Wie viele andere leidet sie unter Hunger und weiß nicht, wie es weitergehen soll, »tägliches Sichquälen, tägliches Sichsorgen« (ebd., 189). Doch die Lebenskünstlerin kann im Rückblick darin auch einen heilsamen Prozess für ihre soziale Schicht sehen. »Da haben wir uns sehr vieles abgewöhnt, haben sehr vieles zugelernt, und das war gut. [...] Wir sind einfacher, vernünftiger geworden.« (ebd., 189 f.) Auf das Reisen verzichtet sie nicht. Statt große Auslandsreisen zu machen, wandert sie nun mit dem Rucksack durch Deutschland. Neue Kunstrichtungen etablieren sich, als Malerin ist sie nicht mehr gefragt. Doch sie schreibt weiterhin für Zeitungen und veröffentlicht ab Ende der 1920er Jahre ihre Memoiren,

Marie von Bunsen: »Im fernen Osten«

Biografien und Reisebücher, in die sie ihre Aquarelle integriert. Erst 1934, 20 Jahre nach ihrer zweiten Asienreise, erscheint *Im fernen Osten,* in einer aufwändigen, alten japanischen Büchern nachempfundenen Bindung und mit 17 Aquarellen der Autorin. Leider ist keines mit den schönen Blautönen Chinas dabei. Als das Buch veröffentlicht wird, ist sie bereits 74 Jahre alt, immer noch voller Pläne und dankbar für ihr bisheriges Leben. »Mit unauslöschlicher Freude gedenke ich dieser Reisen in

Asien, jedes der Länder ist mir nahegekommen und nahegeblieben. Auch bei mir ist, wie üblich, seither Geld und Gut hingeschwunden, die Bereicherungen, die Beglückungen verbleiben.« (Im fernen Osten, 156)

1 Bunsen, Marie von (1935[3]): Im fernen Osten. Eindrücke und Bilder aus Japan, Korea, China, Ceylon, Java, Siam, Kambodscha, Birma und Indien. Leipzig. 1934[1], S. 65. (Zitiert als: Im fernen Osten).
2 Bunsen, Marie von (1929): Die Welt in der ich lebte. Erinnerungen aus glücklichen Jahren 1860 – 1912. Leipzig, S. 111. (Zitiert als: Die Welt).
3 Bunsen, Marie von (1932): Zeitgenossen, die ich erlebte. 1900 – 1930. Leipzig, S. 9 f. (Zitiert als: Zeitgenossen).
4 Alle Zitate in diesem Abschnitt, wenn nicht anders angegeben: Bunsen (1935), a.a.O., S. 59–75.
5 Bunsen, Marie von (1909): Führer – Internationale Volkskunst-Ausstellung. Berlin, S. 5.
6 Bunsen, Marie von (1916): Die Frau und die Geselligkeit. Leipzig, S. 125 f.

Die 19-jährige Erna Kluge, als Holländerin verkleidet, 1928

»Deutschland verliert den Krieg – wir verlieren unser Geschäft«

Erna Kluge Scheel

geb. Kluge

Verkäuferin und Konditoreibetreiberin

(1909 – 2007)

»Der Krieg in Europa ist vorbei [...], unsere Sorgen könnten jetzt erst beginnen. [...] In den Straßen der deutschen Konzession drängen sich Fremde und Chinesen. Diese schmeißen Steine in Geschäfte und Häuser und plündern überall. In allen Straßen und Gassen Gebrüll und Gerufe [...]. Wie bösartig können Leute von einem Tag auf den nächsten werden.«[1]

Erna Kluge ist noch nicht zehn Jahre alt, da wird sie mit ihrem Vater 1919 von Shanghai aus auf einem Frachter in die Heimat »repatriiert«. Deutschland hat den Krieg verloren, Schlachter Karl Heinrich Kluge nach der Randale in der deutschen Konzession von Tianjin (Tientsin) sein Geschäft verkauft. Auf Druck der alliierten Siegermächte müssen alle Deutschen das Land verlassen. Für Erna ist es nicht ihre erste Abreise. 1912 hatte Mutter Else mit der Vierjährigen heimlich in Tianjin die Eisenbahn bestiegen, um in die Heimat zurückzukehren. Durch Kluges Heiratsanzeige im Berliner Tageblatt war sie ins Reich der Mitte gekommen, hatte sich da aber nie eingelebt. Vor allem vermisste sie ihren bei den Eltern zurückgelassenen unehelichen Sohn, dessen Existenz sie ihrem Mann verschwieg. Karl Heinrich Kluge trank und war gewalttätig gegen seine Frau. Mutter und Tochter wurden in Deutschland freudig von der Familie empfangen. Aber dann wird das kleine Mädchen auf Anweisung deutscher Behörden ohne das Wissen von Else zum Vater entführt. Ihm war das Sorgerecht bei der Scheidung zugesprochen worden.

»Ich vermisste sie«

Aufwachsen bei dem alleinstehenden Vater: Immer wieder übernehmen andere Menschen die Betreuung des Kindes, wenigen kann Erna sich anschließen. Schon früh verständigt sie sich in verschiedenen Sprachen: auf Deutsch, Chinesisch, Englisch, Russisch und Französisch. Der Vater erwähnt die Mutter nie. Erna trauert um sie und findet Trost vor allem bei ihren Hunden; als sie in der Deutschen Schule eingeschult wird, bei einer Freundin, Maria. Im Ersten Weltkrieg muss Karl Heinrich Kluge, in Tianjin für seine Würste bekannt und geschätzt, seine Schlachterei aus der französischen Konzession in die deutsche verlegen – ein finanzieller Verlust. Weitere Verluste entstehen beim Verkauf am Kriegsende. Erna muss sich von Freunden und Hunden trennen. Auf dem Frachter, der Vater und Tochter zurück nach Europa bringt, reist auch Maria mit, ein kurzzeitiger Trost. Nach der Ankunft sehen sie sich nie wieder: »Ich vermisste meine Freundin sehr.« (55)

Sich einlassen, um sich wieder zu verabschieden, dazu die Sehnsucht nach den Verlorenen – das wird ein Muster im Leben von Erna Kluge Scheel. Es ist eine Erfahrung, die sie mit vielen »Chinadeutschen« teilt. Sie waren nach China gekommen, hatten Firmen und Familien gegründet und sich dort niedergelassen. Für ihre Kinder, die von chinesischen Kindermädchen betreut worden waren, täglichen Umgang mit den chinesischen Angestellten hatten und oft mit chinesischen Kindern spielten, war die erzwungene Ausreise ein anderes Leid als für die in Deutschland geborenen Eltern. Erna Kluge Scheel war durch die Trennung von Mutter und Vater mehrfach zerrissen. Umso bewundernswerter, mit welcher Kraft sie ihr Leben gestaltet. Nicht zufällig nennt sie ihren Lebensbericht, den sie als 85-Jährige in den USA auf Englisch veröffentlicht, *The Strength to Persevere* (Die Kraft zu Überleben). Es ist ein einzigartiges, nicht literarisches Dokument einer Chinadeutschen aus gewerbetreibendem Umfeld. Bemerkenswert: Erna Kluge Scheel skizziert die politische Situation, in der ihr Vater nach China kam und dass er mit den deutschen Truppen »tapfer« (4) gegen die aufständischen Boxer kämpfte, aber die chinesische Welt, in der sie aufwächst, schildert sie nicht. Wie sie Chinesisch lernt, bleibt auch unerwähnt. Dagegen erzählt sie häufig von französischen und russischen Bekannten. Ihr Umfeld ist und bleibt auch – geschäftsbedingt – international.

»Müßigsein – das durfte ich nicht«

Ohne Großeltern, Mutter und Halbbruder getroffen zu haben, kehrt sie mit ihrem Vater 1921 nach Tianjin zurück, begrüßt von alten Bekannten und einem ihrer Hunde. Erna wird wieder in die Deutsche Schule eingeschult, der Vater verschuldet sich, um erneut eine Schlachterei zu eröffnen. Als sich weitere repatriierte Deutsche in Tianjin einfinden, laufen die Geschäfte besser, aber es gibt auch Rückschläge. Kluge fängt wieder an zu trinken, schlägt seine Tochter, später beschimpft er sie als Hure. Als er mit einem Lastenausgleich für seinen im Krieg verlorenen Besitz zusätzlich ein Restaurant und eine Pension eröffnet, arbeitet sie mit. Als der Vater von seinem eigenen Hund gebissen wird (dieser kann »Besoffene« nicht leiden), übernimmt die Tochter die Betriebsführung. Sie ist 15 Jahre alt und wurde erst vor kurzem konfirmiert. Da die Geschäfte wieder schlecht gehen, vermittelt ihr ein befreundetes Ehepaar bei der bekannten Bäckerei *Kiessling und Bader (K&B)* Arbeit als Verkäuferin. Vorerst lebt sie weiterhin beim Vater, aber es gibt ständig Streit. Als er sie auffordert auszuziehen, mietet sie ein Dachzimmer. Bei einem Besuch findet sie ihn bewusstlos, wenige Stunden später stirbt er. Karl Heinrich Kluge hat sich vergiftet.

»Mein Selbstvertrauen wuchs mit der neuen Aufgabe«

Nach dem Tod des Vaters beginnt ein neues Leben für Erna. »Ich war jetzt frei.« (98) Sie mag ihre Arbeit als

Verkäuferin, auch wenn sie von frühmorgens bis spätabends beschäftigt ist. *K&B,* Konditorei und Restaurant, hat täglich von acht Uhr bis Mitternacht geöffnet, nur Weihnachten und Neujahr nicht. Die Klientel ist international. An den Wochenenden besucht Erna Bekannte oder den Deutschen Klub. Zu Weihnachten wird sie mit den drei deutschen Angestellten in die Familie der Chefs zum Weihnachtsessen eingeladen. Sie ist gerührt und stolz, als man ihr einen Pelzmantel schenkt. Auch das chinesische Neujahr wird groß gefeiert. Die chinesischen Angestellten erhalten ihre jährliche Gratifikation, es gibt Gebäck und Punch für alle, man zündet Feuercracker. Schon nach einem Jahr Tätigkeit wird Erna die Leitung der Verkäuferinnen übertragen: »Mein Selbstvertrauen wuchs mit der neuen Aufgabe.« (99) Als der seit drei Jahren bei *K&B* tätige Konditormeister Wilhelm Scheel um sie wirbt und ihr einen Heiratsantrag macht, scheint ihr Weg bestimmt. Wilhelm, ein gutaussehender Mann, ist ehrgeizig und zielstrebig. Sobald sein fünfjähriger Vertrag ausläuft, möchte er eine eigene Konditorei eröffnen. Er setzt die Pläne um, findet einen Geldgeber und lässt ein Haus in Shenyang (Mukden) in der Mandschurei bauen.

»Alles schien wunderbar – aber das war es nicht«

Erna Kluge folgt Wilhelm Scheel nach Shenyang, das Paar heiratet am 1. Oktober 1930. Wilhelm ist 27 Jahre alt, Erna 20. Schon drei Wochen später wird ihr Geschäft, in der Hauptstraße gelegen, eröffnet: Konditorei, Restaurant, Bäckerei und Küche im Erdgeschoss,

Räume für private Feiern und die eigene Wohnung im zweiten. Wilhelm hat sich einen Lebenstraum erfüllt. Erna ist zuständig für den Verkauf, drei Russinnen unterstützen sie; ein Litauer, Herr Zaudig, leitet das Restaurant; hier arbeiten auch chinesische Angestellte. Die »bessere« Gesellschaft der Stadt, Europäer, Europäerinnen, Russen, Russinnen, wohlhabende Chinesen und Chinesinnen, werden ihre Kundschaft. »Qualität nicht Quantität« ist das Motto des Unternehmens. Man verkauft Spezialitäten aller Art, dekoriert die Fenster zu Feiertagen der Nationen, richtet Feste und Bälle aus, betreibt im Sommer ein Dachgarten-Restaurant. Die gesellschaftliche Anerkennung wächst: Das Ehepaar ist zu Partys im Deutschen Konsulat eingeladen, trifft wichtige Leute, besucht den Deutschen Klub. Als die Japaner im September 1931 die Mandschurei besetzen, zählen auch sie zur Kundschaft. Nach der Geburt des ersten Sohnes, Konrad, erkrankt Erna Kluge Scheel an Kindbettfieber. Ihr Ehemann steht ihr liebevoll zur Seite, obgleich er nicht erfreut über diese Schwangerschaft war. Die Zeiten scheinen ihm zu unsicher. Immer mehr Unternehmen schließen nach der japanischen Besetzung des Landes; das Geschäft leidet. Um einen Standort für eine neue Konditorei zu suchen, reist Scheel nach Nanjing, Sitz der chinesischen Nationalregierung seit 1928. Erna Kluge Scheel erhält die Aufgabe, das alte Unternehmen abzuwickeln. Herr Zaudig hilft. Er ist Erna ein guter Freund geworden, »ein Gentleman an meiner Seite« (122), der tröstet, wenn die Ehe mal nicht so gut geht. Er und einige ihrer chinesischen Mitarbeiter ziehen mit um. Aber diese sind ihr – wie in der Erzählung über die Kindheitsjahre – nur eine kurze Er-

Wilhelm und Erna Scheel in Mukden, um 1930

wähnung wert. Ebenso wie die »saubere und verlässliche Amah«, die sich um ihren Sohn kümmert, nachdem die russische Kinderfrau sie verlassen hat. Lakonisch schreibt die Mutter: »Dann hatten wir einen Chinesisch sprechenden deutschen Jungen.« (121)

»Wir schaffen das, meine Liebe«

In den politischen Turbulenzen der Chinesisch-Japanischen Konflikte versuchen die Scheels sich zu behaupten, mit erstaunlichem Erfolg: In Nanjing können sie 1934 ein neues Geschäft unter dem Namen *Kiessling und Bader* eröffnen, ihr ehemaliger Arbeitgeber unterstützt sie. Es ähnelt dem in Shenyang, ist nur kleiner. Herr Zaudig leitet wieder das Restaurant. Man macht Pläne für einen Neubau, »ein Wagnis, auf das wir uns wirklich freuten« (124). Aber das Projekt wird verschoben, da die Japaner eine Stadt nach der anderen erobern und weiter nach Nanjing vorrücken.[2] Nach einem ersten Bombenangriff wird Erna Kluge Scheel mit allen europäischen Frauen und ihren Kindern evakuiert. Sie hat im Sommer das zweite Kind, Agnes, geboren. Zehn Wochen können sich Mutter und Kinder in einem Ferienort für wohlhabende Familien in den Bergen erholen. Nach der Rückkehr nach Nanjing und weiteren japanischen Bombardierungen wird die ganze Familie nach Hankou evakuiert, von dort müssen alle an Heiligabend einen Zug nach Hongkong besteigen, danach geht es mit dem Schiff nach Shanghai. Hier endet die Flucht vorläufig. Das Ehepaar wartet ungeduldig auf Nachrichten von Herrn Zaudig, der in Nanjing allein die Geschäfte abwickeln und den Laden vor Plünderern schützen soll. Endlich kommt ein Brief. Dass die Japaner rücksichtslos und grausam gegen die Bevölkerung vorgehen, ist bekannt. Dass auch ihr Haus und alle Besitztümer in einem Feuersturm verbrannt sind, lässt Erna Kluge Scheel verzweifeln. Aber ihr Ehemann tröstet: »Wir schaffen das, meine Liebe. Wir sind noch jung und gesund. Ich werde Kiessling und Bader schreiben, sie werden uns helfen.« (137 f.) Und tatsächlich: Nur ein Jahr später ist im riesigen Shanghai eine neue Lokalität gefunden und auch eröffnet. Eine belebte Gegend,

Anzeige des Kiessling Cafés in Shanghai

direkt gegenüber dem Shanghaier Rennplatz, unweit des berühmten *Park Hotels* und eines Kinos. Der Marke *Kiessling und Bader* hilft wieder, die Konditorkunst von Wilhelm Scheel auch, dazu Herr Zaudig, der aus Nanjing fliehen konnte. Wieder boomt das Geschäft nach kurzer Zeit. Nur: Das Erlebte hinterlässt Spuren. Sohn Konrad hat eine gefährliche Entzündung im Hüftgelenk, die nur in Deutschland behandelt werden kann. Die Mutter kann ihn nicht zum Bahnhof bringen, denn nach einer misslungenen Operation von Krampfadern muss sie das Bett hüten. Bald fängt sie von hier aus wieder an zu arbeiten, ihr Einsatz fehlt im Betrieb. Wilhelm Scheel ist nervös, schlecht gelaunt, in sich verschlossen, beschimpft sie häufig vor anderen. Auch er scheint überfordert. Bekannte drängen das Paar, endlich Heimaturlaub zu machen. Im Mai 1940, der Zweite Weltkrieg hat begonnen, reisen sie mit der Tochter im Zug nach Deutschland. Dort treffen sie Sohn Konrad, der nach seiner Operation langsam gesundet, und besuchen alle Verwandten. Ihrer Mutter gegenüber redet Erna Kluge Scheel offen über ihre Absicht, nicht nach Shanghai zurückzukehren. Bei einer Aussprache verspricht ihr Mann, sein aufbrausendes Temperament zu kontrollieren. Sie möchte ihm glauben und tatsächlich verhält er sich liebevoll und zugewandt. Dass sie sich mitten im Krieg befinden, nehmen beide kaum wahr. Dass Erna Kluge Scheel viel von Hitler hält und seine anfänglichen Kriegserfolge sogar bewundert, deutet sie im Rückblick an. Nach sechs Monaten kehrt die ganze Familie erholt, gesund und frohen Mutes im November 1940 nach Shanghai zurück.

»Liebe Eltern, sorgt bitte ein bisschen besser für Euch«

Die Geschäfte florieren. Wilhelm Scheel plant einen weiteren Laden zusammen mit einem Architekten. Größer, schöner, repräsentativer, mit einer Wohnung für die Familie und einer für den Chef der Confiserie im dritten Stock des Gebäudes, im zweiten ein Restaurant für über 50 Leute. Das Haus wird am Deutschen Eck, unweit der evangelisch-lutherischen Kirche und der Kaiser-Wilhelm Schule, erbaut. Erna Kluge Scheel entwirft die Einrichtung mit dem Architekten vom Bett aus, sie hat sich selbst verletzt, die Füße aus Versehen mit heißem Wasser überschüttet. Alles ist vom Feinsten und solide, für die Zeit des Ruhestands, den das Paar in 15 Jahren in Deutschland plant. Neue Leute müssen eingestellt werden. Das alte Geschäft wird weiter betrieben, insgesamt haben die Scheels nun über 150 Angestellte. Am 29. Juli 1942 wird *K&B* in der Hart Street mit Pomp eröffnet. Wieder arbeiten beide Tag und Nacht. Erna Kluge Scheel lässt sich für das Ereignis extra ein neues Kleid schneidern. Aber sie leidet unter schweren

Kiessling und Bader in der Hart Road in Shanghai, um 1942

Kopfschmerzen. Ein Arzt muss gerufen werden, verordnet Ruhe. Herr Zaudig schreibt dem Ehepaar im Namen der Kinder einen Brief: »Liebe Eltern, bitte sorgt ein bisschen besser für Euch. [...] Ihr könnt alles kaufen, Spielzeug, Kleider, Torten en masse, aber nicht gesunde Eltern – das zu erhalten ist Eure elterliche Pflicht.« (173, 175) In der Tat, der Aktivismus der Scheels ist erstaunlich. Sie gehen davon aus, dass Deutschland den Krieg gewinnt. Tatsächlich haben die verbündeten Japaner im Dezember 1941 das Internationale Settlement gleich nach ihrem Angriff auf Pearl Harbour besetzt. Erna Kluge Scheel erwähnt ihre Anwesenheit nur kurz, die Umstände und Folgen der Besetzung gar nicht. Aber sie erzählt jetzt erstmals von der Situation in der

Shanghai nach Besetzung durch die Japaner 1942

Stadt: »Abgesehen von wenigen Parks und den ausländischen Konzessionen war Shanghai bedrückend. Bürgersteige und Gebäude bedeckt mit Spucke. In jeder Straße waren Bettler, einige ohne Füße, andere mit am Knie amputierten Beinen. [...] Bevor wir die Bäckerei morgens öffneten, saßen sie schon davor und warteten auf das alte Brot oder den Kuchen, die wir ihnen – wie sie wussten – geben würden.« (175) Sie versteht die Haltung der chinesischen Bevölkerung gegenüber den Armen, denen keiner hilft, nicht; auch nicht, dass viele Mädchen nach der Geburt ausgesetzt werden. Unvergesslich ist ihr, dass sie eines Tages eine Tote vor dem Haus findet. Unvergesslich sind auch die Wagen, die morgens die Toten von der Straße auflesen, um sie außerhalb der Stadt zu beerdigen. Angesichts dieser Situation scheint die pompöse Eröffnung einer Konditorei wie ein trotziges Aufbegehren gegen die Umstände, auf jeden Fall ist es ein hochriskantes Unternehmen. Ernas Beziehung zu dem Gatten erreicht einen neuen Tiefpunkt. Sie sucht – wie schon früher – Halt in Gebeten: »Ich [...] betete zu meinem Gott, er möge mir die Kraft geben durchzuhalten.« (180) Auch lenkt sie sich mit Besuchen von Partys im Deutschen Konsulat und bei Veranstaltungen in der Schule der Kinder ab.

»Unser Traum ist ausgeträumt«

Die Nachrichten aus der Heimat sind nicht gut. Viele glauben schon nicht mehr an Hitler. Jedoch: Erna Kluge Scheel hört die Stimme des Führers im Radio und ist fasziniert. Erst am Kriegsende sieht sie ein: »Unser Traum, in Deutschland einen ruhigen Lebensabend verbringen zu können, ist ausgeträumt.« (189) Bankkonten von Deutschen werden gesperrt, Parteifunktionäre der NSDAP interniert, Geschäfte und Privatbesitz liquidiert. Wilhelm Scheel träumt davon, in die USA auszuwandern, er hat dort einen Onkel, der ihnen helfen will. Im Herbst 1945 überbringen zwei US-Militärs die Nachricht, dass die Familie bis zum nächsten Morgen ihr Haus zu verlassen hat. Nach Vermittlung eines befreundeten amerikanischen Majors gewährt man ihnen drei Tage Zeit, die Konditoreien zu schließen. Alle Angestellten werden entlassen. Die Scheels dürfen in ihrer Wohnung bleiben, müssen sie aber mit einer chinesischen Familie teilen. Familie Wong zieht drei Wochen später ein. Wilhelm Scheel wird depressiv. Wie die Tochter später erzählt, hatte auch er, ein uneheliches Kind, eine schwere Kindheit.[3] Ihre Mutter führt den Haushalt, bringt im Juni des darauffolgenden Jahres einen zweiten Sohn, Hellmut, zur Welt. Weil der Arzt die anstehende Repatriierung nach Deutschland für gefährlich hält, wird die Familie nicht wie viele Deutsche schon 1946, sondern erst 1947 zurückgeführt. In der Erzählung ist jetzt erstmals von Kontakten zu Chinesinnen und Chinesen die Rede, insbesondere zu den Wongs. Die Kinder der Familien spielen zusammen. Man unterhält sich in Mandarin. »Sie waren angenehme und kluge Leute – nur nicht die saubersten, jedenfalls nicht nach unseren Standards. Wir liebten ihr Essen, sie luden uns mehrmals ein.« (216) Auf den Märkten, wo sie nun selber regelmäßig einkauft, will Erna Kluge Scheel einen Verkäufer dazu bringen, nicht zu handeln, muss aber feststellen, dass sie nun mehr bezahlt. »So sind die Chinesen, dachte ich, das Handeln ist in ihrem Blut. Trotzdem. Ich mag das chinesische Volk. Es hat einen warmen Platz in meinem Herzen.« (216 f.)

»Noch einmal Erfolg – aber der Preis«

Die Familie wird im August 1947 auf einem amerikanischen Truppentransporter nach Deutschland repatriiert. Der Kampf ums Überleben geht weiter. Bis 1951 kommen sie mit den unterschiedlichsten Jobs in Bayern unter, dann erhalten alle die gewünschten Visa für die USA. Dort hat das Ehepaar nach nur einem Jahr genug gespart, um einen Kredit zum Betrieb einer neuen Konditorei zu erhalten. Man lebt jetzt in New Orleans. Wieder floriert das Geschäft. Aber die Ehe ist zerrüttet. 1957 findet Erna Kluge Scheel die Kraft, sich von ihrem Mann zu trennen, sie arbeitet bis zur Rente als Angestellte in verschiedenen Firmen. Alle Kinder finanzieren sich eine Ausbildung oder ein Studium selber. Wilhelm Scheel heiratet noch einmal. Erna Kluge Scheel reist nach Deutschland, nach China und zieht zu Tochter Agnes und deren Mann. Zuletzt leben sie in North Carolina. Mit Unterstützung des Schwiegersohns veröffentlicht sie ihre Memoiren im Selbstverlag.

1 Kluge Scheel, Erna (1998): The Strength To Persevere. Fairway Press, Lima, Ohio, USA, S. 51. Übersetzung der Zitate Hilke Veth. (Im Folgenden Seitenzahlen nach den Zitaten).

2 John Rabe erwähnt in seinem Tagebuch den Bäcker: »23. September [...] Das Schlimme ist, der Scheel hat das Backen aufgegeben. Es gibt kein Brot mehr.« In: Wickert, Erwin (Hg.) (2008): John Rabe. Der gute Deutsche von Nanking. München, S. 36.

3 Agnes Scheel Kivett im Telefonat mit Hilke Veth, Juni 2021.

Irmgard Grimm mit dem ersten Sohn in Höxter, um 1922

»Ich wäre ein ganz anderer Mensch, wenn ich nicht in China gewesen wäre«

Irmgard Grimm

geb. Bartels
Sekretärin, Autorin und Herausgeberin
(1896 – 1997)

»Die ganze Kultur, die Kunst, die ganze Liebenswürdigkeit dieses Volkes, das so bescheiden war, genügsam, höflich und so humorvoll ist, und so ganz frei von unserem übertriebenen Individualismus – hat mich wirklich umgeprägt.«[1]

Es ist Irmgard Grimm am Ende ihres Lebens wichtig, den »ungeheuren Einfluß« zu betonen, den die 13 Jahre, die sie zwischen 1923 und 1936 in China verbrachte, auf ihr Leben hatten – bis hinein in ihre philosophisch-religiöse Betrachtung der Welt. »Ich wäre ein ganz anderer Mensch, wenn ich nicht in China gewesen wäre. Kungdse [Konfuzius] ist auch mein Meister, und wenn ich auch durch meine christliche Erziehung vieles aufgenommen und festgehalten habe [...], so betrachte ich mich nicht als Christen, sondern als Konfuzianer.« Im Westen sehe man den Philosophen oft nur als Morallehrer, aber »in seinem Verantwortungsgefühl dem Himmel gegenüber, die Welt in Ordnung zu bringen« (84), sei er im Grunde tief religiös. Erstaunliche Ansichten für eine Frau, die aus einem christlich geprägten Umfeld mit vielen konservativen Pastorenfamilien kommt und in jungen Jahren noch überlegt hat, als Missionarin in die deutsche Kolonie Südwestafrika, das heutige Namibia, zu gehen.[2] Eine Idee, aus der sich religiöses Sendungsbewusstsein, aber auch Abenteuerlust herauslesen lassen.

»Mir tat das Herz weh vor Fernweh«

Sie wächst zunächst in Ballenstedt am Harz auf, wo der Vater, ein Psychiater, 1894 ein eigenes Sanatorium eröffnet hat. Die Mutter Emma Bartels, geprüfte Lehrerin, ist eine etwas prüde Frau, mit der Irmgard sich nicht gut versteht. 1902 wird das Sanatorium verpachtet und die ganze Familie, zu der mittlerweile drei Kinder gehören – Irmgard ist die Jüngste –, zieht nach Hameln. Der Vater hat dort eine kleine Privatpraxis und engagiert sich ansonsten in diversen Vereinen und Ehrenämtern. Die zahlreichen Onkel und Tanten, Cousins und Cousinen ermöglichen ein reges Familienleben, mit großen Festen und wochenlangen Besuchen während der Ferien. Es gibt erste Liebeleien und Küsse, auch heftige Schwärmereien für junge Frauen. »Ich wechselte meine Leidenschaften von Tag zu Tag, ja, von Stunde zu Stunde.« (23) Mit 17 Jahren kommt Irmgard Bartels in ein Töchterheim in Wilhelmshöhe und lernt »Kochen, Reinmachen, Haushaltführen, aber auch Sprachen, Religion [...], Kunstgeschichte [...], Deklamation« (29), die klassische »Ausbildung« für den gehobenen bürgerlichen Haushalt. Der Erste Weltkrieg, den sie, wie die meisten in ihrer Umgebung, »mit lodernder Begeisterung« (32) begrüßt, beendet das relativ sorglose Leben. Ihr Bruder Erich und zwei Männer, in die sie verliebt war, fallen. »Nun war mein Leben zu Ende. Ich wollte als Witwe verbleiben, nach dem Krieg auf die Kolonialschule gehen und für das Vaterland leben« (34), schreibt sie ironisch. Letzten Endes siegt jedoch in der jungen Frau der Lebenshunger und die Erkenntnis, »daß es Dinge gibt, die ewiger sind als Vaterländer« (40). Der Erste Weltkrieg ermöglicht ihr, wie vielen Frauen damals, auch mehr Selbstständigkeit. Um sich von ihrer Trauer abzulenken, besucht sie die Handelsschule, lernt Stenografie, Schreibmaschine und Buchführung und sucht sich dann verschiedene Stellen: ein Halbtagsjob als Sekretärin in Hameln, Bürovorsteherin auf einem Gut im Saarland, Redaktionssekretärin in Berlin, Buchführung und Korrespondenz einer Pension in Binz auf Rügen. Sie lernt viele Gegenden in Deutschland kennen, wandert, macht neue Bekanntschaften, verliebt sich auch immer mal wieder. Zwischendurch arbeitet sie auf Schloss Elmau bei Berchtesgaden, einer Art Reform-Sanatorium, das von dem dubiosen, aber charismatischen Theologen Johannes Müller, später ein überzeugter Nationalsozialist, ins Leben gerufen wurde. Als sie wieder einmal dort ist, sind zwei vor kurzem aus China zurückgekehrte Männer zu Gast, der Augen- und Ohrenarzt Reinhold (Reiner) Grimm und sein Freund, der Kunsthistoriker Bernd Melchers. Dieser zeigt eines Abends »ganz herrliche Bilder von Peking, und mir tat das Herz weh vor Fernweh, denn ich war noch nie über die deutsche Grenze hinausgekommen« (43). Ob er ihr nicht eine Stelle in Peking verschaffen könnte, fragt sie Reiner Grimm, nicht ahnend, dass sie eines Tages mit ihm dort leben würde. Es ist keine Liebe auf den ersten Blick. Grimm ist schon 40, 15 Jahre älter als sie. Sein brieflicher Heiratsantrag beginnt mit den Worten: »Ich weiß nicht, ob ich Sie genug liebe«, woraufhin sie antwortet, sie liebe ihn zwar auch nicht, aber man könne es ja mal miteinander versuchen. »Und so geriet es mit mehr Glück als Verstand: erst im Laufe unserer Ehe merkten wir, daß [...] wir weit mehr übereinstimmten, als wir beide geahnt hatten!« (44) Sie heiraten im März 1921 und lassen sich in Höxter an der Weser nieder. Reiner Grimm eröffnet eine Praxis und 1922 wird Sohn Tilemann geboren. »Ich war so glücklich!« (48) Aber Irmgard Grimm hat schon auf der Hochzeitreise »mit Vergnügen« (49) bemerkt, dass ihr Mann sich nach China zurücksehnt. Er hat dort, nach einigen Jahren als Schiffsarzt, von 1912 bis 1916 in einer kleinen deutschen Klinik in Jinan, der Hauptstadt der Provinz Shandong, gearbeitet. Diese Jahre, »an einem Ort, der noch so sehr chinesisch war«, bezeichnet er später als »die am meisten entscheidenden Jahre meines Lebens«[3]. Er lernte Chinesisch, studierte die klassische chinesische Literatur und Philosophie und freundete sich unter anderem mit Richard Wilhelm an, damals noch Missionar in der 200 km entfernten deutschen Kolonialstadt Qingdao und ein großer Verehrer der chinesischen Kultur.

Als Dr. Dipper, ein alter Bekannter aus China-Zeiten und mittlerweile Chefarzt am *Deutschen Hospital* in Peking, Reiner Grimm und seinem Bruder John, Chirurg und Gynäkologe, zwei Stellen anbietet, müssen

Deutsches Hospital in Peking, 1900/1929

beide nicht lange überlegen. In Deutschland beginnt zu dieser Zeit gerade die Inflation, das erleichtert die Entscheidung zusätzlich. Und so machen sich die beiden Männer mit ihren Familien im März/April 1923 auf den Weg. Auf dem Schiff spielen sie jeden Abend Mahjong, ein chinesisches Brettspiel, und Irmgard Grimm beginnt, die ersten Wörter und Schriftzeichen in der fremden Sprache zu lernen.

»Ich habe Peking wirklich durchforscht«

Das *Deutsche Hospital* in Peking, ursprünglich ein Militärlazarett während des Boxerkrieges, ist seit der erneuten Aufnahme diplomatischer Beziehungen zwischen Deutschland und China nach dem Friedensvertrag von 1921 zu einem zivilen Gesandtschaftskrankenhaus umgestaltet worden. Es hat einen ausgezeichneten

Ruf, zu dem nicht zuletzt die Stuttgarter Diakonissen beitragen, die dort seit 1924 als Pflegerinnen arbeiten. Selbst hohe chinesische Würdenträger lassen sich im Hospital behandeln. Der abgesetzte Kaiser Pu Yi, der immer noch in einem Teil der »Verbotenen Stadt« residiert, hat anscheinend auch Vertrauen zu den dortigen Ärzten. Reiner Grimm wird immer wieder zu allen möglichen Tages- und Nachtzeiten zu ihm gerufen, obwohl der »Patient« nie ernsthaft krank ist.[4] Als Pu Yi 1924 während innenpolitischer Unruhen aus seinem Palast vertrieben wird, flüchtet er zunächst in das *Deutsche Hospital* und von dort in die japanische Botschaft. Unangenehm für das Arbeitsklima im Krankenhaus ist jedoch, dass die beiden Chefärzte, Dr. Dipper und Dr. Krieg, einander »spinnefeind« (52) sind und ständig rivalisieren. John Grimm, Reiners Bruder, sucht sich deshalb relativ bald eine neue Stelle in Shenyang (Mukden) in der Mandschurei, im Nordosten Chinas.

Reiner und Irmgard Grimm bleiben und mieten ein traditionelles Hofhaus von einer vornehmen chinesischen Beamtenfamilie. Mit der Herrin des Hauses und deren Töchtern freundet sich Irmgard Grimm bald an. Sie gibt ihnen Deutschunterricht und lernt ihrerseits Chinesisch, man plündert gegenseitig die Kleiderschränke, um sich zu verkleiden und zu fotografieren. Sie nimmt auch an Feiern teil und bekommt »so manchen Einblick in das Familienleben und in die Kindererziehung« (54). Daneben gibt es einen regen Austausch mit kulturell interessierten Europäerinnen und Europäern, allen voran Richard Wilhelm, der zu dieser Zeit wissenschaftlicher Berater der deutschen Gesandtschaft ist und einen Lehrauftrag an der Peking-Universität hat. Auch er ein »Umgeprägter«, der die Mission inzwischen gegen die Sinologie vertauscht hat. Er wird später der Patenonkel der Tochter Friederun, die 1925 geboren wird. Freitags gibt es im Hause Wilhelm Vortragsabende, zu denen reihum jeder etwas aus seinem Interessensgebiet beiträgt. Wird dabei auch über die angespannte politische Situation in China gesprochen? In den Erinnerungen Irmgard Grimms ist davon so gut wie keine Rede. Als Wilhelm nach einem Jahr als Sinologieprofessor nach Frankfurt geht, trifft man sich bei seinem Nachfolger Erwin Rousselle. Dort werden unter anderem die *Gespräche* von Konfuzius gelesen und diskutiert. »Das waren schöne, fruchtbare Abende [...].« (68) Manchmal laden die Grimms auch ein chinesisches Schattentheater-Ensemble in ihren Innenhof und bitten befreundete Familien dazu.

Noch mehr als für die neuen Bekannten interessiert sich Irmgard Grimm aber für Peking selbst, für seine Tempel und Parks, die »Verbotene Stadt« und die Umgebung. »[...] ich habe Peking wirklich kreuz und quer überall durchforscht und kennengelernt [...].« (57) Die Sommerferien verbringen die Grimms wie viele deutsche Familien in einem gemieteten Haus in den Westbergen bei Peking oder im Seebad Beidahe, wo die sportliche Irmgard Grimm in einem Sommer die 6 km lange Bucht durchschwimmt. Doch eigentlich will sie lieber »Neues sehen« (74). Sie reist mit ihrem Mann nach Qingdao und Korea und unternimmt Ausflüge mit Bekannten auf den heiligen Berg Taishan und zu den Höhlentempeln bei Datong. Wie sehr sie sich in China eingelebt haben, wird den beiden klar, als sie 1927/28 einen längeren Heimaturlaub machen – in dieser Zeit wird ihr Sohn Jürgen geboren – und sie am Ende keinen Abschiedsschmerz fühlen, sondern sich einfach nur freuen, »daß wir endlich wieder nach Hause kommen!« (66)

»Eine abscheuliche europäische Handelsstadt«

1930 muss Irmgard Grimm ihr geliebtes Peking verlassen. Die Nationalchinesen unter Chiang Kai-shek haben China geeint und die Hauptstadt in den Süden nach Nanjing verlegt. Die Gesandtschaften müssen früher oder später folgen und Reiner Grimm fürchtet, damit einen Großteil seiner Patientenschaft zu verlieren. Vorsorglich hat er bereits begonnen, in Tianjin, 120 km südöstlich von Peking, eine neue Praxis aufzubauen. In dieser Hafenstadt mit ihren ausländischen Konzessionen kann er mit einer westlichen Klientel rechnen. Seine Frau mag die Stadt nicht. »Tientsin ist eine abscheuliche europäische Handelsstadt, man ist dort eigentlich gar nicht mehr in China.« Auch mit der europäischen Gesellschaft dort, die sich kaum für die chinesische Kultur interessiert, kann sie wenig anfangen. »Die faulen deutschen Weiber lernen kein chinesisch.« (75)

Ihre chinesischen Sprachkenntnisse bescheren den Grimms eine besondere Ehre. Sie werden vom ehemaligen Kaiser Pu Yi, der mittlerweile in der japanischen Konzession in Tianjin lebt, zu einem Abendessen mit seiner Frau und seinen Schwestern eingeladen. Erstaunlicherweise erwähnt Irmgard Grimm diesen Abend in ihren Erinnerungen nicht, aber ihr

Tianjin in den 1930er Jahren

Mann notiert: »Speisen und Wein waren vorzüglich; bald herrschte heitere Stimmung, zumal meine Frau sich lebhaft mit den hohen Gastgebern unterhielt. Der Abend war schön!«[5] Zu einem weiteren Treffen kommt es jedoch nicht.[6]

Irmgard Grimm hält sich zwar vom europäischen Gesellschaftsleben weitgehend fern, ist aber bereit, einen Vortrag über Konfuzius im Frauenverein zu halten. »Wie ahnungslos die Tientsiner Kaufmannkreise waren, sieht man daraus, daß einer daraufhin zu mir sagte: ›Werden Sie nur nicht ganz buddhistisch!‹« (78) Ihr Sohn Tilemann wird wegen seiner Chinesischkenntnisse in der Schule als »Sinologchen« verspottet.[7] Sehr befremdlich findet seine Mutter es auch, dass die chinesischen Freunde ihrer Kinder, Klassenkameraden aus der Deutschen Schule, nicht mit ins Schwimmbad dürfen. Einheimische haben dort keinen Zutritt. »[...] ich schämte mich schrecklich.« (83) Sie fürchtet, dass dieses Umfeld auf Dauer einen schlechten Einfluss auf ihren ältesten Sohn haben könnte. »Was ich an großen Jungen in China sah, fand ich so frech befehlshaberisch und verwöhnt, der ›junge Herr‹ darf doch bei den Dienern alles. Er mußte da heraus vor der Pubertät, mußte lernen, sich selber die Schuhe zu putzen und Brötchen zu holen.« (79) 1934 beschließen die Grimms deshalb schweren Herzens, Tilemann nach Deutschland in ein humanistisches Internat zu geben, das allerdings bald darauf zu einer Nationalpolitischen Erziehungsanstalt (Napola) umgewandelt wird.

Auch in China tauchen Anfang der 1930er Jahre die ersten Nationalsozialisten in den deutschen Gemeinden auf und Reiner Grimm tritt – entgegen den Warnungen seiner Frau – in die NSDAP ein, – »aus irregeleitetem Idealismus« (84), wie sie schreibt. Da der Ortsgruppenleiter von Tianjin sehr aggressiv auftritt, kommt es in der deutschen Gemeinde bald zu Spannungen zwischen jungen Parteimitgliedern und alteingesessenen Chinadeutschen, die der Bewegung eher skeptisch gegenüberstehen. Reiner Grimm muss vermitteln. »Die schlimmsten Übergriffe der Jungen konnte er verhüten, aber es war eine mühsame und aufregende Zeit.« (83) In der Ehe kriselt es, ihr Mann sitzt fast jeden Nachmittag im Club und spielt Karten. »Ich hatte das Gefühl, er braucht mich ja gar nicht [...].« (76) Durch seinen Parteieintritt hat er seine jüdische Patientenschaft verloren. Als auch ihre besten Freunde, der jüdische Arzt Dr. Brüll und seine Frau, ihnen deshalb die Freundschaft kündigen, beschließen die Grimms 1936, nach Deutschland zurückzukehren.

»Ich hatte mir streng verboten, dem Heimweh nach China Raum zu geben«[8]

Sie müssen sich neu orientieren. Ein alter Bekannter bietet Reiner Grimm eine Stelle als Augenarzt in Halle an der Saale an und so lassen sie sich dort nieder. Die nationalsozialistische Propaganda bleibt nicht ohne Einfluss auf die Kinder. Auch Irmgard Grimm findet zunächst manches nicht schlecht, etwa den Zusammenschluss mit Österreich und die Betonung des Sportlichen. »Wann ich es eigentlich kapiert habe, weiß ich selber nicht mehr. Bei der ›Reichskristallnacht‹ war ich entsetzt und ganz gegen ihn [Hitler].« (86)

Im Krieg wird Tilemann eingezogen und mehrfach verwundet. Auch Jürgen wird noch als Jugendlicher zur Flak geholt. Beide überleben. »Ich hatte nicht gewagt zu hoffen, daß ich beide Söhne heil wiederkriegen könnte!« (100) Ihr Mann kommt in russische Kriegsgefangenschaft, lange weiß sie nicht, ob er noch lebt und hat keine Möglichkeit, ihn zu treffen. Es muss eine einsame Zeit sein. Die Kinder sind aus dem Haus oder leben ihr eigenes Leben. Um sich zu beschäftigen und ihr Chinesisch nicht zu vergessen, übersetzt sie die *Gespräche des Konfuzius*[9] und wagt sich danach an *Drei Reiche,* einen klassischen chinesischen Roman aus dem 14. Jahrhundert von mehr als 1.000 Seiten. Als Reiner Grimm nach über drei Jahren endlich entlassen wird, baut er sich mit 67 Jahren noch einmal eine Existenz als Arzt auf. Sie arbeitet als Sprechstundenhilfe in der Praxis mit. Außerdem nimmt sie an der Uni einen Lehrauftrag für den Anfängerunterricht in Chinesisch an, der sie ziemlich fordert. »In 2 verschiedenen Kursen hatte ich je einen so eifrigen Schüler, daß ich viel mehr lernen mußte, als ich in China je gekonnt hatte.« (118) China bleibt ein gemeinsames Thema des Ehepaares. 1956 geben sie eine Übersetzung chinesischer Gespenstergeschichten heraus.[10] In diesem Jahr beendet Reiner Grimm auch sein Berufsleben als Arzt. Eigentlich hält das Paar nichts mehr in Halle. Die Kinder leben mittlerweile alle im Westen, sie haben ihre Ausbildung gemacht – Tilemann wird ein bekannter Sinologe –, haben geheiratet, die ersten Enkelkinder sind da.

»Ich habe mich von jeher auf das Altwerden gefreut«

Da ergibt sich 1958 überraschend eine berufliche Möglichkeit für Irmgard Grimm in Hamburg: Martin Fischer, ehemaliger Gesandtschaftsrat in China und alter Bekannter ihres Mannes, hat dort das *Institut für Asienkunde* ins Leben gerufen und bietet ihr eine Stelle an.

Irmgard Grimm am Asien-Institut in Hamburg 1972

Sie ist 61, ihr Mann 77, als sie ihr Leben noch einmal völlig umkrempeln und von Halle nach Hamburg, von der DDR in die BRD übersiedeln. Sie ist nervös, als sie ihren Dienst antritt, »aber ich fand mich bald hinein« (111). Sie wertet Zeitungen und Zeitschriften aus, baut das Zeitungsarchiv auf, bildet sich auf sinologischen Seminaren weiter, das Institut entwickelt sich. »Es war eine schöne, reiche Zeit für mich.« (112) Als sie 1981, mit 85 Jahren, in den Ruhestand geht, will sie keine große Feier. Der Belegschaft soll der Anblick einer vor Rührung »flennenden Greisin«[11] erspart bleiben. Ihr Mann ist schon 1970 gestorben. Nach seinem Tod hat sie wieder begonnen zu reisen, zuerst in Europa: Portugal, Frankreich, London, Wien. Zweimal besucht sie auch noch China: 1978, zwei Jahre nach Maos Tod, ist sie wieder in Peking und 1984 reist sie in den Süden, »fast 4 Wochen und voll mit großartigen Eindrücken« (123). Sie steigt (mit 88!) auf den heiligen buddhistischen Berg Emei Shan und macht eine Fahrt auf dem Yangtse. Dort kann sie die Landschaft, in der wichtige Passagen der *Drei Reiche* spielen, mit eigenen Augen sehen. Als sie zu Hause feststellt, dass nur noch vier Kapitel fehlen, schließt sie die Rohübersetzung ab, ohne sie jedoch jemals zu veröffentlichen. Nach dem Ende ihres Arbeitslebens zieht Irmgard Grimm in ein Altersheim nach Hannover, um unabhängig von ihren Kindern zu sein. Sie reist und bekommt viel Besuch. »Ich habe mich von jeher auf das Altwerden gefreut, weil die Jugendtorheiten und Selbstbezogenheiten abfallen, und das finde ich auch bestätigt. Man wird gelassener.« (122) China bleibt in all den Jahren ein wichtiger Bezugspunkt für sie. »So schwierig allmählich auch das Lesen für mich wird, lese ich immer noch viel, sehr viel über China, das neue und das alte. Es bleibt doch meine eigentliche Heimat.« (129)

1 Grimm, Irmgard (1992): Erinnerungen aus meinem bunten Leben. Hannover, Frankfurt am Main (Selbstverlag), S. 84. (Im Folgenden Seitenzahlen nach den Zitaten).

2 Vgl. Grimm, Rüdiger (2002): Tilemann Grimm, Kindheit in China 1923 – 1934 und sein Weg in die Sinologie. Erinnerungen aus seiner Familie, S. 3. Als PDF erhältlich unter: https://uni-tuebingen.de/fakultaeten/philosophische-fakultaet/fachbereiche/asien-orient-wissenschaften/sinologie/abteilung-fuer-sinologie/geschichtliches/prof-dr-tilemann-grimm/

3 Grimm, Reinhold (1958): Lebenserinnerung für seine Familie. Zit. nach: nach Grimm, Rüdiger, a.a.O., S. 2 f.

4 Vgl. Grimm, Reinhold (1976): Erinnerungen an das alte kaiserliche China. In: Therapie der Gegenwart. Monatsschrift für praktische Medizin. Heft 4. April 1976, S. 2 – 16.

5 Ebenda, S. 14.

6 Pu Yi wird 1932 von Japan als Oberhaupt des Marionettenstaates Mandschukuo eingesetzt, zunächst als Staatspräsident, ab 1934 als Kaiser.

7 Vgl. Schmitt-Englert, Barbara (2021): Deutsche in China 1920–1950. Alltagsleben und Veränderungen. Gossenberg, S. 369 f.

8 Grimm (1992), a.a.O., S. 87.

9 Lun Yü. Gespräche des Konfuzius. Aus dem Chinesischen von Irmgard Grimm (1948). Hamburg. (Es handelt sich hierbei nicht um eine vollständige Übersetzung, sondern um eine nach Themen geordnete Zusammenstellung der wichtigsten Kapitel, »nicht für den Wissenschaftler und Chinakenner bestimmt, sondern [...] für den unbefangenen Laien.« (S. 5).

10 Pu, Sung-Ling: Höllenrichter Lu. Chinesische Gespenster- und Fuchsgeschichten. (Übers. Grimm, Irmgard u. Reinhold, 1956). Kassel.

11 Brief an Dr. Draguhn, den Direktor des Instituts für Asienkunde (10.7.1981). Abgedruckt in: Fünfzig Jahre Institut für Asienkunde in Hamburg (Hg. Schütte, Hans-Wilm) (2006). Hamburg, S. 134.

Ursula Hamburger, 1935

»Ich glaube, daß man sich in der Illegalität eine Verhaltensweise suchen soll, die zu einem paßt«

Ruth Werner

geb. Ursula Maria Kuczynski, verh. Hamburger,
verh. Beurton
Spionin und Autorin
(1907 – 2000)

»Bei der Ankunft im Hafen war ich entsetzt über das Ausmaß der Ausbeutung und der Armut, wie ich es nie zuvor erlebt hatte. Lastenträger verließen den Bauch eines Schiffes und gingen so dicht hintereinander über die schräg auf den Kai stoßenden Bretter, dass sich ihre Bambusstangen, an denen schwere Lasten hingen, fast berührten. Der Schweiß lief über die nackten Körper; am Hals, an der Stirn und den Beinen traten die Adern dick hervor. Knoblauch- und Schweißgeruch wehten von diesem Fließband aus Menschen zu den Reisenden herüber.«[1]

Ursula Hamburger, geb. Kuczynski, kommt mit ihrem Mann Rudolf Hamburger im August 1930 bei drückender Hitze in Shanghai an. Von dieser Ankunft erzählt sie mehr als dreißig Jahre später unter dem Pseudonym Ruth Werner in *Sonjas Rapport* (1977), dem autobiografischen Bericht über ihr Leben als Spionin. Das junge

Shanghai um 1930

Paar, mit der Eisenbahn aus Berlin bis Dalian (Dairen) und von dort mit dem Schiff angereist, hat sein letztes Geld für die Fahrt ausgegeben. Rudolf, im Bericht Rolf, ist 28 Jahre alt, Architekt von Beruf, und hofft, beim *Shanghai Municipal Council* nach einer Probezeit fest angestellt zu werden. Ruth, 24 Jahre alt, Buchhändlerin und engagierte Kommunistin, will mit verfolgten Genossen und Genossinnen in China zusammenarbeiten.

»Eine in mehrfacher Hinsicht besondere Familie«

Der Urgroßvater saß wegen linker Tendenzen im Gefängnis. Der Vater, Robert René Kuczynski, Sohn eines wohlhabenden Bankiers, promovierter Ökonom und

Demograf, arbeitete ab 1906 u.a. als Leiter des Statistischen Landesamtes in Berlin-Schöneberg. Er wurde durch seine Analysen der Berliner Wohnungsnot bekannt, war nie Mitglied der KPD, aber in den 1920er Jahren ein Stützpfeiler der Partei und Leiter des Ausschusses, der das Volksbegehren zur Fürstenenteignung organisierte. Mit seiner Frau Bertha hatte er sechs Kinder: Jürgen Kuczynski, der einzige Sohn, ist zweieinhalb Jahre älter als Ursula, nach ihr kamen vier Schwestern. »Die Kuczynskis kannten jeden, der in den linksintellektuellen Kreisen Berlins Rang und Namen hatte«, so der Biograf Ben Macintyre.[2] »Eine Besonderheit meiner Jugendzeit war der Widerspruch zwischen der großen Villa am Schlachtensee, in der wir wohnten, und unserem relativ einfachen Lebensstil. [...] Die Jahre der Inflation verschärften die Situation« (12), notiert Ruth Werner. Das Judentum der Familie scheint hier keine Rolle gespielt zu haben, es findet in Ruth Werners Werken nur mit anderen Themen Erwähnung. »Meine Mutter entstammt einer in mehrfacher Hinsicht besonderen Familie«, kommentiert ihr jüngster Sohn Peter Beurton 2006. »Es hat im Europa des 20. Jahrhunderts nicht sehr viele jüdische Familien mit sechs Kindern gegeben, die zwischen 1904 und 1923 geboren wurden, sämtlich den Faschismus überlebten und von denen fünf Mitglied der Kommunistischen Partei wurden.«[3]

»Ein ungewöhnliches Mädchen«

Wie ihr älterer Bruder Jürgen, »ein aufsteigender Stern der akademischen Linken«, hätte auch Ursula gerne studiert, aber die Mutter spricht ein »Machtwort: Ihre eigensinnige Tochter brauche keine weitere Ausbildung; sie brauche zunächst frauliche Fähigkeiten und dann einen Ehemann.«[4] So beginnt sie nach dem Abschluss des Lyzeums mit der 10. Klasse eine Buchhändlerlehre, liest »ausschließlich fortschrittliche Literatur« (13), denkt über die Ungerechtigkeit der Welt nach, tritt – angeregt von einem Mitlehrling – in den KJVD (Kommunistischer Jugendverband Deutschland) ein und macht mit den *Naturfreunden*[5] an den Wochenenden Ausflüge aufs Land. 1926 wird sie Mitglied in der KPD, nimmt an Schulungskursen und Aktivitäten der Partei teil, kämpft für den Volksentscheid gegen die Abfindung der Fürsten, den der Vater mitinitiiert hat. »Als er mir Vorwürfe über meine ständige Abwesenheit von zu Hause machte, erwiderte ich: ›Vati, das ist doch alles für deinen Volksentscheid.‹ Da sahen wir uns an und lachten.« (18) Nach Abschluss der Lehre findet Ursula Kuczynski Arbeit im Ullstein-Archiv und engagiert sich in der Betriebszelle des Verlags. Als die Verlagsleitung von ihrer Parteimitgliedschaft erfährt, legt man ihr die Kündigung nahe. Sie gründet und leitet die *Marxistische Arbeiterbibliothek in Berlin*. Auf Vorschlag des Vaters, der sich regelmäßig zu Forschungszwecken in den USA aufhält, arbeitet sie auch einige Monate in einer Buchhandlung in New York. Sohn Peter Beurton wird ihr politisches Engagement für die KPD aus ihrer Identifikation mit dem Vater und der engen Beziehung zum älteren Bruder erklären.[6] Ruth Werners erster autobiografischer Roman, *Ein ungewöhnliches Mädchen,* 1960 veröffentlicht, weist auf weitere Zusammenhänge: Hier sagt ihre Heldin Quirl, keine Jüdin (!), in Verteidigung ihres jüdischen Freundes Gerd: »Für mich sind alle

Rassen und alle Reichen und Armen gleich!«[7] Vorher hatte Gerd sie darauf hingewiesen, dass Judenkinder diskriminiert werden. Wie ihre Heldin Quirl sympathisiert die Autorin mit Jüdinnen, Juden, Arbeiterinnen und Arbeitern. Die Erfahrung der Rassendiskriminierung scheint im kommunistischen Engagement jedoch an Bedeutung zu verlieren.

»Als Genossin verschrieb sie sich dem Prinzip unbedingter Parteidisziplin«

Im Sommer 1926 beobachtet Rudolf Hamburger »das schwarzhaarige Mädchen« in einer Gruppe von Jugendlichen an einer Badestelle der Havel. »So ein Kerl von Mädel«, notiert er später.[8] Der Fabrikantensohn aus Schlesien – ebenfalls in jüdisch-bürgerlichem Milieu aufgewachsen – studiert an der Technischen Hochschule in Berlin Architektur. Trotz Streitereien mit dem neuen Freund über Politik meint Ursula Kuczynski in einem Brief an den Bruder enthusiastisch: »[...] für mich ist sein Eintritt in die Partei, falls wir zusammenbleiben, nur eine Zeitfrage« (24). Hamburger wiederum bekennt: »Toni (so nennt er Ursula) war schön in ihrem reinen Wollen, in ihrer Berliner Keckheit, in ihrem Temperament, das von Herz und Verstand durchglüht war.«[9] Mit Zunahme der politischen Spannungen Ende der zwanziger Jahre streitet sich das Paar offen: über die Konflikte zwischen KPD und SPD und über Fragen der Kultur – ähnlich wie das Paar im Roman *Ein ungewöhnliches Mädchen.* Rudolf Hamburger bekennt: »Mich schmerzte Tonis Unduldsamkeit. [...] Als Genossin verschrieb sie sich dem Prinzip unbedingter Par-

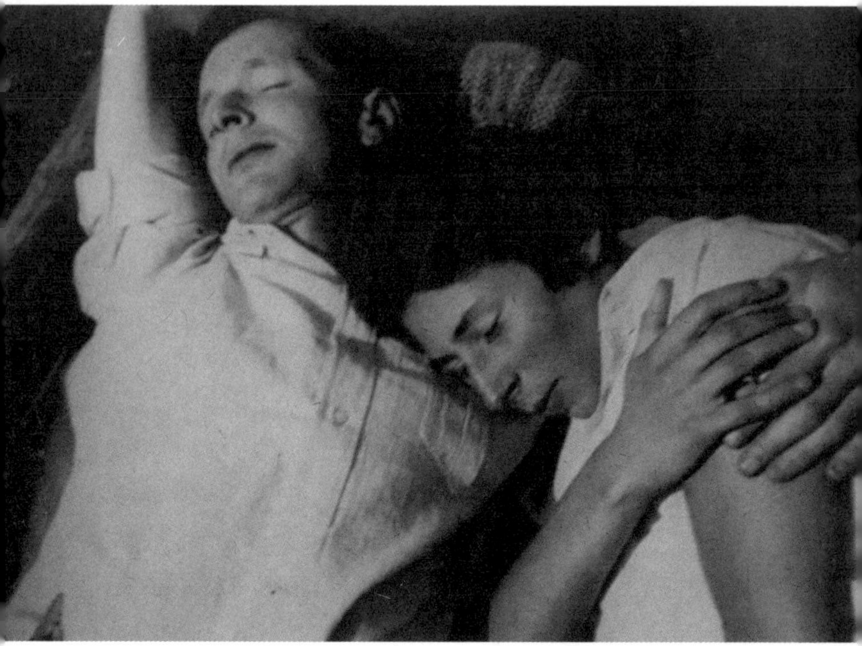

Rudolf und Ursula Hamburger, um 1928

teidisziplin.«[10] Trotzdem: 1929 heiraten sie. Er hat sein Studium abgeschlossen. Die schwierige wirtschaftliche Lage in Deutschland und die berufliche Herausforderung bewegen ihn, das Jobangebot in Shanghai anzunehmen.

»Eine fremde Welt«

Helmuth Woidt (in *Sonjas Rapport* Walter genannt), in hellem Leinenanzug mit Tropenhelm auf dem Kopf, Manager bei IG-Farben, und seine elegante Frau holen die beiden am Kai ab. Zuerst wohnen sie in einer kleinen Dachwohnung bei ihnen. Hamburgers angesehene Stellung zwingt auch seine Frau, am europäischen

Gesellschaftsleben im Internationalen Settlement teilzunehmen. »Eine fremde Welt, die ich hasste und die im krassen Gegensatz zu meinem bisherigen Leben stand. Ich wehrte mich nicht dagegen; mir war klar, wollte ich jemals illegal als Kommunist arbeiten, war ein äußerlich bürgerliches Leben eine wichtige Sicherung.« (36) Kontakt zur Partei findet Ursula Hamburger anfangs nicht. Bald wird sie schwanger, worüber sie sehr glücklich ist. Sie nimmt Sprachunterricht, informiert sich über die politische Situation im Land, findet einen Halbtagsjob und begegnet Agnes Smedley. Die berühmte US-amerikanische linke Journalistin ist in China u. a. Korrespondentin für die *Frankfurter Zeitung.* Hamburger macht schon bei der ersten Begegnung keinen Hehl aus ihrer Weltanschauung. Smedley, kein KP-Mitglied, gesteht, sie hätte Probleme, sich der Parteidisziplin zu unterwerfen. Trotzdem: »Agnes und ich wurden enge Freundinnen. Es verging kaum ein Tag, an dem wir nicht miteinander telefonierten oder uns sahen.« (47)

»Ein Kommunist, zu dem ich vollstes Vertrauen haben könne«

Bald nach dem Kennenlernen schickt Agnes Smedley einen Genossen zu ihr. Es ist der Journalist und Autor Dr. Richard Sorge. Er wird 1941 in Japan als Agent für den sowjetischen Geheimdienst enttarnt und 1944 hingerichtet werden.[11] Schon bei diesem ersten Treffen fragt er, »ob ich auch unter Gefahr bereit sei, mitzuarbeiten und internationale Solidarität zu üben«, was seine Gesprächspartnerin kränkt. »Ich begriff damals nicht, daß er [...] nicht persönlich gekommen wäre, wenn er mit einer Ablehnung gerechnet hätte.« (52) Sie stellt ihm regelmäßig für geheime Zusammenkünfte mit chinesischen Kommunisten ein Zimmer in der Dachwohnung zur Verfügung; nach Geburt des Sohnes Michael können sie sich in ihrem in der Französischen Konzession gemieteten Haus treffen. Ursula Hamburgers Aufgabe ist es, ohne Wissen der Angestellten die Gäste zu empfangen und zu verabschieden. Zur Tarnung werden Chinesen, die häufiger kommen, ihre Sprachlehrer. Nach den Treffen unterhält sich Sorge jeweils eine halbe Stunde mit ihr – ein Alibi für seine Besuche sind journalistische Arbeiten, die er ihr zum Abschreiben gibt. Als auch die Komintern ihre Mitarbeit wünscht, entscheidet sie sich, weiter für Sorge zu arbeiten. »Erst viel später erfuhr ich, daß es sich um Mitarbeit bei der sowjetischen Aufklärung des Generalstabes der Roten Armee handelte.« (54 f.) Bei ihren bürgerlichen Bekannten gibt Ursula Hamburger sich als »demokratisch-fortschrittliche Frau mit intellektuellen Interessen« aus, eine im internationalen Settlement nach der Machtübernahme Hitlers 1933 mögliche Rolle. Mitglieder der KP werden auch in China durch den Geheimdienst der Guomindang verfolgt. »Niemand wäre auf die für diese Menschen wahnwitzige Idee gekommen, ich könnte durch Kontakt mit Kommunisten meine Familie und alles, was wir uns in China geschaffen hatten, aufs Spiel setzen, noch dazu als Mutter eines kleinen Kindes.« (61) Dass sie ihrem Mann Rudolf nichts von ihren Aktivitäten erzählt, gehört mit zu den Tarnungen.

Ursula Hamburger/Ruth Werner vor ihrem Haus in Shanghai, um 1931

»Nützlicher als gedacht«

Durch ihre Chinesischlehrer besucht Ursula Hamburger Dörfer und Fabriken und erhält Einblick in die chinesische Welt. Mit einem chinesischen Professor und seiner Frau (beide arbeiten auch für Sorge) können sie und ihr Mann sich befreunden, der Verkehr ist unverdächtig. Als Ursula Hamburger eines Tages Genossen in ihrem Zimmer mit Tee bewirtet, haben sie Revolver in den Händen, sie hatten sie in einem der Koffer bei ihr versteckt: »Nicht nur Papierchen – auch Waffen. Da war ich nützlicher, als ich gedacht hatte.« (77) Sorge scheint ihr immer mehr zu vertrauen und bittet sie, einen verfolgten chinesischen Genossen bei sich aufzunehmen. Ihr Mann muss eingeweiht werden, widerwillig stimmt er zu. Dann besetzen die Japaner 1931 die Mandschurei. Japanische Streitkräfte greifen Anfang 1932 Shanghais Bezirk Chapei an, der Stadtteil brennt und Tausende flüchten ins Internationale Settlement. Als sie den Angehörigen des Kochs und der

Amah Unterkunft anbietet, kritisiert Sorge unverhohlen, das Verhalten »[...] unterscheide sich zu stark vom Verhalten anderer Ausländer und falle auf« (92). Nach dem Waffenstillstand kann Ursula Hamburger dem Spion Informationen über das Befinden von verwundeten chinesischen Soldaten übermitteln, die sie unter dem Deckmantel der Wohltätigkeit in Krankenhäusern aufgesucht hat. Auch berichtet sie ihm über die Stimmung unter der europäischen Bevölkerung. Ein weiterer Erfolg: Sie vermittelt Freund Woidt als Mitarbeiter an Sorges Gruppe. Aber sie gönnt sich und dem Sohn auch Ausflüge aufs Land, eine Flussfahrt und sogar einen Urlaub in Guilin (Kuling), dem Erholungsort wohlhabender Ausländerinnen und Ausländer sowie Chinesinnen und Chinesen in den Bergen. Sie liebt die Natur und sucht dort lebenslang Entspannung. Abschied von ihr nimmt Sorge im Dezember 1932 leider nur telefonisch, sein Einsatz in Shanghai scheint beendet. Dann muss die geplante Reise der Familie nach Deutschland wegen der politischen Situation dort verschoben werden. Auch in Shanghai zeigen sich die Folgen von Hitlers Machtergreifung: »Auf dem Konsulat hier weht jetzt das Hakenkreuz und Schwarz-weiß-rot. Gut, dass Rolf [Rudolf] bei einer englischen Firma ist.« (113) Ursula Hamburger ist – wie die anderen KP-Mitglieder – überzeugt: Hitler bedeutet Krieg. Der Vater ist schon illegal aus Deutschland ausgereist, die Mutter bereitet die Emigration der Familie nach England vor. Als zwei Mitarbeiter von Sorge – vermutlich auf sein Betreiben hin – Ursula Hamburger fragen, ob sie bereit sei, in Moskau eine Ausbildung zu machen, sagt sie ohne Zögern zu. Der Aufenthalt dort wird unvergesslich. »Wie sehr hat diese Zeit in der Sowjetunion, haben die Menschen, die ich dort traf, zu meiner Entwicklung beigetragen.« (129) Sie erhält den Decknamen »Sonja«, hat politischen Unterricht, lernt Funken und das Bauen von Sendern, trifft an Wochenenden Agnes Smedley, die sich jetzt auch hier aufhält, und begegnet vielen, auch berühmten Genossen. Nur den zweijährigen Sohn, den sie inniglich liebt und den sie bei den Schwiegereltern in der Tschechoslowakei unterbringen musste, vermisst sie sehr.

»Unser Leben für die richtige Sache«

In Gesprächen mit Vorgesetzten wird entschieden, dass sie mit einem Genossen in der Mandschurei, in Shenyang (Mukden), eingesetzt wird. Sie kann den Sohn mitnehmen und bleibt zur Deckung mit Rudolf Hamburger verheiratet. Bei der Vorbereitung des Einsatzes trifft sie ihren neuen Vorgesetzten, Johann Patra, alias »Ernst«, gebürtiger Litauer, »hochintelligent, aber vollkommen ungebildet«[12], früher Seemann von Beruf, ein sympathischer Mensch. Er ist liebevoll zu ihrem Sohn, aber schon auf der Seereise nach China streitet sie sich mit ihm. »Seiner Autorität als Vorgesetzter ordnete ich mich widerspruchslos unter, weil er diese Autorität in meinen Augen besaß. [...] Er aber schien sich über alles zu ärgern, was ich besaß: meine Bildung, mein fließendes Englisch, meine größere Sicherheit im Umgang mit Menschen.« (137) In Shanghai bereiten beide ihre Legalisierungen vor, er arbeitet als Vertreter von Schreibmaschinen, sie vertritt eine Buchhandlung. Sie besorgen sich Teile für eine Sendeanlage, schmuggeln sie über die Grenze zur Mandschurei. In Shenyang mietet Ursula Hamburger ein Haus für sich und den Sohn und ein separates Zimmer in einer Pension für »Ernst«. Die Kontaktaufnahme zu chinesischen Partisanengruppen, die gegen die japanischen Besetzer des Landes kämpfen, gestaltet sich schwierig. Ihre Aufgabe ist es, sie auszubilden und ihnen Sprengmaterial für ihre Aktionen zu besorgen. Zweimal die Woche sendet »Sonja« von einem riesigen Apparat, den sie in einer Kampferkiste verstaut hat, nach Moskau: »ständige Gefahrenquellen« (164). Aber: »Wie in Shanghai führte ich ein bürgerliches Alltagsleben.« (154) Sie pflegt Kontakte zum Konsulat und zu Deutschen, vor allem zu Nicht-Nazis. Rudolf Hamburger kommt zwei Mal zu Besuch, es fällt ihm schwer, die Situation zu akzeptieren, aber in seiner Großzügigkeit hilft er ihr, wo er kann, schmuggelt sogar Teile für die Sendeanlage und Chemikalien. Inzwischen ist er tatsächlich Mitglied der KPD. Eineinhalb Jahre dauert der Einsatz, dann fliegt ein chinesischer Genosse auf. »Ernst« und »Sonja« werden nach Peking beordert, sie ist wieder schwanger – dieses Mal von Johann Patra. Da er unverdächtig ist, kann er im Land bleiben, sie wird mit dem Sohn nach Europa zurückgeschickt. Ihre Erlebnisse in China verarbeitet Ursula Hamburger als Ruth Werner auch in *Ein ungewöhnliches Mädchen* und in der 1977 veröffentlichten Erzählung *Der Gong des Porzellanhändlers.* Hier lässt sie ihre Ich-Erzählerin sagen: »Die Gefahren [...] beanspruchten uns nicht, obwohl wir, falls unsere Unterstützung der Partisanen entdeckt wurde, mit der Todesstrafe rechnen mussten. Sicher entsprang diese Gelassenheit unserer Weltanschauung und der Überzeugung, daß wir unser

Leben für die richtige Sache einsetzten, doch wir dachten selten in großen Worten.«[13]

»Stolz darauf, Soldat der Roten Armee zu sein«

Ein bewegtes Leben als Kundschafterin beginnt: in Polen, in der Schweiz, in England. Meistens lässt sich die Spionin in einsamen Häusern zum Funken nieder und wird im Umfeld tätig. Wenn die Gefahr der Aufdeckung droht, zieht sie um. Die Kinder sind – wenn möglich – mit dabei: Michael, »Ernsts« Tochter Janina, 1936 in Warschau geboren, und Peter, geboren 1943 in Oxford. Er ist der Sohn von Len Beurton, einem Engländer, ehemaliger Spanienkämpfer und Mitarbeiter. Sie hat ihn nach der Scheidung von Hamburger 1941 in der Schweiz zur Legalisierung geheiratet. Das Paar bleibt bis zum Tod von Beurton 1997 zusammen. Die Kinder ahnen nichts von den Aktivitäten der Mutter. Die eigene Familie, im Exil in London, auch nicht. Nur der ältere Bruder Jürgen, Mitglied der KPD und selbst Spion, weiß davon. Er vermittelt auch den Kontakt zum deutsch-britischen Kernphysiker Klaus Fuchs, dessen Dokumente zur Entwicklung der Atombombe »Sonja« an die UdSSR weiterleitet. Es ist ihr größter Coup. Als Fuchs 1950 enttarnt wird, verlässt Ursula Beurton England mit Janina und Peter und findet in Ostberlin Aufnahme. Len und Michael kommen später nach. Dass sie vom Hauptmann zum Major, schließlich zum Oberst befördert wird, ist ihr egal, aber: »[...] ich (war) stolz, Soldat der Roten Armee zu sein« (217). In Berlin scheidet sie aus dem Geheimdienst aus, verwirklicht

Ruth Werner in der DDR mit Offizieren des DDR-Ministeriums für Staatssicherheit, um 1980

1956 ihren Jugendtraum und arbeitet freiberuflich als Schriftstellerin und Journalistin. Dafür hat sie noch einen Abschluss an der Fachhochschule für Journalistik gemacht. Auf Drängen von Markus Wolf, Leiter des Auslandsnachrichtendienstes der DDR, schreibt sie *Sonjas Rapport,* »ein kleines Ereignis auf dem Marktplatz der Sensationen in der DDR«.[14] Ein Bestseller. Mit weiteren hochrangigen Orden ausgezeichnet, hält Ruth Werner im November 1989 nach dem Fall der Mauer eine Rede vor Zehntausenden im Berliner Lustgarten. Sie spricht über den schon lange währenden Vertrauensverlust in der Partei durch dessen Machtstrukturen und appelliert an die Genossen: »[...] arbeitet mit, ändert die Zukunft, arbeitet als saubere Sozialisten! Ich habe Mut, ich habe Optimismus, weil ich weiß, dass das geschehen wird.«[15] Sie stirbt im Jahre 2000, von über 300 Freunden und Freundinnen zu Grabe getragen. In Carwitz, wo sie seit den 1970er Jahren mit ihrem Mann ein kleines Häuschen besaß und die Sommer verbrachte, ehrt der örtliche Ruth-Werner-Verein sie jeden Sommer mit einer informativen Ausstellung.[16]

1 Werner, Ruth (2006): Sonjas Rapport. Erste vollständige Ausgabe. Berlin, S. 35 (Im Folgenden Seitenzahlen nach den Zitaten).
2 Macintyre, Ben (2022): Agent Sonja. Kommunistin, Mutter, Topspionin. Aus dem Englischen von Kathrin Bielfeldt und Jürgen Bürger. Berlin, S. 14.
3 Beurton, Peter (2007): Zwei »radikale Rote« In: Hempel, Werner (Hg.): Ruth Werner: Funksprüche an Sonja. Die Geschichte der Ruth Werner. Berlin, S. 77.
4 Macintyre (2022), a.a.O., S. 19.
5 *Naturfreunde,* genauer *Naturfreunde Internationale,* kurz *NFI,* war (und ist) eine international tätige, sozialistische Umwelt-, Kultur-, Freizeitorganisation. Sie stand der Arbeiterbewegung nahe und wurde im Nationalsozialismus verboten.
6 Beurton (2007), a.a.O., S. 78.
7 Werner, Ruth (1960): Ein ungewöhnliches Mädchen. Berlin, S. 35.
8 Hamburger, Michael (Hg.) (2007): Liebesglück und Politik. Aus den Aufzeichnungen von Rudolf Hamburger. In: Hempel (Hg.), a.a.O., S. 42.
9 Ebenda, S. 42.
10 Ebenda, S. 50.
11 Nach Macintyre hatte Smedley sich in den »schneidigen Meisterspion« verliebt und ein Verhältnis mit ihm, er aber schätzte nur ihren »brillanten Geist« (S. 61 f.) Dazu nährt der Autor auch Spekulationen, wenige Monate nach der Geburt ihres Sohnes Michael hätte Ursulas Beziehung zu Sorge aufgehört, »platonisch zu sein«. Macintyre (2022), a.a.O., S. 78.
12 Ebenda, S. 126.
13 Werner, Ruth (1976): Der Gong des Porzellanhändlers. Drei Erzählungen. Berlin, S. 48 f.
14 Kalinowski, Burga (2007): Wiedergelesen. In: Hempel (Hg.), a.a.O., S. 33.
15 Werner, Ruth (1989): Ich habe Mut, ich habe Optimismus. Ebenda, S. 220.
16 http://www.ruth-werner-carwitz.de.

Ilse Langner, um 1933

»Die Schwachen biegt der Wind in der Fremde um«

Ilse Langner

verh. Bartels, verh. Siebert
Schriftstellerin, Dramatikerin und Journalistin
(1899 – 1987)

»Hauptthema konnte in den Patriarchalen Reichen, China und Japan, nicht Frau und Krieg sein [...] – vielmehr wuchs mir das Problem des Europäers entgegen, seine Behauptung oder sein Versinken in asiatischer Lebensweise.«[1]

Die purpurne Stadt Peking, ehemalige Kaiserresidenz, geschichtsträchtig, verwunschen, bedrohlich. Darin zwei deutsche Männer, wie sie verschiedener kaum sein könnten: Nikolaus Raschfal, »Sonderling und wohltuender Heiliger«[2], der sich seit Jahrzehnten unermüdlich und ohne Geld zu verlangen um die Armen und Kranken kümmert. Und sein Gegenspieler Roy, der sein Vermögen mit Hehlereien, Spionage, Waffengeschäften und Entführungen verdient. »Mitleidlos, schön und genießerisch.« (17) Als Berater eines brutalen Provinzgenerals und zwielichtiger Vermittler zwischen Warlords, Nationalregierung und Japan betreibt er ein gefährliches Spiel im Bürgerkriegs-China Anfang der 1930er Jahre. Während der eine mit seinem Freund und

Diener Niu einen verfallenen Tempel in einer der ärmlichen Gassen der Stadt bewohnt, residiert der andere mit zwei chinesischen Frauen und einer Heerschar von Bediensteten in einem ehemaligen Palast und hält in seinen Höfen Flamingos. In diese Konstellation platzt die junge Gloria, Großnichte Raschfals und bald schon in eine leidenschaftliche Liebesgeschichte mit Roy verstrickt. Ihr unerwartetes Auftreten reißt alte Wunden auf, bringt Konflikte an den Tag und setzt schicksalhafte Prozesse in Gang, die für einige der Beteiligten in einer Katastrophe enden.

In der Verlagsankündigung von Ilse Langners Roman *Die purpurne Stadt,* der 1937 im *S. Fischer Verlag* erscheint, wird hervorgehoben, dass er sich »auffällig von allen übrigen Chinadarstellungen von Europäern und Amerikanern« unterscheide, weil es darin nicht in erster Linie »um die Sache der Chinesen«[3] gehe, sondern, so eine zeitgenössische Rezension, um den Eindruck, »den China auf die deutsche Seele macht«.[4] Langner verarbeitet hier Erlebnisse und Eindrücke von einem mehrmonatigen China-Aufenthalt während einer Reise um die Welt 1933. Eine Reise, die nicht Flucht, aber doch Ausweichen vor dem ist, was sich gleichzeitig in Deutschland abspielt.

»Ich möchte die Welt hinreißen«[5]

Fünf Jahre zuvor ist die junge, ambitionierte Autorin aus der schlesischen Provinz in die glitzernde Metropole Berlin gezogen. Weg von der einengenden Mutter und dem strengen, intellektuellen Vater, die sich nach der Scheidung einen erbitterten Rosenkrieg um Ilse und ihren Bruder lieferten; weg aus einer langweiligen Ehe, in die sie sich mit 21 Jahren hat drängen lassen. »Berlin bedeutet immer: Neuerung, Angriff und Stachel gegen das Muffige und Spießige.«[6] Als Kind war Langner oft krank, einer der Gründe, warum sie die Schule vor dem Abitur verließ. Doch sie fing früh an zu schreiben und veröffentlichte Gedichte, später auch Erzählungen und Artikel. Nun will sie endlich dort sein, wo sich das kulturelle Leben abspielt, wo sie auf Resonanz und Erfolg hoffen kann. Außerdem wartet in Berlin ein Mann auf sie, der ihr in den nächsten Jahrzehnten bewundernd zur Seite steht und finanziellen Rückhalt bietet: der 16 Jahre ältere Chemiker Dr. Werner Siebert. Im September 1929 heiraten sie. Schon kurz nach ihrer Ankunft in Berlin bekommt Langner die aufregende Möglichkeit, als Reporterin für ein halbes Jahr in die junge Sowjetunion reisen. Die Dynamik dort habe sie nicht nur zur Dramatikerin gemacht, so schreibt sie später, sondern auch bereit aufzubegehren.[7] Im Dezember 1929 wird ihr erstes Theaterstück *Frau Emma kämpft im Hinterland* aufgeführt. Es handelt vom Überlebenskampf der Frauen während des Ersten Weltkrieges und ihrer allmählichen Emanzipation. Selbst der berüchtigte Theaterkritiker Alfred Kerr äußert sich wohlwollend. Auf einen Schlag ist Langner in der Theaterszene bekannt. Es folgen *Katharina Henschel,* ein Stück zum Paragrafen 218, dann *Die Heilige aus U.S.A.* über die umstrittene christliche Sektengründerin Mary Baker-Eddy. Die Aufführung 1931 im berühmten Theater am Kurfürstendamm von Max Reinhardt löst sogar einen kleinen Skandal aus, die Autorin wird der Blasphemie bezichtigt. Ilse Langner bekommt öffentliche Auf-

Ilse Langner, um 1929

merksamkeit, sie ist auf dem Weg zu Ruhm und Erfolg. Dann kommen die Nationalsozialisten an die Macht. Langners Komödie *Amazonen* wird noch während der Proben im März 1933 abgesetzt, Emanzipations- und Antikriegsstücke entsprechen nicht den Wünschen der neuen Machthaber. »Alles schwankt, nichts ist mehr sicher [...] Goebbels hat ein neues Ministerium für Propaganda, worin die Kunst (bes. Film, Funk u. Theater) einbegriffen ist. Was werde ich zu erwarten haben?!«[8], schreibt sie bang an ihren Mann, der sich geschäftlich in Asien aufhält. Sie will weg, Distanz zwischen sich und die Situation bringen, und beschließt Ende März spontan, zu ihm zu fahren. Als er nach Deutschland zurück muss, reist sie alleine weiter. Dieses halbe Jahr wird für sie zu einer grundlegenden Welt-Erfahrung, vor allem die Aufenthalte in China und Japan. »Asiens Weite und Weisheit, nicht Amerikas Großmannssucht, bot mir Seelenheimat.« (Thema und Echo, 19)

»Meine Kenntnis Chinas kann ich in ein Schnupftuch bündeln«[9]

Allzu viel weiß Ilse Langner nicht über China, wie sie zu Beginn ihres *Chinesischen Tagebuchs* gesteht. Doch sie lernt schnell dazu, informiert sich über die politische Lage, lässt sich in Kunst und Philosophie einführen, besucht Tempel, Universitäten, Fabriken und Nachtclubs – schwankend zwischen Überwältigung und beobachtender, interpretierender Distanz. Vom englischen Hongkong fährt sie nach Macao, in die Stadt des Glückspiels, dann weiter ins revolutionäre Kanton. Sie besucht die Handelsmetropole Shanghai mit ihren Internationalen Konzessionen, Wolkenkratzern und Bars und findet in Hangzhou am Westsee ein Stück poetisches altes China. Doch Kriege und Aufstände haben nur Scherben der Vergangenheit hinterlassen, ebenso wie in Nanjing, der Hauptstadt der Republik. Im Sommer 1933 ist Langner schließlich in Peking. Die »Großartigkeit der alten Kaiserstadt« (Chinesisches Tagebuch, 227) beeindruckt sie tief. »Pekings Seele weitet die eigene Enge ins Unendliche.« (ebd., 226) Diese Stadt macht sie zum Schauplatz ihres Romans. Langner erlebt ein China mit verwunschenen Tempeln und alter Weisheit, aber auch ein Land im Bürgerkrieg, voller Soldaten, das sich von seiner traditionellen Kultur abwendet und fieberhaft modernisieren will. Im Roman kontrastiert sie das idyllische Bild Europas vom friedlichen Reich der Mitte, vertreten durch Raschfals Bruder in Berlin, mit der Realität des modernen China. »Die Weisheit Laotses und Konfuzius' starb mit einigen letzten überalterten Bewahrern aus. [...] Das von Bürgerkriegen, Überschwemmungen, Hungersnöten sieche Asien suchte Rettung in der Zivilisation des Westens. Die Maschine galt als Allheilmittel, die Organisation der Massen als Versuch, der Naturgewalten Herr zu werden.« (14 f.) Die hier angesprochene Problematik einer entgötterten Welt, beherrscht von Technik und Wissenschaft, wird in Langners Werk immer wieder auftauchen. Die Rolle, die der Westen in China dabei spielt, sieht sie durchaus kritisch. Sie registriert die auf den eigenen Vorteil bedachte politische und kulturelle Einflussnahme durch Kanonenboote, Missionen, Universitäten, das »allein auf veralteten Erobererprivilegien« (Chinesisches Tagebuch, 38) beruhende Überlegenheitsgefühl vieler, ihre Abschottung gegenüber dem fremden Land. Und sie spürt das Misstrauen und die Feindseligkeit der chinesischen Bevölkerung.

Im Roman verkörpern Raschfal und Roy das Beste und Schlechteste, was der Westen China zu bieten hat. Raschfal war Missionar, doch statt zu predigen, praktiziert er nun tätige Nächstenliebe. Der ehemalige Offizier Roy, aus russischer Kriegsgefangenschaft nach

China geflohen, hat keine Werte und Ideale mehr. Die politischen Wirren sind für ihn ein Spiel, in das er »gewissenlos und jedenfalls eigensüchtig« (121) eingreift. Doch er weiß, dass die Zeit der fremden Mächte und seine Rolle dem Ende zugehen. »Das freie, geeinigte China würde sich von der Vorherrschaft des Westens frei machen [...]. Die Zeit der Zwischenmänner [...] war vorbei.« (140)

»Zwischen zwei Rassen«

Trotz dieser differenzierten Sichtweise, trotz ihrer Bewunderung für die chinesische Kultur und der Sympathie für das »einfache Volk«, bedient Ilse Langner in ihren Chinatexten, vor allem im Roman, auch eindeutig rassistische Vorstellungen.[10] China/Asien ist das »erregende Urandere« (553), das Westlern nicht nur immer fremd bleiben wird, sondern mit der Zeit auch zersetzend auf sie wirkt, ihre Ideale zerstört, ihren Willen und ihre Tatkraft lähmt. »Die Schwachen biegt der Wind in der Fremde um [...].« (16)

Raschfal und Roy sind beide so in China verwurzelt, dass sie ihren eigenen Landsleuten fremd geworden sind. Doch während Raschfal Halt in seinem Glauben findet und nach all den Jahrzehnten immer noch aussieht »wie ein Landarzt aus Schlesien« (14), ist Roy zu einem Chamäleon geworden. »Er kann sein weißes Ich vom gelben Ich nicht mehr trennen.« (236) Als Gloria ihm in den verlassenen Höfen der »Verbotenen Stadt«, der ehemaligen Kaiserresidenz, zum ersten Mal begegnet, trägt er den langen Rock eines chinesischen Gelehrten und hat das Haar auf chinesische Art gekämmt.

Die »Verbotene Stadt« in Peking, um 1925

Selbst seine Gesichtsfarbe wirkt gelb, nur die blauen Augen weisen ihn als Europäer aus. Seine Anpassungsfähigkeit ist auch chinesischen Bekannten unheimlich und viele seiner »Geschäftspartner« würden ihn lieber heute als morgen loswerden. »Er war ein Außenseiter geworden, ein Verfemter, ein auf dem schmalen Inselstreifen zwischen zwei Rassen Gestrandeter.« (115) Hierin ähnelt er dem reichen holländischen Gummiplantagenbesitzer Roger van der Bruie, den Gloria auf dem Schiff kennengelernt hat. Auch er verliebt sich Hals über Kopf in die junge Deutsche und reist ihr nach Peking nach. In einer langen Nacht spielen die beiden Rivalen in einer Hotellobby gegeneinander und erkennen, wie ähnlich sie sich im Grunde sind und wie die Jahre in Asien sie verändert haben. »Was wir von zu Hause mitgebracht haben, die fest eingetriebenen Grundpflöcke – [...] die Ehrlichkeit, die Zuverlässigkeit –, sind sie nicht längst zerfault, zerfallen?« (325) Was Asien genau damit zu tun hat, wird nicht klar. Es scheint aber Teil des Problems zu sein, dass sie sich mit einheimischen Frauen eingelassen haben. Aus diesen Beziehungen kann, so suggeriert es der Roman, nichts Gutes hervorgehen. Bruies Sohn, ein »Mischling«, ist verdorben, haltlos und kriminell. »Ehre und Moral wechseln nicht nur mit dem Klima, sondern auch mit dem Blut.« (414) Roy hat keine Kinder, aber er hat seine zweite Frau, die wunderschöne junge Yü Dji, ihrer Familie und Herkunft entfremdet und zu einem Mischlingswesen gemacht. »[...] du wolltest die vollendetste Mischung schaffen aus Gelb und Weiß«, wirft sie ihm vor, tödlich eifersüchtig auf Gloria. »Du darfst nicht so einfach aufhören, ohne dich weiß ich nicht mehr, wie ich fühlen soll.« (214) Roy ist betroffen, tröstet sich aber damit, dass er nur verstärkt hat, was durch ihren Besuch einer Universität bereits angelegt war.

Das Thema der studierenden Frau beschäftigt Ilse Langner auch im *Chinesischen Tagebuch.* Sie sieht in den vom Westen geförderten Bildungsstätten einen

Beitrag zum Untergang des alten Chinas. »Wo Tempel stürzen, wachsen Universitäten, wo die Kuanyin [die chinesische Göttin der Barmherzigkeit] verfällt, steht die studierende Frau auf.« (Chinesisches Tagebuch, 83) Die modernen Chinesinnen, Kaugummi kauend und in Shorts, die ihr an der Rockefeller University in Kanton begegnen, scheinen ihr »dem Fortschritt gewonnen und der Heimat verloren« (ebd., 102) Und zudem ihrer Weiblichkeit entfremdet, da diese Art der Bildung die Frauen zwar scheinbar befreie, ihnen jedoch letzten Endes eine männliche Mentalität aufzwinge. Es ist ein Thema, das Langner nicht nur im Hinblick auf China immer wieder beschäftigen wird: Wie kann die Frau sich emanzipieren, ohne zu vermännlichen?

»Wo du bist, ist Heimat«

Der jungen Gloria im Roman hat die Autorin einige Züge von sich selbst verliehen. Aus der einengenden schlesischen Provinz zum Großvater nach Berlin geflüchtet, schickt dieser sie zu seinem Bruder nach China, damit sie dort zu sich selbst finde. Gloria ist eine sportliche, jungenhafte Frau mit kurzen Haaren, empfindsam, leidenschaftlich und geradeheraus. Ihre Natürlichkeit steht im Gegensatz zur anmutigen, immer perfekt geschminkten und nach Parfüm duftenden Yü Dji. Auf die beiden wesentlich älteren Männer Bruie und Roy wirkt dieses deutsche Mädel wie ein lebensverändernder Jungbrunnen. Sie ist die Verkörperung all dessen, was sie in Asien vermissen. Längst vergessene Heimatgefühle werden wach. »Wo du bist, ist Heimat. Dome und Bäume und Tannenwälder.« (187) Auf einen Schlag fühlen sie sich »gelber Schönheit, gelben Geschäftsgebarens, gelber Probleme« (266) überdrüssig. Roy beschließt, sein gefährliches Spiel in Peking zu beenden. In einem großen Showdown lädt er Freunde und Feinde, Gegner und scheinbar Verbündete zu einem letzten verschwenderischen Fest in seinen Palast, um sich dann mit der ahnungslosen Gloria davonzustehlen. Die Sachen sind gepackt, ein Flugzeug wartet. Erst im letzten Moment erkennt Gloria – das Flugzeug hat bereits die Propeller angeworfen, die Verfolger sind ihnen auf den Fersen –, dass Roy nicht vorhat, nach Deutschland zu fliegen, sondern in der Mongolei auf bessere Zeiten warten will, um dann mit ihr nach Peking zurückzukehren. Obwohl es ihr das Herz bricht, weigert sie sich mitzukommen. Ohne die Heimat wird sie nicht leben können, das weiß sie.

»Von der Unverwüstlichkeit des Menschen«[11]

Im Herbst 1933 ist Langner wieder im nationalsozialistischen Deutschland. Briefe ihres Mannes haben sie auf die Veränderungen vorbereitet. Es komme für sie jetzt darauf an, »den Ton zu treffen, der heute hier Widerhall finden kann.«[12] *Die purpurne Stadt* erscheint 1937. Ist das Gerede von Rasse, Blut und Heimat eine bewusste Anbiederung an die neuen Machthaber?[13] Oder einfach eine unreflektierte Wiedergabe weit verbreiteter Ansichten? Ilse Langner ist keine Nationalsozialistin, sie hat jüdische Bekannte und Freundinnen, viele sind emigriert, sie weiß um Ermordungen. Aber sie will überleben – auch als Schriftstellerin. Sie wird

Mitglied der Reichsschrifttumskammer und äußert sich in einem Radiointerview nach ihrer Weltreise sogar positiv über Adolf Hitler.[14] Ihre Strategie ist nicht allzu erfolgreich. Die meisten ihrer Texte aus dieser Zeit landen in der Schublade. Ihre spätere Aussage, sie sei mit Publikationsverbot belegt gewesen, ist jedoch Selbststilisierung. Denn sie veröffentlicht Reiseberichte und Artikel, auch der Roman wird – entgegen ihren Aussagen – 1944 noch einmal aufgelegt.

Nach dem Krieg thematisiert Langner das Nachkriegsdeutschland in einer Reihe von *Trümmerstücken* und einem Fluchttagebuch. Darin singt sie das Lob der Frauen, die in diesen schwierigen Zeiten alles zusammenhalten. Doch sie thematisiert auch deren Schuld an der Katastrophe durch ihre Übernahme männlicher kriegerischer Ideale. In dem nie aufgeführten Drama *Tzu Hsi, die letzte Kaiserin von China* greift Langner noch einmal auf Asien zurück und lässt die umstrittene historische Figur als Sühne für ihre Grausamkeit in der Gestalt von »Großmutter Ma«, einer legendären Figur aus dem Bürgerkrieg, Gewalt und Flucht erleben. Doch auch Ma erweist sich als dem Krieg verfallen. »Eine Frau soll nicht sein wie ein fressendes Schwert oder wie eine geladene Pistole – [...]«[15], mahnt ihr Begleiter.

1947 reist Langner als Vertreterin Deutschlands zum Frauen-Friedenskongress nach Paris. Die Seine-Metropole »unzerstört und trotz Not von Lustbarkeit vibrierend« (Thema und Echo, 56) lässt sie aufatmen. Hier wird sie Anfang der 1950er Jahre immer wieder längere Zeit leben.

In diesem Jahrzehnt entstehen auch mehrere Werke, die sich mit Fluch und Segen der Wissenschaft und den

Gefahren der Atomenergie auseinandersetzen. Doch trotz aller Aktualität und einer erstaunlichen Produktivität bis in ihre letzten Lebensjahre kann Ilse Langner auch im Nachkriegsdeutschland nicht an ihre Erfolge in der Weimarer Republik anknüpfen. Die wenigsten ihrer Dramen werden aufgeführt, die Romane verkaufen sich schlecht. Das schmerzt, auch wenn sie 1967 trotzig im Tagebuch notiert: »Es ist mir egal, ob und wer meine Bücher gelesen hat und auch nur meinen Namen je gehört hat. Das ist nicht meine Sache, – ich habe das Meine getan und werde es weitertun [...].«[16] 1963, einige Jahre nach dem Tod ihres Mannes (1954) und ihrer Mutter (1956) kehrt sie Berlin enttäuscht den Rücken und zieht nach Darmstadt. Hier ist die *Akademie für Sprache und Dichtung,* der sie seit 1950 angehört, hier weiß man sie zu schätzen. Schöpferischer Rückzugsort ist außerdem ihr Ferienhaus auf Ibiza, die »Casa Poeta«.

Reisen bleibt für Langner lebenslange Inspiration. 1960/61 ist sie längere Zeit in Asien unterwegs. In diesen Jahren erscheinen auch ihre Tagebücher aus China und Japan von ihrer ersten Weltreise 1933, eigenwillige Reiseprosa, zusammengesetzt aus Beobachtungen, Legenden, Gedichten, Träumen. 1966/67 führt eine Vortragsreise im Auftrag des Goethe-Instituts sie u. a. nach New York, Kanada, Japan, Indien (dort spricht sie mit Indira Gandhi), Südost- und Vorderasien. 1968 ist sie Vertreterin der BRD bei der Kulturolympiade in Mexiko und 1972/73 folgt eine einjährige Lesereise, wieder durch Asien. Noch mit 76 Jahren besucht sie Nairobi und Uganda, danach beschränkt sie sich auf europäische Ziele. Es entsteht eine Fülle von Reiseprosa und

Ilse Langner

Texte über Frauen in verschiedenen Ländern. Trotz einiger Preise und Ehrungen (u.a. das Bundesverdienstkreuz) überwiegt am Ende ihres Lebens wohl doch die Enttäuschung darüber, wenig Resonanz gefunden zu haben. Aber sie hatte keine Wahl, davon ist sie überzeugt. »Dichten muß ich, es ist mein Atem. [...] Und so werde ich mit Dichten und Atmen einmal gleichzeitig aufhören«[17], schreibt sie mit 80 Jahren, sieben Jahre vor ihrem Tod, an eine Vertraute.

1 Langner, Ilse (1979): Mein Thema und mein Echo. Darstellung und Würdigung. Hg. von Ernst Johann. Darmstadt, S. 19. (Zitiert als: Thema und Echo).

2 Langner, Ilse (1937): Die purpurne Stadt. Berlin, S. 33. (Folgende Seitenzahlen nach den Zitaten aus diesem Roman, wenn nicht anders angegeben).

3 Zit. nach: Thema und Echo, S. 20.

4 Boveri, Margret (1938): Rezension in: »Atlantis« 3/1938. Zit. nach: Thema und Echo, S. 23.

5 Tagebuch vom 24.12.1912. Zit. nach: Melchert, Monika (2002): Die Dramatikerin Ilse Langner. »Die Frau, die erst kommen wird ...«. Berlin, S. 14.

6 Langner, Ilse (o.A.): Das Berlin der »goldenen« zwanziger Jahre. Undatiertes MS. Zit. nach Melchert, a.a.O., S. 21.

7 Vgl. Thema und Echo, S. 10.

8 Brief vom 15. März 1933. Zit. nach Melchert, a.a.O., S. 65.

9 Langner, Ilse (1960): Chinesisches Tagebuch. Erinnerung und Vision. Nürnberg, S. 12. (Zitiert als: Chinesisches Tagebuch).

10 Es ist erstaunlich, dass dieser Rassismus, der ein strukturelles Element des Romans ist, fast nirgendwo thematisiert wird. (Eine Ausnahme ist Denkler, s. Anm. 12). Noch 1983 wird der Roman ungekürzt neu aufgelegt.

11 Sammelname für den Zyklus von Langners Trümmerstücken.

12 Brief vom 6. Mai 1933. Zit. nach Schulte, Birgitta M. (1999): Ich möchte die Welt hinreißen ... Ilse Langner 1899–1987. Rüsselsheim, S. 138.

13 Vgl. Denkler, Horst (2005): Rassenprobleme in Peking. Zu Ilse Langners China-Roman Die purpurne Stadt (1937). In: »Wenn Freunde aus der Ferne kommen«. Eine west-östliche Freundschaftsgabe für Zhang Yushu zum 70. Geburtstag. Hg. von Naoji Kimura und Horst Thomé. Bern, S. 55–65.

14 Vgl. Schulte, a.a.O., S. 137 f.

15 Zit. nach: Thema und Echo, S. 28.

16 Tagebuch vom 4.4.1967. Zit. nach Schulte, a.a.O., S. 310.

17 Brief an Margarete Diercks vom 14.11.1979. Zit. nach Schulte, a.a.O., S. 280.

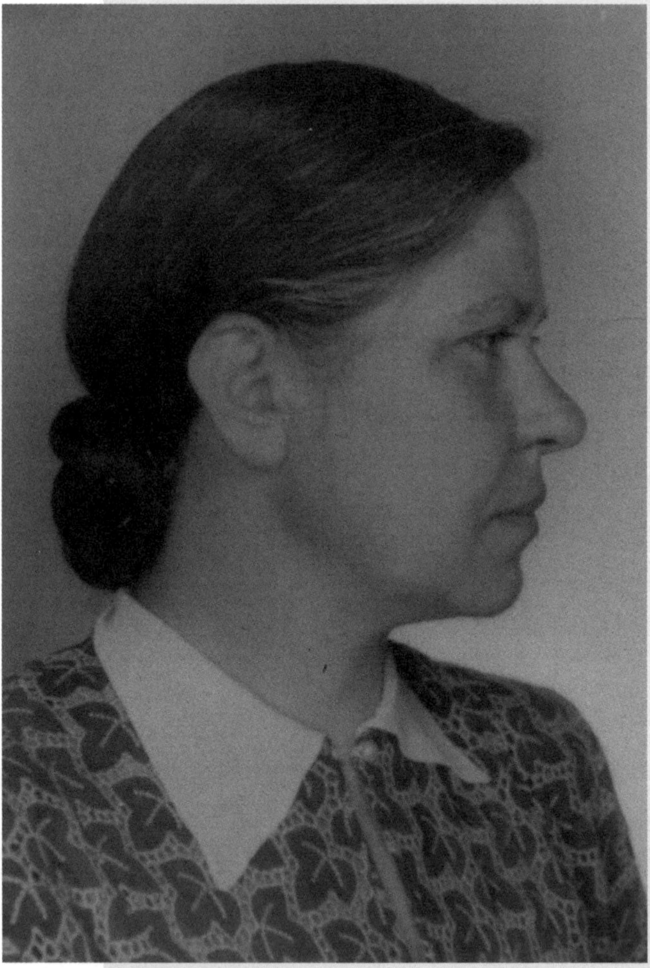

Emily Lehmann mit 40 Jahren

»Sollte sich nicht jeder, der die Möglichkeit hat, auf einen Dialog vorbereiten?«

Emily Lehmann

geb. Hundertmarck
Missionarin, Pfarrfrau und Schriftstellerin
(1912–1998)

»Wird es jemals möglich sein, daß sich Asiaten und Europäer verständigen? Werden wir eine gemeinsame Sprache finden? Sollte sich nicht jeder, der die Möglichkeit hat, auf einen Dialog vorbereiten? Wir haben Angst voreinander – Äußerungen über die gelbe Gefahr weisen darauf hin. Ich möchte nicht zu denen gehören, die stumm bleiben.«[1]

In diesem Brief an ihren Klassenlehrer versucht die Abiturientin Emily Hundertmarck zu erklären, warum sie Missionarin werden möchte. Sie hat, abgesehen von einer Mitschülerin, keinen engeren Kontakt zu Missionsleuten, ihre Umgebung nimmt die Entscheidung eher irritiert zur Kenntnis, ihre Mutter fragt sich, wer ihr »diesen Floh ins Ohr gesetzt hat«.[2] Die junge Frau muss sich rechtfertigen. Sie hat großes Interesse an Philosophie, auch an asiatischen Religionen, doch bloße Gedankensysteme genügen ihr nicht. Im Christentum sucht sie »einen Boden, der trägt« (23). Und sie möchte etwas tun und nicht nur reden. Worauf sie sich einlässt, hält ihr der Vertrauensarzt der Berliner Mission, bei der sie sich bewirbt, drastisch vor Augen: »[...] in sechs oder zehn Jahren werden Sie als Wrack wieder vor mir sitzen. Sie werden ausgemergelt, malariaverseucht und vielleicht sogar psychisch angeknackst sein.« (24) Das hält sie nicht ab. Während der fünfjährigen Ausbildung lernt sie neben den theoretisch-theologischen Fächern auch Krankenpflege und Geburtshilfe im Diakonissenhaus Bethanien in Berlin. Hier kommt sie mit allen Schichten der Bevölkerung in Berührung, auf den Straßen ringsum kämpfen Mitglieder der kommunistischen und der nationalsozialistischen Parteien gegeneinander, sie muss Verwundete versorgen, sieht Sterbende. »Ich habe einmal geglaubt«, schreibt sie gegen Ende ihres Lebens in ihren China-Erinnerungen, »die Erkenntnis, daß alle Menschen Geschöpfe Gottes sind, [...] müsse zum Frieden führen. Darum meldete ich mich zum Dienst in der Mission.« (16)

»Jahre des Aufbruchs«

Auf einem Frachtschiff fährt Emily Hundertmarck im Oktober 1936 von Hamburg nach Hongkong. Sie ist die letzte Missionarin, die nach China entsandt wird. Mission ist unter den Nationalsozialisten nicht erwünscht, strenge Devisengesetze erlauben seit Anfang 1935 nur noch die Bezahlung des deutschen Missionspersonals. Für chinesische Prediger und Bibelfrauen, für Schulen, Krankenstationen und Gemeindearbeit stehen keine Gelder mehr zur Verfügung. Im Arbeitsvertrag der jungen Missionarin heißt es unumwunden, dass kein festes

Gehalt zugesichert werden könne, sie sei »für ihren irdischen Unterhalt [...] auf Glauben angewiesen« (30). Nach einem kurzen Aufenthalt in Hongkong und Kanton erreicht sie Ende des Jahres die Missionsstation in der Nähe der Kreisstadt Huizhou, etwa 150 km östlich von Kanton. Gemeinsam mit ihrem Kollegen Peter Bieler betreut sie von hier aus die umliegenden Gemeinden, ihr Zuständigkeitsbereich sind die Frauen und Mädchen. Schon im ersten Jahr zieht sie sich in der tropischen Umgebung eine hartnäckige Malaria zu und wird in der Folge immer wieder von Fieberschüben geplagt.

Emily Hundertmarck ist in ihrer Umgebung mit Aberglauben und alten Traditionen konfrontiert, die sie erschüttern. Sie erlebt, wie kleine Mädchen getötet, verheiratet oder verkauft werden. Einmal wird sie zu einer Frau gerufen, die ein gesundes Kind zur Welt bringt und kurz danach stirbt. Später erfährt sie, dass man das Kind mit der Mutter beerdigt hat, da deren Geist sonst keine Ruhe gegeben hätte. Als eine fast verhungerte Bettlerin ohnmächtig vor dem Dorf zusammenbricht, will auch unter den christlichen Gemeindemitgliedern zunächst niemand Verantwortung für eine Fremde übernehmen. Hundertmarck bemüht sich um Verstehen und manchmal geraten ihre eigenen Grundsätze durcheinander. Ist es wirklich unmoralisch, wenn eine Frau, die keine Kinder bekommen kann, für ihren Mann nach einer zweiten Frau sucht, damit er einen Sohn zeugen und so seine Kindespflicht gegenüber seinen Eltern erfüllen kann?

Doch es sind auch »Jahre des Aufbruchs«, politisch und sozial, in denen Traditionen hinterfragt werden, nicht zuletzt die Rolle der Frau. Darauf hat man die Missionarin in Berlin nicht vorbereitet. »Es gab mehr selbstbewußte Frauen und Mädchen, als ich – in Deutschland mit veralteter Literatur versehen und gefüttert – annehmen konnte.« (85) Sie lernt Tam Siu-len kennen, eine Krankenschwester mit modernem Haarschnitt, die unverheiratet mit einem Arzt zusammenlebt und -arbeitet. Und natürlich mitdiskutiert, wenn sich in dessen Haus junge Leute treffen und über die aktuellen politischen Entwicklungen sprechen. Auch die junge Deutsche ist dort ein gern gesehener Gast. Es geht um politische Reformen, eine nationale Revolution. Die meisten sind Anhänger von Chiang Kai-shek, dem Vorsitzenden der Nationalen Volkspartei (Guomindang). Eifrig wird über die von Chiang und seiner Frau Song Meiling ins Leben gerufene *Neue Lebensbewegung* diskutiert, eine Kampagne, die mit einer Mischung aus traditioneller und christlicher Ethik eine kulturelle und soziale Erneuerung Chinas anstrebt. Emily Hundertmarck irritiert die »seltsame Verschmelzung von christlichen Zukunftshoffnungen, konfuzianischen Utopien, marxistischer Heilslehre und politischem Vermächtnis Sun Yat-sens« (92). Einige in diesen Kreisen interessieren sich zwar für das Christentum, aber nicht aus religiösen Gründen, »sondern aus Interesse an dem Mann Jesus, dem Revolutionär, dessen Lehre dem Westen anscheinend eine gewisse Überlegenheit in Wissenschaft und Technik über den Osten ermöglicht hatte« (226).

Wie kann man den Menschen in China das Christentum nahebringen? Wie kann eine zeitgemäße Missionsarbeit aussehen? Diese Fragen beschäftigen sie und ihren Kollegen. Die Zeiten, in denen Missionare auf dem Marktplatz Wundergeschichten aus der Bibel erzählten, scheinen vorbei. Hundertmarck und Bieler entscheiden sich stattdessen für Team-Arbeit mit den chinesischen Mitarbeiterinnen und Mitarbeitern. Gemeinsam wollen sie in Zukunft »reisen, sprechen, unterrichten, helfen [...]« (112). Dabei sollen die Einheimischen die Methode wählen, die Deutschen wollen sich im Hintergrund halten und – wenn gewünscht – beratend, organisierend, unterstützend tätig sein. Stück für Stück sollen die christlichen Gemeinden auf diese Weise mehr Eigenverantwortung übernehmen. Ein Prozess, der durch das Ausbleiben der ausländischen Gelder ohnehin nötig geworden ist.[3] Gemeinsam ist man nun unterwegs, unternimmt weite Fußmärsche und übernachtet auf engstem Raum. »Wir rückten uns damals alle sehr nahe [...].« (113)

»Manchmal nahm die Besetzung fast überhand«

Auch der beginnende Krieg mit Japan schweißt die Gemeinschaft zusammen. Die Hauptstadt Nanjing wird Ende des Jahres 1937 erobert, die chinesische Nationalregierung zieht sich nach Westen zurück, gefolgt von zahllosen Flüchtlingen. Im Frühjahr 1938 fallen die ersten Bomben auf Huizhou. Als sich Emily Hundertmarck im Oktober mit ihrem Kollegen wegen einer Konferenz in der Nähe von Kanton aufhält, erlebt sie dort die japanische Besetzung der Stadt. Und erfährt, was die neue Strategie vom »Widerstand durch verbrannte Erde« konkret bedeutet: Vor ihrem Abzug sprengen die chinesischen Truppen ein Kraftwerk, das Munitionsdepot, Fabriken und Bahnhöfe in die Luft. Erst nach drei Monaten gelingt es Hundertmarck und Bieler, nach Huizhou zurückzukehren. Die Stadt liegt jetzt im Kriegsgebiet unter wechselnder Besatzung. Die Gemeinde rechnet es ihnen hoch an, dass sie ihr in dieser schwierigen Zeit beistehen, niemand hat mit ihrer Rückkehr gerechnet. Die Lebensverhältnisse gleichen sich immer mehr an. »Wir besaßen kein Geld, Gehälter zu zahlen, Reparaturen vorzunehmen und gar uns auf deutsche Weise zu ernähren. Wie die Chinesen aßen wir zwei Reismahlzeiten am Tag, das heißt je einen Napf Reis am Abend und am Morgen, dazu ein fingerlanges Stück Salzfisch und ein wenig Kohl.« (127) Der Vorstoß der japanischen Truppen und die Luftangriffe treiben immer mehr Flüchtlinge auf die Missionsstation. »Manchmal nahm die Besetzung fast überhand. Die Menschen lagerten auf den Gartenwegen, sahen mir aus den Fenstern des Schulgebäudes in die Zimmer, spielten Nächte hindurch Majong, [...] und das Klappern der Steine verfolgte mich im Schlaf.« (128) Im fernen Deutschland, aus dem nur selten Nachrichten hereindringen, hat sich die Regierung inzwischen mit Japan verbündet. Für die Flüchtlinge im südlichen China bedeutet das vor allem Schutz: Huizhou geht in Flammen auf, aber die japanische Armee lässt die deutsche Missionsstation weitgehend unbehelligt.

Als die USA im Dezember 1941, nach dem japanischen Überfall auf Pearl Harbour, in den Krieg eingreifen, erklärt China Japans Verbündeten Deutschland und Italien den Krieg. »Wir fühlten damals so chinesisch, daß uns die Konsequenz der Ereignisse nicht bewußt war.« (144) Chinesische Soldaten besetzen die Missionsstation, Hundertmarck und ihr Kollege werden festgenommen und gemeinsam mit einigen katholischen italienischen Nonnen und Padres unter Hausarrest gestellt. Als Huizhou wieder von Japanern eingenommen wird, raten diese ihnen beim Abzug dringend, mit nach Kanton zu kommen. Man könne für ihre weitere Sicherheit nicht mehr garantieren. Im Frühjahr 1942 kommen sie »schmutzig, traurig, abgemagert, verwirrt« (160 f.) in Kanton an und werden mit großem Trara von einem offiziellen Komitee in Empfang genommen. Zwei Deutsche und zehn Italiener seien von japanischen Truppen aus chinesischer Gefangenschaft befreit worden, heißt es triumphierend in der Presse. Für Emily Hundertmarck fühlt es sich eher so an, als sei ihr Lebensplan gescheitert.

»Vor der Rückkehr nach Deutschland mußte noch etwas geschehen«

Nach der »Befreiung« lebt sie zunächst auf dem Gelände der Missionsstation bei Kanton. In Gedanken ist sie immer noch in Huizhou, sie macht sich Sorgen um die Leute dort und sie vermisst den Austausch mit ihnen. »Mir fehlten die chinesischen Weggefährten, die Gespräche, die wir [...] zu führen pflegten [...].« (196) Anders als viele andere will sie China nicht verlassen. »Vor der Rückkehr nach Deutschland mußte noch etwas geschehen.« (184) Hatte sie der chinesische Gemeindevorsteher beim Abschied nicht gebeten, gute theologische Literatur zu schicken und selbst zu übersetzen? Hundertmarck, die bisher vor allem den örtlichen Hakka-Dialekt gelernt hat, beschließt, nach Peking zu gehen und dort Chinesisch zu studieren, um diesem Auftrag gewachsen zu sein. Auf der Bank hat sich etwas Gehalt angesammelt, sie rechnet sich aus, dass sie bei sparsamer Lebensweise ein Jahr damit auskommen müsste.

In Peking, wo sie im Herbst 1942 »voller Tatendrang und Optimismus« (229) eintrifft, erlebt sie eine ganz andere China-Welt. Plötzlich ist sie Teil einer deutschen Auslandsgemeinde, die sich darin überbietet, ihr behilflich zu sein. Sie bekommt Tipps für ihr Studium, man lädt sie zum Essen und zu Vorträgen ein, besorgt ihr ein Fahrrad und eine Geige, immer wieder kann sie kostenlos in Wohnungen unterkommen, deren Bewohnerinnen und Bewohner gerade auf Reisen sind. Sie weiß die Hilfsbereitschaft zu schätzen, auch wenn sie manchmal etwas aufdringlich daherkommt. Doch innerlich ist sie zerrissen. Als sie zum ersten Mal aufgefordert wird, Hausangestellten ein Trinkgeld zu geben, wird ihr schmerzlich bewusst, »daß ich nicht mehr eine Chinesin unter Chinesen war. So hatte ich mich bisher gefühlt, und meine chinesischen Freunde hatten es nicht anders gesehen. Mit meiner Ankunft in Peking und meiner Einordnung in die Deutsche Gemeinde war ich in den Augen der Chinesen eine zahlungskräftige Fremde [...]« (245). Der Umgang zwischen den Deutschen und der chinesischen Bevölkerung in Peking kommt ihr vor wie aus einer anderen, längst vergangenen Zeit. »Ich staunte und fühlte mich manchmal in das tiefste Mittelalter versetzt, wenn nicht gar in grau-

Deutsche evangelische Kirche in Peking

es Altertum.« (246) Es ist ihr peinlich, einen erwachsenen, kompetenten Hausangestellten als »Boy« zu bezeichnen. Besonders unangenehm berührt es sie, als Deutsche ihr erzählen, dass die Bediensteten vor ihnen am Neujahrsfest einen Kotau machen, um ihre Glückwünsche auszusprechen.

Emily Hundertmarck versucht immer wieder, sich zu entziehen, sie beginnt ihr Sprachstudium, sucht den Kontakt zu chinesischen christlichen Gemeinden, wohnt bei einer chinesischen Familie zur Untermiete, geht auf einheimische Märkte und hält sich an die Sinologinnen und Sinologen, bei denen sie wenigstens ihr Wissen der chinesischen Geistes- und Kunstgeschichte erweitern kann. Besonders schätzt sie die Vorträge von Dr. Helmut Wilhelm, einem Sohn Richard Wilhelms, der wegen seiner jüdischen Frau als Privatgelehrter in Peking lebt. Trotz aller Irritationen wird die deutsche Gemeinde aber mit der Zeit auch »ein Stück Heimat« (277). Hundertmarck macht sich zwar lustig darüber, »wie schwäbisch man in Peking das Weihnachtsfest begehen kann« (297), aber eigentlich mag sie die Stuttgarter Diakonissen vom Deutschen Hospital, die dafür verantwortlich sind. Sie schätzt deren Toleranz gegenüber anderen Nationalitäten und Religionen. Überhaupt ist sie erstaunt, wie friedlich nicht nur Menschen unterschiedlicher Nationalität, sondern auch Deutsche unterschiedlicher politischer Anschauung in Peking miteinander umgehen. »Wir lebten in einem Ausnahmezustand, auf einer winzigen Insel vermeintlichen Friedens, auf der anscheinend allen Menschen, gleich welcher Rasse oder Nationalität, der Versuch des Verständnisses füreinander wichtig war, vielleicht weil sie die Flut einer unberechenbaren Zukunft nahe fühlten. Freundschaft halten, die verbliebene Zeit nützen war ein starker Antrieb jener Tage.« (318)

»Von nun an lief uns die Zeit davon«[4]

Auch den Pfarrer der deutschen evangelischen Gemeinde, Hellmut Lehmann, mag sie. »Er war teilnehmend, ohne zudringliche Fragen zu stellen, und hielt sich auch mit ungebetenen Ratschlägen zurück.« (277) Die Sympathie ist gegenseitig. Im Oktober 1943 heiraten sie.

Emily Hundertmarck und Hellmut Lehmann, 1942

1944 wird Emily Lehmann schwer krank und verliert ihr erstes Kind. Inzwischen häufen sich die negativen Nachrichten von der Kriegsfront, bald ist klar, dass Deutschland den Krieg verlieren wird, für die einen sind das »Freudenbotschaften«, bei anderen lösen sie »tiefste Erschütterungen und Depressionen« aus, die Unterschiede lassen sich nicht mehr leugnen, die deutsche Gemeinde fällt »spürbar auseinander« (353). Bei Kriegsende ist Emily Lehmann wieder schwanger. Im Oktober 1945 wird das *Deutsche Hospital* von Chinesen beschlagnahmt. Einige Wochen später kommt dort ihre Tochter Dorothea zur Welt. Die noch verbliebenen Diakonissen haben dafür gesorgt, dass die Pfarrfrau abseits vom chinesischen Betrieb untergebracht wird.

Emily und Hellmut Lehmann mit ihren ersten beiden Kindern

Dabei hätte sie gern mit den einheimischen Schwestern gesprochen und gehört, wie es ihnen im Krieg ergangen ist. »[...] wieder empfand ich schmerzlich die geteilte Welt.« (357) 1947 wird Sohn Christoph geboren. Hellmut Lehmann übernimmt in Tianjin die Pfarrstelle und die Leitung der Deutschen Schule, nachdem der dortige Pfarrer nach Deutschland zurückgekehrt ist. Eine Weile organisiert das Paar noch Vortragsabende, Gottesdienste und Kinderstunden in ihrer Wohnung. Doch schließlich wird die Situation unhaltbar, die Kommunisten nehmen die Stadt ein, keineswegs jubelnd begrüßt, wie Emily Lehmann betont. Ende April, Anfang Mai 1949 ergibt sich eine Gelegenheit zur Ausreise mit einem Schiff nach Hongkong. Dort kommt das dritte Kind, Johanna, zur Welt, bevor die ganze Familie nach Deutschland ausgeflogen wird.

»In Gedanken noch oft in China«[5]

Die nächsten Jahre verbringt die Familie in Deutschland, Hellmut Lehmann ist zunächst einige Jahre Pfarrer auf Spiekeroog, dann ein Jahr in Berlin. Seine Frau arbeitet als Pfarrfrau ehrenamtlich in der Gemeindearbeit. Mitte der 1950er Jahre veröffentlicht sie zwei Bücher mit Erzählungen aus China, in denen sie Erlebnisse und Menschen aus ihrer Zeit in Huizhou schildert. Man spürt darin den Wunsch nach einer Verständigungsmöglichkeit durch das Christentum, nach Dialog. »Ist es nicht wunderbar, unsere Sprachen sind grundverschieden, der Kulturkreis, der uns formte, könnte nicht ungleicher sein, und doch verstehen wir uns.«[6]

1957 dann wieder eine ganz andere Welt: Ihr Mann übernimmt die Pfarrstelle der deutschen Kirche Pretoria in Südafrika, ein Land, das unter der Apartheid geteilt ist. Auch hier verarbeitet Emily Lehmann die Erlebnisse später literarisch.[7] Wieder wehrt sie sich gegen ein vereinfachendes Schwarz-Weiß-Denken und hofft, »daß uns Gottes Wort verbindet, wo uns vielerlei trennen will«[8]. Wieder beobachtet sie genau und versucht, zu verstehen – eine Haltung, die ihr auch heftige Kritik einträgt. 1963 kehrt die Familie in das mittlerweile geteilte Berlin zurück. Hellmut Lehmann ist zum Missionsinspektor der Berliner Mission ernannt worden, seine Frau leitet bis 1970 die Redaktion der Missionszeitschrift *Der Ruf,* auch das eine ehrenamtliche Tätigkeit.

Immer wieder beschäftigt sich Emily Lehmann mit China und dem, was Christinnen und Christen dort geschieht. Sie fragt sich, warum die offizielle chinesische Kirche keine Stellung zu den Misshandlungen während der Kulturrevolution bezieht. Es verletzt sie, dass Kirchenvertreter die ausländische Mission im Nachhinein als imperialistischen Akt schildern, dass alte Mitarbeiterinnen und Mitarbeiter gezwungen werden zu erzählen, wie sehr sie unter den ausländischen Missionen gelitten hätten. Auch in Deutschland werden Vorwürfe laut. Emily Lehmann wehrt sich dagegen, »wie ein Relikt aus längst vergangenen Zeiten« betrachtet zu werden, wie »ein Mensch von gestern mit einem Defekt an Einsicht und Intelligenz« (375), wenn sie die Missionsarbeit und damit einen wichtigen Teil ihres Lebens verteidigt. Vielleicht ist es ihr deshalb ein Bedürfnis, am Ende ihres Lebens, nach dem Tod ihres Mannes (1994), ihre China-Erinnerungen aufzuschreiben und die Dinge aus ihrer Sicht darzustellen. »Scheitern, um zu begreifen«, möchte sie das Buch nennen und ärgert sich, als der Verlag diesen Titel nicht auf die Vorderseite druckt. Es erscheint 1997, ein halbes Jahr vor ihrem Tod.

1 Lehmann, Emily (1997): Als Missionarin und Pfarrfrau in China: Erinnerungen 1936 bis 1949. (Scheitern, um zu begreifen). Berlin, S. 23. (Im Folgenden Seitenzahlen nach den Zitaten).

2 Lt. Emily Lehmanns Tochter Johanna Johannsen. Der Verdacht fällt auf die genannte Mitschülerin. Was ihren familiären Hintergrund betrifft, so hält Emily Lehmann sich sehr bedeckt. Sogar ihre Tochter erfährt erst in den 1990er Jahren, dass ihre Mutter ein nichteheliches Kind ist. Sie wächst bei Mutter und Großeltern in Magdeburg auf und wird 1925 vom Mann ihrer Mutter, dem Ingenieur August Hundertmarck, adoptiert. Die Familie lebt in Duisburg, sie bekommt noch zwei Schwestern. (Mails vom Juni 2022)

Emily Lehmann mit 50 Jahren

3 Dass das Abgeben von Macht und Autorität für die deutschen Missionare und Missionarinnen nicht immer einfach ist und auf Widerstand stößt, schildert Emily Lehmann z. B. in dem Roman *Bambus zerbricht nicht am Sturm.* Wuppertal 1956.

4 Lehmann (1997), a.a.O, S. 342.

5 Ebenda, S. 367.

6 Lehmann, Emily (1955): Verborgene Brücken. Wuppertal, S. 75.

7 Lehmann, Emily (1966): Pretoria, Skinnerstraat 295. Briefe aus dem Lande der Apartheid. Wuppertal.

8 Ebenda, S. 8.

Lily Abegg in den 1930er Jahren

»Asien gehört uns nicht«

Lily Abegg

geb. Elisabeth Hermine Abegg
Auslandskorrespondentin und Autorin
(1901 – 1974)

»Niemand will heute als Kolonialist gescholten werden, jedoch wird nicht immer konsequent danach gehandelt. Vor allem ist der geistige Kolonialismus noch recht lebendig. Viele Europäer und Amerikaner wollen den Asiaten immer noch ihre abendländischen Anschauungen und ihre Vorstellungen von Staat und Gesellschaft aufdrängen. Dagegen wehren sich die asiatischen Völker, denn sie haben nie zum abendländischen Kulturkreis gehört. Man sollte es ihnen selbst überlassen, was sie vom Abendland übernehmen wollen und können. Die Synthese zwischen dem Althergebrachten und dem modern-westlichen Gedankengut (zu dem übrigens auch der Kommunismus gehört) können nur sie selbst finden.«[1]

Von Mai 1937 bis November 1939 reist Lily Abegg für die *Frankfurter Zeitung (FZ),* die traditionsreiche deutsche Tageszeitung, durch China. Ein Jahr später veröffentlicht die Journalistin mit *Chinas Erneuerung. Der Raum als Waffe*[2] ein auch heute noch informatives Buch. Die Situation des Landes damals, insbesondere auch sein Verhältnis zu der Eroberungsmacht Japan, ist hier so gründlich wie kaum anderswo in deutscher

Sprache beleuchtet. Der Blick ist der einer Berichterstatterin: kenntnisreich, abwägend, mit dem Anspruch auf Neutralität.

»Immer mit einer Art Geheimnis umgeben«

Lily Abegg hat neben der journalistischen Arbeit für Zeitungen und Zeitschriften zehn Bücher veröffentlicht, die meisten thematisch mit Ostasien befasst. Sie hatte beruflich bedingt mit vielen Menschen unterschiedlichster Herkunft und Stellung Kontakt, pflegte Umgang mit Kollegen und Kolleginnen, verkehrte in Diplomatenkreisen, mit Geschäftsleuten, mit Wissenschaftlern. Und doch ist wenig über sie persönlich bekannt. Von sich erzählt sie nur da, wo es für das Verständnis ihrer Arbeit notwendig ist. In den Memoiren der berühmten Zeitgenossen, die sie in Japan und China getroffen haben, wird sie vor allem als Autorin zitiert.[3] »Die Frau hat sich nach meinem Eindruck aber immer mit einer Art Geheimnis umgeben. [...] Unter den Japandeutschen der Nachkriegszeit galt sie als lesbisch«, kolportiert ein renommierter Japanforscher.[4]

»Über das Weltgeschehen erfuhr ich recht viel«

»Japan ist das Land meiner Jugend gewesen. [...] Natur ist für mich letzten Endes immer noch japanische Natur, und wenn ich die Westländer mit Asiaten vergleiche, so nehme ich unwillkürlich immer noch die Japaner als Gegenmaßstab«, schreibt die über 70-Jährige einleitend zu ihrem letzten Buch *Japans Traum vom Musterland.*[5] Auch über ihre Familie und ihre Kindheit ist wenig bekannt. Seit 1879 arbeitete der Vater, ein Schweizer Kaufmann, für eine Handelsfirma in Yokohama, er heiratete dort die Mutter, eine in Kobe geborene Deutsche, 1898 wurde der ältere Bruder Hans geboren, Lily drei Jahre später in Hamburg. Ab 1902 lebt die Familie wieder in Yokohama, weitere Töchter kommen da zur Welt. Mit einer jüngeren Schwester besucht Lily die dortige Deutsche Schule.[6] Die ausländische Gemeinde, meist Kaufleute, bleibt unter sich, in der Schule wird kein Japanisch gelehrt. »Wir Kinder erfuhren aber trotzdem von alten und neuen japanischen Erzählungen und Märchen, [...] spielten und zankten uns fröhlich mit den japanischen Kindern und sprachen [...] genauso gut japanisch wie diese.« Gleichzeitig erfährt das junge Mädchen viel über das Weltgeschehen, »[...] da die Gespräche der Erwachsenen in den überseeischen Gebieten sich häufig um internationale Fragen drehten« (11). Warum die Familie 1916 zurück in die Schweiz reist (ausgenommen der älteste Sohn), ist nicht bekannt, vielleicht, weil die Mutter als Deutsche im Krieg in dem mit England verbündeten Japan nicht geduldet wird. Die Reise führt über die USA und Norwegen durch Deutschland. Kurz vor dem Grenzübertritt in die Schweiz stirbt der Vater – sicherlich ein traumatisches Erlebnis für alle – auch für die 15-jährige Lily. Wie mag das junge Mädchen dann Zürich erlebt haben, wo sie das Freie Gymnasium, eine koedukative Schule, besucht? Wie findet sie Genf, wie Hamburg, wo sie nach dem Abitur Volks- und Staatswirtschaften studiert und das Studium 1926 mit einer Promotion

Lily Abegg

beendet? »Seltsam«, wird sie über ihre Rückkehr aus Japan in die Schweiz 1946 notieren, »gleich stellte sich wieder ein gewisses Unbehagen ein, eine Art von ›psychischem Druck‹, den ich in Ostasien kaum je verspürt hatte. Dieses Bedrückende und Schwere beginnt jedesmal mit dem Anblick der europäischen Menschen: sie haben alle so etwas Angespanntes, etwas zugleich Gehetztes und Grüblerisches an sich.«[7] Während die

Mutter mit den jüngeren Geschwistern schon 1920 nach Yokohama zurückkehrt, bleibt Lily nach der Promotion in Deutschland, arbeitet als Assistentin am Institut für Zeitungswissenschaften in Heidelberg und arbeitet von 1930 bis 1934 freiberuflich u.a. als Korrespondentin für die *Berliner Zeitung* in Berlin. Dort wohnt sie kurzfristig mit der Schweizer Autorin, Journalistin und Fotografin Annemarie Schwarzenbach zusammen, zu deren Entsetzen sie die *Nationalsozialistischen Monatshefte* und den *Angriff* liest.[8]

Die »Enteuropäisierung der Erde schreitet langsam fort«

1934 reist Lily Abegg als Berichterstatterin für mehrere deutsche und schweizerische Zeitungen wieder nach Japan – es ist der Beginn ihrer Karriere als Journalistin und vielleicht auch eine Möglichkeit, der Gleichschaltung der Medien im nationalsozialistischen Deutschland zu entgehen. Ihre Artikel erscheinen in der Schweiz, in Deutschland, in den Niederlanden, in England. 1936 wird sie Korrespondentin der *FZ*, nach der Gleichschaltung der Medien im Hitlerdeutschland ist diese eine der wenigen Zeitungen, deren Artikel noch Widerstand ahnen lassen. Zeitgleich erscheint ihr erstes Buch *Yamamoto. Der Sendungsglaube des japanischen Volkes,*[9] eine Studie zum »japanischen Geist«, seiner Geschichte, seiner Kultur und seinen zeitgenössischen Bestrebungen, dem »Imperialismus«. Japan hatte damals schon Korea und Taiwan erobert und in der Mandschurei einen Marionettenstaat errichtet. Seinen politischen und kulturellen Machtanspruch in Asien sieht

Abegg verbunden mit einem kulturellen Sendungsglauben, der von der »[...] Göttlichkeit des kaiserlichen Hauses, von dem Segen seiner Weisheit und Frieden bringenden Herrschaft abgeleitet« wird (22). Entwickelt habe sich dieser erst nach der erzwungenen Öffnungspolitik des Westens im 19. Jahrhundert, »[...] psychologisch aus Abwehrgefühlen heraus, [...] der natürliche Selbstverteidigungswille eines lebenskräftigen Volkes, das in seinem Dasein bedroht und von anderen Völkern herausgefordert wird« (20). Zugleich wendet Abegg sich gegen die schlichte »Mode«, beispielsweise Japan mit Deutschland zu vergleichen. Sie stellt fest, das Land ahme zwar den Westen durch seine rasche Industrialisierung nach, bleibe aber Asien und fordere als erstes asiatisches Land den Geist des Westens heraus – und das zeitgemäß auch mit aktiver Kulturpropaganda. »Die neue eurasische Zivilisation, die aus der ostasiatischen Ecke vordringt, ist japanisch bestimmt und nicht europäisch. Die ›Enteuropäisierung der Erde‹ schreitet langsam fort« (264), so das provokante Resümee. Abeggs Analysen – davon ist auszugehen – werden in Nazi-Deutschland, das sich 1936 mit Japan verbündet, intensiv gelesen. In intellektuellen Kreisen, die nichts mit dem Nationalsozialismus zu tun haben, wird das Buch hochgelobt.[10]

»Der Endkampf um die Neugestaltung Ostasiens«

»Vielleicht ist es gewagt, über einen Krieg zu schreiben, der noch nicht beendet ist«, notiert Abegg 1940 einleitend in ihrem zweiten Buch *Chinas Erneuerung.*

Das Massaker von Nanjing

Der Raum als Waffe.[11] Nach einer anderthalbjährigen Chinareise, auf der sie in von Japan besetzten Gebieten und auch im nationalen China unterwegs war, muss es sie gereizt haben, ihre Wahrnehmungen und Analysen zum Chinesisch-Japanischen Krieg erneut in einer Studie für das deutschsprachige Publikum zusammenzufassen. Wieder beschreibt sie historische und kulturgeschichtliche Zusammenhänge, dieses Mal im Vergleich beider Länder. Beide erheben Anspruch auf

Einzigartigkeit, China als Reich der Mitte; Japan als Land der Götter, aber ihre politischen und kulturellen Traditionen sind höchst unterschiedlich. Beide Staaten haben außerdem unterschiedlich auf den Angriff der Westmächte im 19. Jahrhundert reagiert: China wollte sie hinauswerfen, was nicht gelang. Japan war bereit zur Kooperation. Nun will Japan China, das sich mit Erneuerungen schwer tut, den Fortschritt aufzwingen. Aus chinesischer Sicht ist der Krieg nur ein weiterer Versuch einer barbarischen Macht, einzudringen. Weitergehend schildert die Autorin die politisch-kulturelle Entwicklung Chinas nach 1912 und seine politische und militärische Situation nach dem Einmarsch der Japaner. Die Vertreibungen und die Massaker, die die Japaner insbesondere in Nanjing anrichteten, hat sie als Augenzeugin miterlebt. Deren Brutalität verschweigt sie nicht. Dabei ist sie um Neutralität und eine ideologiefreie Einschätzung der Kräfteverhältnisse der Kriegsparteien bemüht. Die Japaner sieht sie erfolgreich mit ihren Eroberungen vor allem im Norden und in den Küstenstädten, jedoch ihre Ansprüche, Neues in den besetzten Gebieten zu schaffen, können sie nicht verwirklichen. Dagegen würdigt sie den Widerstand der Chinesen, die unter Chiang Kai-shek im Westen Chongqing zur neuen Hauptstadt erwählt haben und von dort im Bündnis mit den Kommunisten (über die sie vergleichsweise wenig schreibt) den Kampf gegen die Invasoren fortführen: »Wenn Westchina auch in materieller Hinsicht mit ungeheuren Schwierigkeiten zu kämpfen hat, so darf man doch nicht vergessen, daß die Kraft des Glaubens und der Hoffnung schon Großes geleistet hat und nicht leichter zu besiegen ist als die größten Armeen.« (23) Dazu sieht sie – im Untertitel des Buches angedeutet – Chinas Hinterland mit vielen unwegsamen Gebieten, d.h. seinen »Raum«, als Waffe. »Durch immer weiteres Zurückweichen konnten sie [die Chinesen] einmal ihre Armeen vor vernichtenden Schlägen retten, und gleichzeitig vermochten sie die Besetzung der eroberten Gebiete für die Japaner außerordentlich zu erschweren, indem sie hinter den japanischen Linien Truppen und Freischärler zurückließen.« (174) So ungewiss der Ausgang des Krieges zur Zeit der Veröffentlichung des Buches scheint, Abegg ist sich sicher: »[...] umsonst ist er nicht ausgefochten worden. China und Japan werden durch die Erfahrungen, die sie dabei sammelten, einen Schritt vorwärtskommen.« (480) Diese positive Bewertung geht auch mit der Einschätzung einher, dass in beiden Ländern »[...] der Krieg zu einer wenn auch noch geringen demokratischen Auflockerung geführt [...]« (478) hat. Was ihre eigenen Werte sind, bleibt bei der angestrebten Neutralität unklar. Zugleich fällt auf, dass Abegg die Kriegssprache, die auch die Nationalsozialisten pflegen, nicht für Propaganda, sondern für differenzierte Analysen verwendet.[12]

Eine »hinreichend bekannte Unfähigkeit vieler überzeugter Demokraten«

Eine Frage, die in Artikeln über Lily Abegg immer wieder gestellt wird, ist die, ob sie Nationalsozialistin war. Ein japanisches Propaganda-Blatt zitiert sie mit positiven Äußerungen über Hitler.[13] Ihre Analysen über den Unterschied zwischen Japan und Deutschland, die dem

Auswärtigen Amt 1938 zugespielt werden, stellt man dort dar als »[...] im weitesten Maße irrig [...]« und als »[...] hinreichend bekannte Unfähigkeit vieler überzeugter Demokraten (hier durch die schweizerische Enge noch erschwert), völkisch weltanschaulich ausgerichtete Staatsformen überhaupt zu begreifen«.[14] Dass sie als einzige Frau mit vier Kollegen, begleitet von einem deutschen Hauptmann, in der Nachhut am »Blitzkrieg« gegen Frankreich im Juni 1940 teilnehmen kann, mag sie ihren guten Beziehungen verdanken. Ihren Anspruch, neutral zu berichten, gibt sie nicht ganz auf, hebt in ihrem Artikel in der *FZ* vom 20. Juni 1940 die Disziplin deutscher Truppen hervor, zeigt ihre eigene Verachtung über den Rückzug der französischen und insbesondere der britischen Truppen aus Dünkirchen, aber sie äußert auch ihre Verwunderung über das Fehlen eines richtigen Widerstands, schildert die Zerstörungen von Dörfern und erwähnt den gespenstischen Eindruck, den das verlassene Paris auf sie macht. Im Wiederabdruck 1944[15] erinnert sie, dass der Sieg bei den Deutschen in Berlin keinen Jubel auslöste. Man wusste, was bevorstand. Nach der Veröffentlichung gerät sie unter Beobachtung des britischen Geheimdienstes, später unter die des französischen und des US-amerikanischen.[16]

»Mein Idol aus früheren Zeiten«

Im August 1940 kehrt Lily Abegg nach Japan zurück. Sie schreibt weiter für die *Frankfurter Zeitung*, reist 1941 nach Indochina, nach Thailand, publiziert auch in japanischen Zeitungen und produziert Beiträge für die halbstündigen Rundfunksendungen der Deutschen Botschaft unter dem Rundfunkattaché Erwin Wickert. Gut bekannt ist sie mit Richard Sorge, der – allerdings freiberuflich – auch als Journalist für die *FZ* arbeitet. Als er 1941 als Doppelspion für Deutschland und die Sowjetunion enttarnt wird, ist das für sie eine große Enttäuschung mit unangenehmen Folgen: »Wir wurden ständig ›unbemerkt‹ bewacht und unsere Dienstboten waren Spitzel der Polizei.«[17] Als die *FZ* 1943 verboten wird, arbeitet sie u.a. für *Transocean News Service,* die deutsche, vom NS-Propaganda-Ministerium finanzierte und kontrollierte Nachrichtenagentur. Nach eigenem Bekenntnis ist sie Mitglied der *Reichsdeutschen Gemeinschaft in Tokyo* und Mitglied des *Reichsverbandes der Deutschen Presse*, aber Schweizer Staatsbürgerin.[18] Den ausländischen Geheimdiensten gilt sie als »funnel« (Trichter), um deutsche Nachrichten in Japan zu lancieren, und wird auch als Spionin verdächtigt, was aber nie nachgewiesen werden kann.[19] Nach der Kapitulation Japans wird sie am 20. September 1945 als Kriegsverbrecherin verhaftet und in das berüchtigte Sugamo-Gefängnis in Tokyo überführt. Der Verdacht, sie sei eine deutschsprachige Propagandistin für den japanischen Rundfunk, kann offensichtlich nicht bewiesen werden. Abegg kommt im Januar 1946 wieder frei. Einen Tag vor ihrer Abreise in die Schweiz bittet sie eine deutsche Sekretärin, die im US-Hauptquartier arbeitet, um Hilfe bei der Bescheinigung einer notwendigen Typhusimpfung. Die erinnert sich: »eine Dame, eine wirkliche Dame [...], mein Idol [...] aus früheren Zeiten. Die berühmte Autorin und Kriegsberichterstatterin Lily Abegg [...] sie wirkte müde und grau.« Aber als

Lily Abegg die Bescheinigung erhalten hat, »[...] stand eine verwandelte Lilly Abegg vor mir. Ihr eckiges, herbes Gesicht hatte den Ausdruck von Sieg, eine Chance genutzt und gewonnen zu haben[20].

»Ostasien modernisiert sich, aber es ›verwestlicht‹ sich nicht«

Im Jahre 1946 kehrt Lily Abegg in die Schweiz zurück, jetzt nimmt die Bundesanwaltschaft in Bern sie ins Visier. Bis 1950 ist sie als Redakteurin der *Weltwoche* tätig. 1949 erscheint ihre Studie *Ostasien denkt anders. Eine Analyse des west-östlichen Gegensatzes* – ein weiteres grundlegendes Werk, dieses Mal zum Verständnis des ostasiatischen Denkens und seiner Kultur im Vergleich zum westlichen.[21] Dabei geht sie von der psychischen Differenz der Menschen aus, konstatiert mit einem japanischen Philosophen »Denken und Fühlen, die im Westen nebeneinander bestehen, arbeiten hier als einheitliche Kraft« (20) und bezieht sich auf den Schweizer C. G. Jung, den Begründer der analytischen Psychologie, der »[...] auf den ganzheitlichen Charakter der Ostasiaten hingewiesen« (25) hat. Wieder zeugt die Untersuchung von der intellektuellen Brillanz seiner Autorin und kann noch heute viel zum Verständnis von China und Japan beitragen. Von 1950 an begibt sich Abegg als Asien-Korrespondentin verschiedener Zeitungen erneut auf Reisen, hält sich drei Jahre lang in Westasien (bis in Indien), sowie in Ägypten, im Sudan, in Äthiopien, in Saudi-Arabien und Afghanistan auf und veröffentlicht ein umfangreiches Buch unter dem Titel *Neue Herren in Mittelost – Arabische Politik heute.*

Lily Abegg

Von 1954 bis 1964 ist sie für die *Frankfurter Allgemeine Zeitung* und drei Schweizer Zeitungen in Japan tätig. Im Sommer 1956 führt sie eine längere Reise nach China. Ihre Eindrücke veröffentlicht sie 1957 in *Im neuen China,* ein journalistischer Bericht. Sie bekennt, dass sie das Regime ablehnt, hält es aber für notwendig, »das neuerstandene uralte Reich als gewaltige Realität zu erfassen und zu beobachten«.[22] 1963/64 besucht sie Süd-Vietnam, Kambodscha, Thailand, Malaysia, Burma und Indien. »Eine sachliche Würdigung« von Chinas neuem Machthaber bietet sie mit *Vom Reich der Mitte zu Mao Tse-tung*[23] 1966 und wendet sich wieder einmal gegen jedes unhistorische, undifferenzierte Denken. Sie beleuchtet den gesellschaftlichen Hintergrund und die Geschichte des Bauernjungen, der zum Führer der Kommunisten aufgestiegen ist, nimmt neben einer Vielzahl von Fotos auch Zitate u.a. von Mao in das Buch auf, beschreibt die Rolle der KPCh, die Innen- und Außenpolitik des Landes, stellt gleichzeitig fest, dass China sich nicht unbegründet von den USA bedroht fühle: »Es sind nicht die Chinesen, die im Mittelmeer oder vor der Küste Kaliforniens Militärstützpunkte errichteten, sondern eine fremde, weit entfernte, schwer bewaffnete Macht, die sich in unmittelbarer Nähe Chinas ansiedelte.« (169) Schließlich fordert sie – wieder einmal provokativ: »Es ist an der Zeit, dass China ebenso geachtet wird wie die Sowjetunion und dieselben internationalen Rechte besitzt.« (180) Kein westlicher Staat pflegt 1966 diplomatische Beziehungen zur Volksrepublik! In *Japans Traum vom Musterland. Der neue Nipponismus*[24] fasst sie dann 1973 ihre Erkenntnisse über das Land zusammen, in dem sie 32 Jahre lang lebte. Am 13. Juli 1974 stirbt Lily Abegg während ihrer Ferien in Samedan, Schweiz, an einem Herzinfarkt. Erst danach schließen die Schweizer Behörden ihr Dossier endgültig. »So eine vielschichtige Frau. Leidenschaftlich. Unermüdlich. Tapfer. Hoch intelligent. Eine brillante

Journalistin«, resümiert ein Forscher. [25] Ein Vorbild vor allem auch für antikolonialistisches Denken.

1 Abegg, Lili (1965): Asien gehört uns nicht. In: FAZ. Bilder und Zeiten. Samstag, 3.4.1965, Nummer 79.
2 Abegg, Lili (1940): Chinas Erneuerung. Der Raum als Waffe. Frankfurt am Main.
3 Z.B. Mehnert, Klaus (1991): Peking und Moskau. Stuttgart. Wickert, Erwin (1991): Mut und Übermut. Stuttgart.
4 Krebs, Gerhard an Hilke Veth. Mail am 21.4.2022.
5 Abegg, Lily (1970): Japans Traum vom Musterland. Der neue Nipponismus. München, S. 11. (Im Folgenden Seitenzahlen nach den Zitaten).
6 Graham, Thomas: Lily Abegg (1–3). https://grahamthomasauthor.wordpress.com/2020/04/29/lily-abegg-part-1-3/. Übersetzung: Hilke Veth.
7 Abegg, Lily (1970): Ostasien denkt anders. Eine Analyse des west-östlichen Gegensatzes. München. Fassung von 1949 mit Vor- und Nachwort versehen, S. 11.
8 Schwarzenbach, explizite Antifaschistin, eng mit Erika und Klaus Mann befreundet, ist offen lesbisch. Ob sie und Abegg eine Beziehung hatten, ist unklar. Siehe Graham, a.a.O.
9 Abegg, Lili (1936): Yamato. Der Sendungsglaube des Japanischen Volkes. Frankfurt am Main. (Im folgenden Absatz Seitenzahlen nach den Zitaten).
10 Vgl. Bieber, Hans (2014): SS und Samurai. Deutsch-japanische Kulturbeziehungen 1933–1945. München, S. 476
11 Abegg, Lili (1940), a.a.O., S. 6. (Im folgenden Absatz Seitenzahlen nach den Zitaten).
12 Z.B. bezieht sich der Untertitel ihres Buches auf Hans Grimms Roman *Volk ohne Raum* (1926), ein Schlagwort der NS-Propaganda in der Vorbereitung des Zweiten Weltkriegs.
13 Vgl. Graham a.a.O., und Tobler, Andreas (2019): War Lily Abegg eine Kriegsverbrecherin? In: Tagesanzeiger vom 29.6.2019, S. 39.
14 Zit. nach Bieber, a.a.O., S. 476.
15 Abegg, Lily (1944): In The Wake Of The Blitz. In: The XXth Century. Vol. VI. Shanghai, Mai 1944.
16 Graham, a.a.O.
17 Mader, Julius (1984): Der Sorge Report. Berlin, S. 306/307. Abegg in einem Brief an den Autor.
18 Zit. nach Krebs, a.a.O., Politisches Archiv des Auswärtigen Amtes: Botschaft Tokyo, Bd. 6 RDG (Reichsdeutsche Gemeinschaft), Zu- und Abgänge 1940–45.
19 Zit. nach Graham, a.a.O.
20 Fellmer, Edith (1981): Die Kiste der Besinnung. Leben mit einem Tagebuch. Norderstedt, S. 210. Edith Fellmer, Ehefrau des Dirigenten Fellmer, seit 1938 in Tokyo, engagiert für NS-Kultureinrichtungen.
21 Abegg (1970), a.a.O. (Im folgenden Absatz Seitenzahlen nach den Zitaten).
22 Abegg, Lily (1957): Im neuen China. Zürich, München, S. 262.
23 Abegg, Lily (1966): Vom Reich der Mitte zu Mao Tse-Tung. Luzern und Frankfurt am Main, S. 5. (Im folgenden Absatz Seitenzahlen nach den Zitaten).
24 Abegg (1970), a.a.O.
25 Graham, a.a.O.

Anna Wang, 1930er Jahre

»Jedes Mal, wenn ich nach China komme, habe ich das Gefühl, ich komme in ein warmes Nest«

Anna Wang

d.i. Dr. Anneliese Martens, geb. Anneliese Schwarz
Aktivistin, Publizistin und Autorin
(1907 – 1989)

»Meine Heimat war mir fremd geworden. Die Epidemie des Nationalsozialismus, der ich auf wunderbare Weise entronnen war, hatte mir viele meiner Freunde und Altersgenossen, die sich der Ansteckung nicht erwehrt hatten oder erwehren konnten, geraubt. Nach zwei Verhaftungen und kurzem Aufenthalt im Gefängnis wusste ich, dass ich ein drittes Mal nicht davonkommen würde.«[1]

Erst vor kurzem hat das Paar in der chinesischen Botschaft in London geheiratet. Jetzt reisen Anna Wang und ihr Mann Wang Pingnan mit der transsibirischen Eisenbahn von Berlin aus nach China. Die Nationalsozialisten sind seit genau drei Jahren in Deutschland an der Macht. Mehr als 25 Jahre später wird die inzwischen über 50-Jährige in einem autobiografischen Bericht sehr allgemein und unsentimental die Ausreise begründen, um dann von ihrem Leben in China zu erzählen. *Ich kämpfte für Mao* nennt sie ihr Buch.

Anna und Pingnan Wang

Als es 1963 erscheint, herrscht noch Kalter Krieg zwischen den kommunistischen und den kapitalistischen Blöcken. Diplomatische Beziehungen zwischen Westdeutschland und China gibt es nicht. Die Vorurteile gegenüber der 1949 von Mao ausgerufenen sozialistischen Volksrepublik sind riesig. Anna Wang bezeichnet sich selbst provokativ als politische Kämpferin, um das Interesse der deutschen Öffentlichkeit für Chinas »großen Vorsitzenden«, für sein Volk und seine Geschichte zu wecken.

»Sehr klug, engagiert und bescheiden«

Über ihre Herkunft und ihr Erleben vor der Abreise gibt Anna Wang öffentlich wenig preis: nicht in ihrem Buch, nicht in den Interviews, die in den 1980er Jahren mit ihr im Rundfunk geführt werden.[2] Geboren wurde sie am 20.9.1907 als Anneliese Schwarz in Gorzno in Westpreußen. Der Vater war Zollinspektor, er fiel schon 1914 im Krieg. Wie die Mutter stammte er aus einer großen Bauernfamilie. Anna machte Abitur in Stettin, studierte in Greifswald, Berlin, Königsberg und Graz, wo sie 1931 zum Dr. phil. promovierte. Danach arbeitete sie am Geheimen Preußischen Staatsarchiv, wurde aber 1933 nach der Verhaftung durch die Gestapo entlassen und verdiente bis zu ihrer Ausreise ihren Lebensunterhalt mit Sprachunterricht.[3] Sie sei bescheiden gewesen, erzählt ihr Sohn Wang Liming 2018 in einem Gespräch: »Sehr klug, engagiert und bescheiden.«[4]

Als »Gelehrte wie ein Mann behandelt«

Auf der langen Bahnreise über Sibirien studiert Anna Wang chinesische Schriftzeichen und liest Bücher über China. Da sie das erste halbe Jahr in der Familie ihres Mannes im Zentrum der alten Kaiserstadt Xi'an im Norden Chinas lebt, ist sie gleich mit den konfuzianisch-patriarchalen Sitten und Gebräuchen konfrontiert. »Manche mit einem Chinesen verheiratete Deutsche entdeckte erst nach ihrer Ankunft, dass ihr Mann schon eine Frau hatte, der sie nach Sitte des Landes als Konkubine untergeordnet war. Das brauchte ich nicht zu befürchten.« (30)

Wang Pingnan (1909 – 1988), seit 1925 in der KP Chinas, war offiziell in Berlin als Student an der *Hochschule für Politik* eingetragen. Inoffiziell hatte er im Auftrag seiner Partei chinesische Studierende in Deutschland und Europa organisiert. Er muss sich bewusst für eine gebildete und emanzipierte Frau entschieden haben. »Ich hatte außerdem noch das Glück, einen Schwiegervater zu bekommen, der mir vom ersten Augenblick an mit großer Herzlichkeit entgegenkam« (30), schreibt Anna. Die Familie lebt traditionell – Männer und Frauen essen beispielsweise getrennt –, aber als »Gelehrte« wird sie »wie ein Mann behandelt« (39): Sie darf an den Mahlzeiten der Männer teilnehmen und – auch entgegen der Sitte – einige Stunden allein hinter geschlossener Tür arbeiten. Pingnans Vater, genannt »Lao Ye«, ehrwürdiger Großvater, hat in seiner Jugend als Anhänger des Republikgründers Sun Yat-sen gegen das Kaiserreich gekämpft und ist modernen Ideen gegenüber aufgeschlossen.

Offen, neugierig, furchtlos begegnet Anna Wang ihrer neuen Welt, bereit, ihre »starren, preußischen Ansichten« (31) zu ändern. Sie will die Menschen und ihre Sitten verstehen, übt täglich die Sprache, vor allem die Schriftzeichen, schließt bald Freundschaft mit ihren Schwägerinnen. Dabei lernt sie das Elend der an konfuzianische Familienregeln gebundenen Frauen kennen, die zwangsweise als Mädchen verheiratet werden, oft ohne ihr Wissen auch als Konkubinen. Sie erkundet allein und zu Fuß – entgegen den Sitten – ihre Umgebung. Schon am Abend der Ankunft wird das junge Ehepaar zu General Yang Hucheng zitiert, einem Freund des Schwiegervaters, einer der Gefolgsleute Sun Yat-sens und mächtiger Militär im Nordwesten. Er hatte Wang Pingnan geholfen, als dieser durch seine Mitgliedschaft in der KPCh gefährdet war, und ihn nach Deutschland geschickt. Nun nutzt er ihn als seinen Verbindungsmann zu den Kommunisten. Als Yang sich Querelen mit Chiang Kai-shek, dem Anführer der Guomindang, der Nationalen Volkspartei, entzieht und nach Shanghai in »Kur« (53) geht, sind Pingnan und die hochschwangere Anna mit im Gefolge.

»Jetzt untätig sein und nicht mitwirken können?«

Die Umsiedlung in die moderne Metropole mit dem Internationalen Settlement und der französischen Konzession, das Zentrum des kolonialen Chinas, erweist sich für die junge Frau als Glücksfall: Sie begegnet hier Mitgliedern der *Gesellschaft zur Rettung des Vaterlands*, eine nicht-kommunistische, antijapanische Vereinigung. Japan hatte 1931 die chinesische Mandschurei besetzt und den Marionettenstaat Mandschukou gegründet, den China nach der Bombardierung Shanghais 1933 anerkennen musste. Anna Wang nimmt an stundenlangen Debatten über die politische Lage im Land teil und kann den berühmten Schriftsteller Lu Xun besuchen. Es ist ihr wichtig zu erwähnen, dass ihr Sohn Liming am 19. Oktober 1936, dem Todestag Lu Xuns, zur Welt kommt. Wie viele Intellektuelle und Kommunisten ihrer Zeit ist sie fasziniert von der revolutionären Bewegung in China. Seit Chiang Kai-shek 1927 durch einen Schießbefehl auf die Kommunisten die erste Einheitsfront beider Parteien aufgekündigt hat, befinden sich beide Gruppierungen im Bürgerkrieg. Dann wird Chiang Kai-shek in Xi'an durch Rebellen gefangen genommen, Pingnan reist mit General Yang dorthin zurück. Die Kommunisten erzwingen die Anerkennung ihrer Bewegung, erhalten eine eigene Provinz und dürfen eine eigene Armee stellen. Im Kampf gegen Japan soll der Bürgerkrieg ruhen. Auch Anna Wang ist von revolutionärem Pathos erfüllt. »Jetzt untätig sein und nicht mitwirken können, an den großen Aufgaben, die dort warteten?« (74) Gegen den Rat vieler Bekannter macht sie sich mit Kind und einer Freundin durch Bürgerkriegsgebiet ebenfalls gen Xi'an auf. Es wird eine abenteuerliche Reise. Wenig später – Anfang März 1937 – reist sie allein weiter, nach Yan'an, der Hauptstadt des kommunistischen Chinas im Norden. Hier erholen sich Mao und seine Kampfgefährten nach dem »Langen Marsch«, dem verlustreichem Rückzug der kommunistischen Streitkräfte vor den Truppen Chiang Kai-sheks. »Ohne Frage eine der größten Leistungen der Geschichte aller Zeiten« (124), urteilt sie – ganz im Sinne des kommunistischen Mythos.

Voller Empathie berichtet Anna Wang auch von den Aktivitäten der Kommunisten und den Strapazen, denen sich ihre Frauen dabei unterzogen haben. Sie trifft viele der bald berühmten politischen und militärischen Führer. Zhou Enlai, Premierminister der späteren

Volksrepublik, wird von ihr besonders wegen seiner Art, »Menschen und Situationen frei von engherzigen Doktrinen zu beurteilen« (117), geschätzt. An Mao Zedong bewundert sie seine intellektuelle Kraft: »Es war erstaunlich, wie selbstbewusst und überzeugt vom Sieg seiner Partei und seiner Armee dieser schäbig gekleidete, hagere Mann war, der gerade der Vernichtung entgangen, in diesem abgelegenen Teil Chinas seine Kräfte sammelte, um eine neue Etappe der Revolution vorzubereiten.« (127) Durch Mobilisierung von Millionen Bauern meint er, den Sieg erringen zu können. »Die chinesischen Kommunisten betrachten sich zwar als Erben von Marx und Engels, jedoch in erster Linie als die Nachfolger der Bauernrevolutionäre, die in vergangenen Jahrhunderten Dynastien stürzten und neue Reiche gründeten.« (127) Auch die politische Strategie, »das Zurückweichen vor dem stärkeren Feind und dem nur bei günstigeren Bedingungen erfolgenden Gegenangriff« (130), beruhe auf Prinzipien der chinesischen Kriegskunst, erläutert Mao ihr bei einem abendlichen Besuch. Sie erkundet auf Wanderungen und Ausritten die Umgebung von Yan'an, unterhält sich mit den Bauern, die in der kargen Berglandschaft leben, bitterarmen, hart arbeitenden Menschen, die aber mit der Roten Armee gut auskommen. Den Soldaten sei es verboten, die Bevölkerung auszuplündern, es gebe keine korrupten Beamten mehr, die Last der Steuern sei gering, der Opiumanbau verboten, wird ihr erzählt. Fast in jedem Dorf habe man eine »Schriftzeichen-Gruppe« (137) gegründet, um die Zahl der Analphabeten zu verringern.

»Freiwillig wird die Guomindang niemals ihre Monopolstellung aufgeben«

Dann marschieren die Japaner, die die Schwäche des vom Bürgerkrieg gebeutelten Landes nutzen, auch in Peking ein, greifen Shanghai an und besetzen nach dreimonatigen Kämpfen das Gebiet außerhalb des Internationalen Settlements. Die Wangs sind hier in die Französische Konzession gezogen und engagieren sich in der *China Defense League*, die 1938 in Honkong von Madame Sun Yat-sen ins Leben gerufen wurde. Durch Kontakte kann Anna Wang die Witwe des Republikgründers, eine legendäre Persönlichkeit, treffen. »Als ich Madame Sun zum ersten Mal gegenüberstand, war ich wie alle, die sie kannten, von ihrer Schönheit beeindruckt [...], Pomp und protziges Benehmen waren ihr verhasst, über eingebildete, selbstzufriedene Wichtigtuer machte sie sich oft lustig. In den vielen Jahren unserer Zusammenarbeit, die im Jahre 1938 begann und bis 1955 dauerte, hat sich meine Hochachtung und Bewunderung für sie nur verstärkt.« (184)

Madame Sun oder Song Qingling stammt aus der einflussreichen Familie von Charlie Song. Ihre ältere Schwester ist mit dem reichen Bankier H. H. Kong verheiratet, Finanz- und Premierminister der Guomindang, ihre jüngere Schwester die Frau des Vorsitzenden Chiang Kai-shek. Unter Chinesen heißt es prägnant: Ailing (die Älteste) liebt das Geld, Meiling (die Jüngste) liebt die Macht, aber Qingling liebt das Volk. Dass Madame Sun die terroristischen und teilweise projapanischen Aktionen ihres Schwagers Chiang Kaishek öffentlich anprangert, erfordert großen Mut. Die

Anna Wang mit Nehru und anderen

China Defense League, eine unparteiische Organisation, will allen Kriegsopfern in China helfen und sammelt bei ausländischen Organisationen Sach- und Geldspenden. Sie wird von namhaften Persönlichkeiten im In- und Ausland unterstützt, u.a. Jawharlal Nehru, Thomas Mann und Pearl S. Buck. Anna Wang arbeitet in der League in einem Komitee zur Information von Ausländern und ausländischen Medien, später für das chinesische Rote Kreuz, hilft bei der Verwundeten- und Flüchtlingsfürsorge und im Frauenverein. Mit dem Neuseeländer Rewi Alley entwickelt sie Pläne zur Gründung von Kooperativen für Flüchtlinge. Von Zhou Enlai wird sie beauftragt, Medikamente und Hilfsmittel für die Feldlazarette des Roten Kreuzes in Empfang zu nehmen. Sie managt Transporte von Indochina und

Anna Wang auf dem Rotkreuz-Transporter

Shanghai aus und unternimmt eine abenteuerliche Reise an die Nordfront, zum Teil durch japanisch besetzte Gebiete, zu einem von der League gegründeten internationalen Friedenshospital. Schließlich lässt sie sich mit Pingnan, der jetzt Adjutant von Zhou Enlai ist, und mit ihrem Sohn in Chongqing nieder, der provisorischen Hauptstadt der Nationalregierung. Sie erlebt die Bombardierungen der Stadt durch die Japaner, erzählt, wie das Volk den Kriegsalltag bewältigt, berichtet von Hungersnöten, von der grassierenden Inflation, von der korrupten Elite der Nationalregierung und einem demoralisierten Heer, das viele Gebiete den Japanern kampflos überlässt. Zensur und Geheimpolizei sind allgegenwärtig. Auch die Arbeit von Anna Wang wird durch die Guomindang behindert: Viele Transporte erreichen nicht ihr Ziel, Kooperativen werden bekämpft. Das Ehepaar kommt ins Visier der Geheimpolizei und wird von Spitzeln verfolgt. Aber so mutig Anna Wang in vielen Situationen handelt, so mutig begegnet sie auch ihrem »Schatten« (312): Sie stellt ihn und fordert ihn zu Gesprächen heraus.[5]

Kurz vor Kriegsende taucht Zhou Enlai wieder in Chongqing auf. In der kommunistischen Partei und auch unter den Mitgliedern der Guomindang wird heftig über die künftige Politik gestritten. Anders als Anna Wang, die auf die Vermittlung der Amerikaner im Streit zwischen den Parteien hofft, ist Wang Pingnan pessimistisch: »Freiwillig wird die Guomindang niemals ihre Monopolstellung aufgeben. Die Amerikaner werden viel über Demokratie reden, aber helfen werden sie Chiang Kai-shek.« (348) Er sollte Recht behalten.

»Das Alte, Rückschrittliche bekämpfen«

»Und wir?« fragt Anna Wang und meint die Frage persönlich. »Das Ende des Krieges zwang Pingnan und mich eine Entscheidung zu treffen, die wir während des Krieges aufschieben konnten oder mussten.« Nach langen Diskussionen beschließen ihr Mann und sie die Trennung, später werden sie sich scheiden lassen. »Eins war mir klar: blieb ich Pingnans Frau, dann musste ich mich auch politisch zu seinem ›Glauben‹ bekennen, also Mitglied der Kommunistischen Partei werden. Oft genug hatte er mir vorgeworfen, dass ich zu ›anarchistisch‹ sei, dass ich mir stets das Recht anmaßte, meinen eigenen Ideen zu folgen, gleichgültig, ob sie der Partei nützten oder schadeten [...]. Zhou Enlai hatte mir deswegen nie einen Vorwurf gemacht [...], er wusste, dass ich wie viele chinesische und ausländische Nichtkommunisten das Alte, Rückschrittliche bekämpfen und mich für das Neue, Fortschrittliche einsetzen würde.« (349)

Eine politische Begründung, die andere Differenzen diskret verbirgt. Sie zeigt aber auch, wie eigenständig Anna Wang entscheidet. Sie folgt Madame Sun, mit der sie auch in Chongqing gearbeitet hat, nach Shanghai. Der Sohn Liming bleibt beim Vater. Dieser wird 1955 Botschafter in Polen und im Anschluss bis 1965 stellvertretender Außenminister der Volksrepublik China. In Shanghai erlebt Anna Wang den Bürgerkrieg, das Scheitern der Guomindang trotz amerikanischer Hilfe, das Ende des Krieges. »Es war einer der eindrucksvollsten Tage meines Lebens. So eine Freude, so eine Begeisterung. So gegen drei Uhr morgens kamen die ersten Soldaten. Sie gingen wie müde Männer die Straße entlang und setzten sich unter Bäume. Das waren Soldaten einer recht ungewöhnlichen Art«, erzählt sie in einem Interview 1985.[6]

Am Gründungstag der Volksrepublik, dem 1. Oktober 1949, besucht Anna Wang Peking. Das ganze Land ist nach Jahrzehnten des Krieges in einem katastrophalen Zustand. Obgleich sie nach Deutschland zurückkehren will, bleibt sie auf Bitten von Madame Sun zunächst in China und beteiligt sich an der Planung von Modelleinrichtungen sozialer Projekte.[7]

Anna Wang/Anneliese Martens, um 1985

»Es war nicht leicht für mich, abgeschnitten zu sein«

1955 zieht es Anna Wang zurück in die alte Heimat. Die Gründe nennt sie nicht. Sind sie vielleicht nicht nur privater, sondern auch politischer Art? Anfangs lässt sie sich in Ostberlin nieder, wo ein Bruder lebt. Sie hält Vorträge an der Humboldt-Universität. Als sich die Beziehungen zwischen China und der UdSSR und infolgedessen die zwischen China und der DDR verschlechtern und sie bespitzelt wird, beschließt sie, in die BRD überzusiedeln. Ihr Freund Karl Martens, ein Zoologe, der viel durch Asien gereist ist und den sie noch aus China kennt, hilft ihr dabei. Sie heiratet ihn und erhält wieder den deutschen Pass, den sie durch die Eheschließung mit Wang Pingnan verloren hatte. Das Paar lebt in Geesthacht bei Hamburg. Karl Martens unterstützt Anna Wang, ihr Buch zu schreiben. Aber in den Zeiten des Kalten Krieges ist es nicht einfach, bei den Lesungen in der BRD positiv über die Volksrepublik zu sprechen. Als die Nachrichten von der Kulturrevolution sie erreichen, findet sie die Bewegung anfangs begrüßenswert, wird aber stutzig, als ihre Kontakte abbrechen. Von Madame Sun bekommt sie keine Briefe mehr, nur eine Zeitschrift mit ihrer Unterschrift. »Da wusste ich, dass sie noch lebte. Es war nicht leicht für mich, abgeschnitten zu sein. Je mehr ich hörte, je mehr bekam ich Zweifel. Sodass ich keine Vorträge mehr gehalten habe.«[8]

Anna Wang kann und will nicht gegen ihre zweite Heimat sprechen, so wie sie auch Kritik über die Entwicklung in der Volksrepublik und an der KP Chinas nie öffentlich äußert. Vielleich aus Solidarität, vielleicht aus Vorsicht, vielleicht aus Taktik. 1978 darf ihr Sohn in die Bundesrepublik ausreisen, »um der alten Mutter beizustehen«[9]. 1979 reist sie erstmals wieder nach China, eingeladen von Madame Sun, Madame Zhou Enlai und ihrem ehemaligen Mann, mit dem sie – laut Aussage des Sohnes – lebenslang freundschaftlich verbunden bleibt. 1980 wird sie Ehrenpräsidentin der *Gesellschaft für Deutsch-Chinesische Freundschaft*. Danach besucht sie China mehrmals, zuletzt 1986. Die Reform- und Öffnungspolitik Politik Deng Xiaopings nach dem Tod von Mao möchte sie nicht als Abkehr von Mao verstanden wissen. »Ich bin dagegen, von Entmaoisierung zu sprechen. Mao wird immer die große historische Persönlichkeit in China bleiben. Es lohnt sich noch heute zu lesen, was er geschrieben hat.« Auf die Frage, was sie mit dem Land verbinde, antwortet sie: »Es liegt an den Menschen, dass China mir heimisch geworden ist. Die chinesischen Menschen sind mir wirklich sehr ans Herz gewachsen. Durch ihre Hilfsbereitschaft, ihre Freundlichkeit. In China spielt die Familie noch eine sehr große Rolle, viel größer als in Deutschland. Jedes Mal, wenn ich nach China komme, habe ich das Gefühl, ich komme in ein warmes Nest. Sobald ich da bin, bin ich umgeben von Menschen, die mir zeigen, wie sehr sie mich schätzen, wie sehr sie mich lieben.«[10]

1 Wang, Anna (1973[2]): Ich kämpfte für Mao. Hamburg 1963[1], S. 21. (Im Folgenden Seitenzahlen nach den Zitaten).

2 U.a. Saalfeld, Lerke von (1985): Gespräch mit Frau Dr. Martens, alias Anna Wang, Bad Oeynhausen. In: Dies. (2016): »Wir waren voller Hoffnung.« Zeitzeuginnen des 20. Jahrhunderts im Gespräch. Random House Audio. München.

3 Siehe Lebenslauf 1956, Privatbesitz Wang Liming. Damit werden bisherige Annahmen konkretisiert. U.a.: Kampen, Thomas (2010): Chinesen in Europa – Europäer in China, Journalisten, Spione, Studenten. Ostasien Verlag. Reihe Gelbe Erde 8. Gossenberg.

4 Gespräch mit Wang Liming (2018). Wedel bei Hamburg.

5 In einem tabellarischen Lebenslauf, ebenfalls 1956, nennt sie sich Mitarbeiterin der Dokumentar- und Presseabteilung der KPCh, der 8. Armee und der Chinesischen Verteidigungsliga. Privatbesitz Wang Liming.

6 Saalfeld, von (1985), a.a.O.

7 Als Mitarbeiterin China Reconstructs. Siehe Lebenslauf (1956), a.a.O.

8 Ebenda.

9 Gespräch (2018), a.a.O.

10 Saalfeld, von (1985), a.a.O.

Franziska Tausig in Shanghai

»Die Jahre in Shanghai waren bittere Jahre«

Franziska Tausig

geb. Gatner
Köchin, Autorin und Versicherungsangestellte
(1895 – 1989)

»Manches Mal ertappte ich mich bei dem Wunsch, dass dieses Schiff noch lange auf See bliebe. Wusste ich doch nicht, was uns erwartete. Konnten wir denn hoffen, unter Millionen von Chinesen leben zu können? Wir hatten weder Geld noch Kenntnisse, mit deren Hilfe man sich eine Existenz aufbauen könnte. Mein Mann war ungarischer Rechtsanwalt. Was sollte er in China tun, noch dazu, ohne ein Wort Chinesisch zu verstehen?«[1]

Die Angst vor einer ungewissen Zukunft teilt Franziska Tausig mit vielen Mitreisenden auf dem Weg nach Shanghai. Die zum großen Teil von Japan besetzte Stadt[2] ist fremd und beängstigend, kein Wunschziel, sondern 1938 letzter Ausweg für viele jüdische Flüchtlinge aus Deutschland und Österreich, um sich der Verfolgung durch die Nazis zu entziehen. Ihren 16-jährigen Sohn Otto haben die Tausigs mit einem Kindertransport als Hilfsarbeiter nach England geschickt. »Ohne zu wissen, was ihn erwartete, wohin er kommen würde, wer ihn aufnehmen würde, ohne

Geld, mussten wir ihn wegschicken.« (50) Die Schiffspassagen nach Shanghai waren, nach Monaten vergeblicher, verzweifelter Ausreisebemühungen, ein makabrer »Glücksfall«, die ursprünglichen Besitzer hatten Selbstmord begangen. Mitnehmen durfte das Paar so gut wie nichts. Wie würde alles werden? Aladar Tausig ist schon seit Beginn der Reise krank, er trauert um den Sohn und leidet darunter, plötzlich auf Almosen angewiesen zu sein.

»Einen vollkommenen Strudel«

In Shanghai kommen Leute an Bord und sehen sich nach Arbeitskräften um. »Die größte Nachfrage bestand nach Barfrauen, aber auch Handwerker waren sehr gesucht.« (93) Die Tausigs werden in eine der Massenunterkünfte für Flüchtlinge gebracht. Verzweifelt überlegen sie, wie es weitergehen könnte. Franziska Tausig hat keinen Beruf erlernt, aber sie kann kochen! Schon im ersten Lokal, in dem sie sich vorstellt, im Wiener Café-Restaurant *Kolibri*, ist man interessiert, doch erst einmal muss sie ihre Fähigkeiten unter Beweis stellen. Vor den Augen der beiden Chefinnen und der 14 chinesischen Angestellten soll sie einen Apfelstrudel backen. »[...] nun starrten mich alle erwartungsvoll an. [...] Mir wurde heiß und kalt und der Schweiß rann in kleinen Bächen über mein Gesicht. Ich betete ein stilles Stoßgebet.« (100) Alles geht gut. »Ich [...] habe nie vorher und auch nie nachher so einen vollkommenen Strudel zustande gebracht.« (100) Noch heiß wird er an eine japanische Offiziersgesellschaft verkauft. Nachdem noch 12 Sachertorten im Ofen sind, darf sie sich gegen Mitternacht endlich ausruhen. Ihr Einstand ist geglückt. Hier kann sie in den nächsten Jahren bleiben. Anders als viele jüdische Flüchtlinge sind die Tausigs nicht mehr auf Heime und Suppenküchen angewiesen. »Die Jahre in Shanghai waren bittere Jahre. [...] Mein Mann war vom ersten Tag an krank. Wenn es so etwas wie ein bisschen Glück in dieser Zeit gegeben hat, dann war es die Arbeit, die es mir möglich machte, ihn im wahrsten Sinne des Wortes zu ernähren.« (99)

Little Vienna in Shanghai

»Er wollte mich so, wie ich war«

Eigentlich war ihre Erziehung darauf angelegt, Hausfrau und Mutter zu werden. »An den Mann zu kommen, war damals die Lebensaufgabe eines jungen

Mädchens.« (27) Dafür lernt sie tanzen, französische Konversation, nähen und eben auch kochen. Der Vater Leopold Gatner, Holzhändler in Wien, hat es aus kleinen Verhältnissen zu Wohlstand gebracht. Er ist ein Schöngeist, der die Kinder ins Theater und in Konzerte führt und mit ihnen die klassischen Kunstsammlungen in Europa besucht. Die Mutter Laura stammt aus einer Arztfamilie im südungarischen Temesvár. Dort wird Franziska geboren. Sie liebt diesen Ort, an dem alljährlich die Sommerferien verbracht werden. Mit 18 lernt sie hier ihren späteren Mann Aladar Tausig kennen. Er sitzt mit einigen Juristenkollegen am Nebentisch im Café, spricht sie an, ihm gefällt ihre Schlagfertigkeit. Bald fährt er nach Wien und hält beim Vater um ihre Hand an. »Er fragte nicht nach Häuslichkeit, Klugheit, Geld oder Schönheit. Er wollte mich so, wie ich war.« (29) Nach der Hochzeit 1914 in Wien geht es auf Hochzeitsreise. In Belgien erreicht das Paar die Nachricht vom Attentat auf den österreichischen Thronfolger in Sarajewo, das den Ersten Weltkrieg auslöst. »In diesem Augenblick fiel meine Unbekümmertheit von mir ab und wich einem bangen Gefühl der Furcht, das nie mehr von mir weichen sollte.« (30) Die geplante Weiterreise nach London wird abgesagt, sie kehren zurück. Ihr schönes Zuhause in Temesvár können sie nur ein paar Tage bewohnen, dann wird Aladar Tausig eingezogen. Seine Frau versucht, wann immer es geht, an seiner Seite zu sein. Als sie hört, dass er verwundet ist, setzt sie Himmel und Hölle in Bewegung, um ihn zu sehen, reist an die Front, lässt sich zurückschicken, kommt wieder, erreicht schließlich seine Verlegung in ein Militärhospital nach Wien. Durch eine Schussverletzung wird er auf einem Ohr taub. Als der Krieg 1918 zu Ende ist, gibt es Österreich-Ungarn nicht mehr. Temesvár gehört jetzt zu Rumänien. Aladar Tausig verliert damit nicht nur seine Heimat, er kann auch seinen Beruf als ungarischer Rechtsanwalt nicht mehr ausüben. Er zieht mit seiner Frau nach Wien, von seinem Schwiegervater bekommt er eine Stelle im dessen Unternehmen angeboten, auch wenn er Sozialdemokrat ist und nicht wirklich zum Geschäftsmann taugt. 1922 kommt das einzige Kind der Tausigs, ihr Sohn Otto, zur Welt. »Zwanzig Jahre lebten wir in Wien ein arbeits- und erfolgreiches Leben.« (42)

»Bitten, betteln, verzweifeln«

Damit ist es 1938, nach dem »Anschluss« Österreichs an das nationalsozialistische Deutschland, vorbei. Wieder werden sie »mit Stumpf und Stiel entwurzelt« (47). Der Sohn wird als Jude aus dem Gymnasium geworfen, die Firma von Franziska Tausigs Vater konfisziert. Nach und nach beginnt man Hausrat, Tischwäsche, Schmuck zu verkaufen. Franziska Tausig übernimmt mehrere Putzstellen in jüdischen Familien, die ihr arisches Personal entlassen mussten, ihr Mann kümmert sich um den Haushalt. Die ganze Zeit suchen sie nach einer Ausreisemöglichkeit. Die Situation wird immer brenzliger, Verhaftungen und Schikanen sind an der Tagesordnung. Um wenigstens ihren Sohn zu retten, gibt Franziska Tausig für ihn eine Anzeige in der *London Times* auf, die ihm schließlich die Emigration ermöglicht. Ihr Mann wird verhaftet, doch sie kann ihn mit einem teuren fingierten Ausreiseticket freibekommen. Danach gibt sie ihre Arbeit auf und die beiden kümmern sich Tag und Nacht abwechselnd um eine Fluchtmöglichkeit. »[...] suchen, warten, bitten, betteln, verzweifeln.« (58) Zwischendurch denken sie sogar an Selbstmord. Und dann sehen sie plötzlich eines Tages in einem Reisebüro die Schiffspassagen nach Shanghai. Auch Franziskas zwölf Jahre jüngerer Bruder Artur fährt mit ihnen nach China.[3] Im Buch wird er allerdings an keiner einzigen Stelle erwähnt. Die Eltern bringen sie zum Zug nach Hamburg. Es ist das letzte Mal, dass sie sich sehen. Laura und Leopold Gatner werden 1943 nach Theresienstadt deportiert und im Vernichtungslager Treblinka ermordet. Eine Schwester kommt im ehemaligen Jugoslawien um.

»Es war ein Glück, dass ich so viel Kraft besaß«[4]

»[M]eine Arbeitszeit kannte fast keine Grenzen.« (101) In Shanghai arbeitet Franziska Tausig sieben Tage in der Woche im *Kolibri*. Ihr Dienst beginnt um fünf Uhr morgens mit der Fahrt auf den Markt. Vieles ist neu für sie, »am Anfang wusste ich von den wenigsten Waren, wozu man sie verwenden konnte« (101). Die vielen Bettler fallen ihr auf, die Armut, »ein unvorstellbares Elend« (102). Obwohl sie und ihr Mann, wie die meisten Flüchtlinge, nie wirklich Chinesisch lernen und weitgehend unter sich bleiben, wird aus den Aufzeichnungen doch an einigen Stellen ein anderes Verhältnis zu den Einheimischen deutlich als bei den wohlsituierten alteingesessenen Chinadeutschen. Die Hierarchie ist im Exil zumindest teilweise aufgebrochen. Man lebt eng nebeneinander, in derselben ärmlichen Umgebung, muss sich ebenso mühsam durchschlagen und ist stärker aufeinander angewiesen.

Jeden Tag freut Franziska Tausig sich auf den Abend, wenn ihr Mann sie abholt und sie in der Abendkühle am Flussufer spazieren gehen können. Was im Restaurant an Essen übrig geblieben ist, darf sie mitnehmen und gemeinsam mit ihm genießen. Als sie später gelegentlich auch sonntags frei hat, gönnen die beiden sich manchmal einen Besuch in der vornehmen Konditorei *Kiessling und Bader,* in der viele weißrussische Flüchtlinge verkehren, echte und falsche ehemalige Exzellenzen, die dort in Erinnerungen an die Vergangenheit schwelgen. Aladar Tausig wird immer schwächer, er leidet an Tuberkulose und muss viel liegen. Das schwüle Klima tut ihm nicht gut, hinzu kommen die allgegenwärtigen Krankheiten, »Cholera, gelbes Fieber, Tuberkulose und der Fäulnisgeruch der vielen verwesenden Kadaver« (93). Franziska Tausig engagiert eine chinesische Hilfe, die sich tagsüber um ihn kümmert. Freunde, die ihn besuchen, müssen sich immer wieder seine Erzählungen über den Sohn anhören. Seit Kriegsbeginn 1939 haben die Tausigs kaum Nachrichten von Otto. Sie wissen nicht, dass er zwei Jahre lang als »Enemy Alien« (feindlicher Ausländer) interniert wird. In den seltenen Rotkreuzbriefen versichern sich Eltern und Sohn gegenseitig, wie gut es ihnen geht.

Im Frühjahr 1943 müssen alle jüdischen Flüchtlinge in ein festgelegtes Areal im Stadtteil Hongkou übersiedeln, eine Art Ghetto, das sie nur mit einem Passagierschein verlassen dürfen. Das *Kolibri* wird gesperrt, die Angestellten entlassen. Die Tausigs stehen wieder

Anzeige aus der »Gelben Post« in Shanghai

vor dem Nichts. Franziska Tausig hat die Idee, Wiener Mehlspeisen in einem Tragekorb an Gasthäuser zu verkaufen. Als sie in einer Bäckerei fragt, ob sie dort backen dürfe, bietet der armenische Besitzer ihr und ihrem Mann an, eine Filiale seiner Bäckerei im Emigrantenviertel zu übernehmen. Kuchen und Backwaren würden geliefert, wohnen könnten sie in einer kleinen, nicht heizbaren Kammer über dem Café. Die Freude über diese Möglichkeit ist groß, vor allem Aladar Tausig ist so froh, auch wieder etwas tun zu können, dass ihnen erst nach und nach klar wird, wie schlecht die Bedingungen des Vertrages sind, den sie – ohne ihn lesen zu können – unterschrieben haben. »[...] wir schufteten von drei Uhr morgens bis in die späte Nacht.« (120) Dafür dürfen sie nur zehn Prozent des Umsatzes behalten. Ihre letzten Ersparnisse hat der Besitzer als Kaution einbehalten. Die *Welcome-Bakery* lässt sich gut an, zunächst verkehren vor allem jüdische Flüchtlinge dort, die sich über die monatealten Zeitungen aus Europa freuen. Später kommen auch junge Matrosen, die heimlich ihren Tee oder Kaffee mit Wodka aufpeppen. »Bald nannten uns alle Papa und Mama.« (120) Jahre später beschreibt Franziska Tausig in einem Artikel dieses Café als Ort, wo Platz für alle war: »Sieger und Besiegte, Freunde und Todfeinde, Weiße, Gelbe, Schwarze, Blondhaarige, Blauäugige, chinesische Händler, japanische Matrosen, indische Sikhs, englische Lehrerinnen, russische Wächter, deutsche Emigranten [...].«[5] Das geht so lange gut, bis eines Tages ein schwedischer Matrose zu einem Brotmesser greift, betrunken damit herumfuchtelt und schreit: »Juden hinaus!« (121) Die Stammkundschaft ist verschreckt, der Umsatz geht zurück.

»Ich brüllte den Herrgott an«

Aladar Tausig geht es immer schlechter. Ein befreundeter Arzt macht ihnen keine Hoffnungen mehr. Er veranlasst die Einweisung in das von Nonnen geführte *General Hospital*. Franziska Tausig kann dort bei ihrem Mann bleiben und sich um seine Pflege kümmern. Sie verkauft alles, was sie noch hat, einen Schrank, den Ehering, ein Wollkostüm, um Sauerstoffpatronen und Transfusionen für ihren Mann zu kaufen. Die Kaution, die sie endlich zurückbekommt, ist schon am nächsten Tag aufgrund einer Hyperinflation in China nichts mehr wert. Sie reicht gerade noch für zwei Injektionsampullen, die sich als gefälscht erweisen.

Eines Tages wünscht ihr Mann sich plötzlich einen Pfannkuchen. Franziska Tausig rennt nach Hause, um ihm einen zu backen. Als sie zurückkommt und ihn füttern will, ist er tot. »Ich brüllte wie ein Tier. Ich brüllte den Herrgott an, der mir das angetan hatte. Das Brüllen wollte nicht mehr aufhören, wurde dann aber leiser, so dass nur noch ich allein es hören konnte. Ich aber höre es nun schon dreißig Jahre lang.« (128) Eine junge chinesische Prostituierte, mit der sie sich angefreundet hat, steht ihr bei und sieht fast täglich nach ihr. »Kein Europäer besuchte mich in diesen Tagen, und der Erste, dem ich begegnete, sprach mir sein Beileid in bewegten Worten aus und fragte mich dann nach den Kleidern meines Mannes.« (112) Franziska Tausig ist wie betäubt. »Uns geht es gut, wir sind gesund« (129), schreibt sie an den Sohn. Der Wunsch, ihr Kind eines Tages wiederzusehen, lässt sie durchhalten.

»Plötzlich stand alles still«

Die *Welcome-Bakery* ist inzwischen anderweitig verpachtet. Franziska Tausig verdingt sich als Wäscherin und Haushaltshilfe. Später findet sie eine Stelle als Hilfskraft in der Spitalsküche des Emigrantenhospitals. Dort arbeitet eine bunt zusammengewürfelte Gesellschaft »aus ehemaligen Hotelbesitzern, Hilfsarbeitern, Professorensöhnen, Vertretern von Stoff- und Seidenwaren, Kürschergehilfen, einem Schuhfabrikanten [...]« (135), darunter auch die mütterliche Elsa, eine ehemalige Handarbeitslehrerin aus Wien, die sie unter ihre Fittiche nimmt und dafür sorgt, dass sie wieder auf die Beine kommt. Der Krieg nähert sich dem Ende, es beginnen die großen Bombenangriffe auf Shanghai. Franziska Tausig hat »entsetzliche Angst« (137). Da es keine Keller und Luftschutzbunker gibt, verbringt sie fast jede Nacht unter ihrem Bett. »Und plötzlich stand alles still. [...] – keine Luftangriffe, keine Brandbomben, kein Alarm, keine Entwarnung.« (141) Niemand weiß, ob der Krieg zu Ende ist, aber in der Küche beschließen sie, ein Fest zu feiern, »eines der bemerkenswertesten Feste in meinem Leben« (141). Alte Schätze aus der Vergangenheit werden hervorgezaubert, Tischwäsche aus einem Berliner Hotel, Leuchter und Silberbestecke aus ehemaligen Elternhäusern. Und die Menschen verwandeln sich von unscheinbaren Küchenhilfen in eine illustre Gesellschaft in Abendkleidern und Smokings, mit seidenen Krawatten, goldenen Manschettenknöpfen, alle frisch frisiert von einem Wiener Friseur. »Es war die größte Verwandlung, die je außerhalb einer Bühne stattgefunden hat.« (142) Nach dem Essen gibt es eine improvisierte Kabarettvorstellung und anschließend tanzen alle zu Walzermusik. Als Japans Kapitulation bekannt wird, geben sich Einheimische und Flüchtlinge dann dem gemeinsamen Freudentaumel hin. »Die Zeit der Siegesfeiern war großartig und ich kam viele Tage und Nächte nicht zur Ruhe. [...] Ich glaube, in der dritten Nacht hat man mich auf einem Karren nach Hause gefahren.« (150 f.)

Und nun? Fast keiner der Flüchtlinge will in China bleiben. Shanghai war immer nur als Übergang gedacht. Nach Aladars Tod haben sich mehrere Männer um Franziska Tausig bemüht, einige wollten mit ihr in die USA oder nach Australien auswandern. Doch sie entschließt sich zur Rückkehr nach Wien, als sie hört, dass ihr Sohn dort ist. Es kommt deshalb zu einem furchtbaren Streit mit ihrem Bruder, der nicht versteht, wie man in dieses Land zurückkehren kann, nach allem, was passiert ist. Die Geschwister haben daraufhin jahrzehntelang keinen Kontakt mehr.[6] Vielleicht ist der Schmerz um den verlorenen Bruder der Grund, warum Artur Gatner in den Aufzeichnungen nicht erwähnt wird. Er wandert nach Kanada aus.[7] Und Franziska Tausig steht eines Tages 1947 furchtbar aufgeregt auf dem Bahnhof in Wien. Die Haare hat sie noch in China schwarz gefärbt, ihr Sohn soll sie nicht alt finden. Sie wartet und wartet. Und dann kommt ein junger Mann auf sie zu und fragt schüchtern. »Entschuldigung, gnädige Frau, [...] sind Sie vielleicht meine Mama?« (192)

Franziska Tausig in Wien, um 1960

»Sie haben mich alle allein gelassen«

Mit dieser Szene enden die Aufzeichnungen von Franziska Tausig. Ein Happy End, das Wiedersehen mit dem Sohn nach neun Jahren Trennung. Doch so einfach ist es nicht. Der renommierte Regisseur und Schauspieler Otto Tausig beschreibt in seiner Autobiografie, wie schwierig ihre Beziehung tatsächlich war. Als sie sich wiedersehen, ist er ist ein junger Mann von 25 Jahren, verheiratet, mit eigenen Ideen vom Leben, aber seine Mutter will dort ansetzen, wo sie ihn verlassen musste. »Und dann kamen wir zu Hause an und sie sagte: Also, das hört jetzt auf, erstens mit der Schauspielerei und zweitens mit den Kommunisten.«[8] Stattdessen soll er Bankbeamter werden. Sie ist so überfürsorglich und übergriffig, dass sie ihn damit von sich wegtreibt. Der Enkel erzählt von schrecklichen Familien-Sonntagnachmittagen bei der Großmutter, die jedes Mal in Streit ausarten. Vieles macht sich am Essen fest. In Shanghai war es Franziska Tausigs Glück, ihren Mann ernähren zu können. Doch sie konnte ihn nicht retten. Nun versucht sie es bei Sohn und Enkel, drängt ihnen ständig etwas zu essen auf. Sie ist traumatisiert, ihr Verhalten ist zwanghaft und sie kann es nicht ändern. Wie sehr sie unter der Ablehnung leidet, wird in einem Artikel deutlich, in dem sie – bitter, wenn auch durchaus selbstironisch – über den Enkel schreibt, der erwachsen wird und keine Zeit mehr für die Oma hat. »Ich war in meinem Leben in drei Männer [Mann, Sohn und Enkel] verliebt. [...] Sie haben mich alle allein gelassen.«[9]

Franziska Tausig lebt in Wien allein und arbeitet in der Pensionsversicherungsanstalt. Sie gönnt sich kaum etwas, spart alles für den Sohn. Mit anderen Leuten aus dem Exil hat sie noch lange Kontakt, es gibt regelmäßige Treffen in einem Kaffeehaus. Jahrzehntelang schreibt sie an einem Buch über die Zeit in Shanghai. Kleine Szenen und Erlebnisse veröffentlicht sie schon vorab in Artikeln für verschiedene sozialdemokratische Zeitungen, bevor *Shanghai Passage* 1987, zwei Jahre vor ihrem Tod, erscheint. Auch Otto Tausig ist von seinen Erfahrungen geprägt. Er setzt sich für humanitäre Projekte gegen Kinderarbeit und für minderjährige, unbegleitete Flüchtlinge ein. 2014 wird der Tausigplatz in Wien-Wieden nach Mutter und Sohn benannt.

1 Tausig, Franziska (2007): Shanghai Passage. Emigration ins Ghetto. Wien, S. 81 f. (Im Folgenden Seitenzahlen nach den Zitaten).
2 Das International Settlement wird erst 1941 nach dem japanischen Angriff auf Pearl Harbour und dem Kriegseintritt der USA besetzt.
3 Lt. Telefonat mit dem Enkel Wolfgang Tausig am 22.4.2022. Wie Artur Gatner an ein Ticket gekommen ist, kann nicht mehr geklärt werden.
4 Tausig, Franziska (2007), a.a.O., S. 101.
5 Tausig, Franziska (1955): Café International. In: Arbeiter-Zeitung, Nr. 47. 26.2.1955. Die Beschreibung gibt auch einen kleinen Einblick, wie international Shanghai zu dieser Zeit war.
6 Lt. Telefonat mit Wolfgang Tausig. Wie heftig die Auseinandersetzungen über dieses Thema waren, erzählte auch die in Shanghai geborene Sonja Mühlberger (Gespräch am 9.10.2022 in Berlin). Sie wurde – als Kind – von anderen Flüchtlingen angespuckt, als bekannt wurde, dass ihre Eltern nach Berlin zurückkehren wollten.
7 Lt. Wolfgang Tausig versuchte die Familie jahrelang, ihn zu finden. Als sie eine Adresse in Kanada hatten, flog er hin. Er fand seinen Großonkel dort ziemlich heruntergekommen und gesundheitlich angeschlagen in ärmlichen Verhältnissen.
8 Tausig, Otto (2010): Kasperl, Kummerl, Jud. Eine Lebensgeschichte. Wien, S. 76.
9 Tausig, Franziska (1966): Die letzte Liebe. In: Die Frau, Nr. 33, 13.8.1966, S. 6.

Eleanor von Erdberg, um 1930

»Vielleicht spürten wir Fremde die Vergänglichkeit der Schönheit um uns«

Eleanor von Erdberg

geb. von Erdberg, verh. Consten
Kunsthistorikerin
(1907 – 2002)

»Gab es irgendwo sonst auf der Welt ein so großes Angebot von schönen alten Dingen? [...] Ich glaube, ich habe keinen Ausländer in Peking getroffen, der nicht sammelte, der nicht aufhob, was ihm vor die Füße geworfen wurde. [...] Sammeln war für viele von uns eine Leidenschaft, die mit der eines Spielers zu vergleichen ist, nur ging es um noblere Gelüste und Gewinne.«[1]

Eleanor von Erdberg ist 27 und hat bereits in Kunstgeschichte über ein China-Thema promoviert, als sie 1934 endlich – von Japan aus – das Land, über das sie schon so viel gelesen hat, besuchen kann. »Nichts in Japan hatte mich auf China vorbereitet. Land und Menschen waren so verschieden wie zwei Welten. [...] Darum war der Eindruck, den China auf mich machte, unerwartet und überwältigend.« (143) Zwischen den Welten zu stehen, seien es verschiedene Länder oder unterschiedliche Gesellschaftsschichten, ist für sie allerdings nichts Neues. Das Gefühl kennt sie seit ihrer Kindheit und es wird sie ihr Leben lang begleiten.

»Ein ehrgeiziges Ziel«[2]

Eleanor wächst in einem bildungsbürgerlichen, wenn auch nicht unbedingt reichen Elternhaus in Berlin auf. Der Vater, Robert von Erdberg, stammt aus baltendeutschem Adel, die Mutter Amy ist US-Amerikanerin mit deutschen Wurzeln. Einerseits gehört man zur Berliner Gesellschaft, hat Personal und es ist selbstverständlich, dass Eleanor und ihre ältere Schwester Monica auf eine Privatschule gehen. Andererseits wohnt die Familie in einem Haus des Spar- und Bauvereins am Rande eines Arbeiterviertels, was den Schulweg für die Erdberg-Schwestern zu einem Spießrutenlaufen macht, denn die Nachbarskinder tragen den Klassenkampf auf ihre Weise aus. »Sie rissen uns an den Haaren, prügelten uns aus dem Sandkasten, ließen uns nicht an die Schaukel und beschimpften uns so ausgiebig, daß wir perfekt berlinern lernten.« (20) Robert von Erdberg arbeitet in der Zentralstelle für Volkswohlfahrt in Berlin und hat es sich zur Lebensaufgabe gemacht, die Situation der Arbeiterklasse durch Bildung zu verbessern. Für seine Tochter ist er ein bewundertes und geliebtes Vorbild. Die eher zart besaitete Mutter, eine Violinistin, hat nach der Heirat ihr Musikstudium aufgegeben und unterstützt die Ideale ihres Mannes. Zum Haushalt gehören auch immer wieder Teile der Großfamilie, wie die Malerin Tante Mary, eine Schwester der Mutter, die geliebte Großtante Aunt Eliza und später auch die Tanten, Neffen und Nichten aus der väterlichen Verwandtschaft.

Schon mit 15 Jahren ist Eleanor von Erdberg klar, dass sie Kunstgeschichte studieren will, zur Freude ihres Vaters, der sich selbst diesen Traum aus Vernunftgründen versagt hat. Von 1927 bis 1931 studiert sie in Bonn, Berlin und Wien Kunstgeschichte, Archäologie und Sinologie. Sie spezialisiert sie sich auf ostasiatische Kunst, damals noch ein ungewöhnliches Fachgebiet, für das es kaum Lehrer gibt. Der Tod des Vaters 1929 stürzt die Familie finanziell in eine Krise, nur dank eines Stipendiums kann seine Tochter ihr Studium beenden. 1931, mit 23 Jahren, promoviert die Kunsthistorikerin über den chinesischen Einfluss in der europäischen Gartenbaukunst.[3] Wofür sie später den gut gemeinten Rat bekommt: »Sage nie, daß du den Doktortitel hast. Kein junger Mann, der das erfährt, wird dich je ausführen.« (125) Sie hat ohnehin das Gefühl, ein Mauerblümchen zu sein, ein Blaustrumpf mit hässlicher Brille, den die Männer eher als guten Kumpel denn als Mädchen zum Heiraten wahrnehmen. Um etwas extravaganter zu wirken, lässt sie sich früh einen Bubikopf schneiden und ersetzt die Brille zeitweise durch ein Monokel.

Es ist die Zeit der Wirtschaftsdepression. Die Arbeitslosigkeit ist hoch und niemand wartet auf eine junge Kunsthistorikerin. Ihrer Mutter gelingt es jedoch, ihr eine Stelle als Assistentin am Fogg Art Museum in Harvard zu vermitteln. In den USA fühlt Eleanor von Erdberg sich zunächst fremd, mit anderen deutschen Studierenden pflegt sie das Heimweh nach Europa. »Wir waren Kultur-Snobs; unser Europäer-Hochmut verstellte uns den Weg zum Verständnis für die guten Seiten von Amerika.« (118) 1934 hat sie das große Glück, ein Stipendium für einen Studienaufenthalt in Japan zu bekommen. Sie hofft, über diesen Umweg nun auch endlich China sehen zu können.

»Jetzt beginnt das Leben – in Japan und China«[4]

Anders als in den USA, fühlt sich die junge Stipendiatin in Japan sofort zu Hause. Sie lernt die Sprache und die »anstrengenden Freuden eines Lebens auf Japanisch« (137), macht sich mit der Kultur vertraut, besucht Tempel und unternimmt Ausflüge. Noch im selben Jahr fährt sie zum ersten Mal nach China, in die alte Kaiserstadt Peking, die seit 1928 nicht mehr Hauptstadt ist, da sich die Nationalregierung im südlichen Nanjing niedergelassen hat.

Als Kunsthistorikerin fällt Eleanor von Erdberg sofort auf, wie unterschiedlich man in Japan und China mit den eigenen Kulturgütern umgeht. In China scheint man die alten Traditionen kaum wertzuschätzen, hier hat »der westliche Kitsch längst gesiegt« (144). Restauriert wird nur, was für den Tourismus interessant scheint, viele Tempel und Paläste verfallen, »Putz bröckelte, Gras wuchs zwischen Marmorfliesen«. Doch selbst in dieser Vernachlässigung lässt sich noch die Vergangenheit erahnen und entfaltet einen eigenen Zauber. »Vielleicht spürten wir Fremde die Vergänglichkeit der Schönheit um uns und klammerten uns darum in wachsender Liebe an diese Stadt.« (145)

Auf ihren Ausflügen in die Umgebung ist sie meist zu Pferd unterwegs, begleitet von Hermann Consten, genannt Etzel, der in Peking einen Reitstall besitzt und

Eleanor von Erdberg beim Hufschmied, 1934

Pferde verleiht. Er ist 30 Jahre älter als sie, klein und stämmig, und hatte schon ein abenteuerliches Leben als Assistent auf einer Kaffeeplantage in Afrika und Offizier in türkischen Diensten, vor allem aber als Mongoleiforscher, Schriftsteller und Fotograf hinter sich, bevor er mittellos in Peking strandete.[5] »Er war mir der ideale Führer, weil ihn alles interessierte, weil er über erstaunlich viele Plätze Bescheid wußte und weil er nicht nur auf alles einging, was ich sehen wollte, sondern mir viel mehr erschloß, als ich zu sehen erwartet hatte.« (146) Als sie im Frühjahr 1935 zum zweiten Mal kommt, holt Consten sie bereits vom Bahnhof ab.

Würde sie ihn heiraten, wenn er wieder zu Geld kommen könnte, fragt er sie vor der Rückreise. Sie zögert, obwohl ihr bewusst ist, dass sie sich verliebt hat. Es geht ihr nicht um Geld, doch sie ist sich nicht sicher, ob ihrer beider Einstellung zum Leben nicht zu unterschiedlich ist. »Etzel war ein Abenteurer [...]. Aber konnte man so sein ganzes Leben führen? Ich war im Grunde keine Abenteurernatur; meine Erziehung lehnte sich gegen diese Art der Lebensführung auf.« (164) 1936 heiratet das ungleiche Paar in Japan. Da ihr Harvard nach dem Ende des Stipendiums keine Stelle anbieten kann, entschließen sie sich, zunächst in Peking zu leben.

Eleanor von Erdberg als Braut, 1936

»Ich war glücklich, in China leben zu dürfen«[6]

Als sie nach Monaten dort ankommen, sind Constens Pferde und Hunde fast verhungert. Die Diener haben das Futtergeld veruntreut. Das Haus ist verkommen, der Strom ist schon seit Jahren abgestellt. Die Befürchtungen der jungen Frau scheinen sich zu bewahrheiten. »Unsere Existenz hatte keine tragfähige wirtschaftliche Grundlage.« (181) Zudem sind sie sozial isoliert. Consten hat sich in der deutschen Gemeinde nicht beliebt gemacht. Ob er wirklich, wie seine Frau schreibt, auf Befehl von oben geächtet wird, weil er 1934 aus der NSDAP ausgetreten ist, darf bezweifelt werden. Die meisten Deutschen in Peking nehmen es mit der nationalsozialistischen Ideologie nicht so genau. Sein Austritt scheint zudem eher aufgrund persönlicher Querelen als aus politischer Überzeugung erfolgt zu sein. Er denkt sonst durchaus deutschnational.[7]

In den folgenden Jahren baut sich das Paar nach und nach eine Existenz auf. Eleanor Consten übernimmt verschiedene Lehraufträge an Universitäten, sie unterrichtet Deutsch und Englisch, Kunstgeschichte und Japanisch, je nachdem, was gerade gefragt ist. »Ich habe oft an einem Tage fünf Sprachen gebraucht: Deutsch, Englisch, Französisch, Chinesisch und Japanisch. Man denkt sich nichts dabei; man wundert sich nur, warum man am Abend völlig erschöpft ist.« (254) Sie führt Fremde durch die Stadt, hält kunsthistorische Vorträge in der Deutschen Gemeinde, tippt Bücher ab, begleitet Kunstsammler und berät sie. Ihr Mann kümmert sich um den Reitstall, gibt Reitunterricht und macht Exkursionen. Dass seine Frau mehr zum gemeinsamen Lebensunterhalt beiträgt als er, macht ihm zu schaffen, auch der große Altersunterschied führt zu Misstrauen und Eifersuchtsszenen. Doch Eleanor Consten weiß zu schätzen, dass ihr Mann ihre Fähigkeiten achtet, stolz auf sie ist und sie in ihren wissenschaftlichen Ambitionen vorbehaltlos unterstützt und ermutigt. »Er gab mir das Gefühl, daß ich etwas zu sagen hatte.« (221) Allmählich bildet sich ein internationaler Freundes- und Bekanntenkreis aus Diplomaten, Literaten, Gelehrten und Kunstinteressierten. Peking zieht andere Menschen an als die Kaufmannsstadt Shanghai. Zudem ist die ausländische Gemeinde relativ klein, so dass der Zusammenhalt über nationale Grenzen hinweg enger ist. Trotz aller Anstrengungen bleibt das Leben der Constens jedoch die ganze Zeit über prekär, immer wieder stellen die politischen Veränderungen alles Erreichte in Frage.

»Der Zauber dieser Stadt«

Die alte Kaiserstadt mit ihrer symmetrischen Anlage, ihrer mächtigen Stadtmauer und den nach außen abgeschlossenen Wohnhöfen fasziniert die Kunsthistorikerin. Sie sieht in dieser Architektur ein philosophisches Prinzip verwirklicht, das sie vielleicht gerade deshalb anspricht, weil es scheinbar getrennte Welten miteinander verbindet: »Die Zweiteilung des Lebensraumes war wohl ein Teil des Zaubers dieser Stadt. [...] Der Chinese denkt nicht in Gegensätzen, sondern in Ergänzungen. So war die Stadt durch diese Zweiheit von Innen und Außen, die sich zum Ganzen ergänzten,

Himmelstempel in Peking

geprägt. Die gesamte Anlage Pekings unterlag diesem Gesetz.« (185)[8]

Zur Abgeschlossenheit der Hofhäuser gehört die pulsierende Vitalität des Straßenlebens mit seinen Händlern, Handwerkern und Garküchen. Sie alle machen sich mit einem speziellen Klang bemerkbar, der ihre Kundschaft aus den Häusern lockt, und tragen damit ihren Teil zum allgemeinen Straßenlärm bei. Fahrräder klingeln, Rikschakulis tauschen Tratsch aus und rufen sich Beleidigungen zu, alte Herren tragen ihre Singvögel in Käfigen spazieren, Hochzeitszüge und Beerdigungen ziehen durch die Straßen. »Vierzehn Jahre lang schenkte mir die Straße täglich neue Erlebnisse, Bilder, Farben, Töne, Situationen.« (206) Eleanor Consten ist dabei bewusst, dass sie als Ausländerin privilegiert ist. »Ich durfte an allem teilhaben und war doch durch mein Fremdsein vor Härten geschützt. Ich durfte miterleben, aber es wurde von mir kein Einsatz verlangt.« (206)

Wenn ausnahmsweise etwas Geld übrig ist, gönnt sie sich einen Besuch auf Trödel- und Antiquitätenmärkten, um vielleicht ein Schnäppchen zu ergattern, wenigstens ein paar Scherben alten Porzellans, die sie als Anschauungsobjekt für ihre Vorträge verwenden könnte. Peking ist voll von schönen, alten Dingen, die nicht mehr geschätzt werden und durch westliche Billigware ersetzt worden sind. Sie ist nicht die einzige Ausländerin, deren Jagdfieber dadurch geweckt wird. Auf Gesellschaften in den Botschaften, auf Cocktailpartys bei Großkaufleuten, überall wird über die neuesten Erwerbungen und ihre Preise geredet. Nicht selten entdeckt die Kunsthistorikerin, dass das Geld für Fälschungen ausgegeben wurde. Bald fragt man sie vor dem Kauf um Rat und sie kann dadurch ihre Kenntnisse immer mehr erweitern.

»Wie Millionen Chinesen wollten auch wir überleben«

Im Juli 1937 marschiert die japanische Armee in Peking ein. Anders als später in Shanghai gibt es kaum Kämpfe. Die Einheimischen öffnen die Stadttore und versuchen sich zu arrangieren. Genau wie die Deutschen, seit 1936 offiziell Verbündete Japans. »Die Japaner wußten, daß fast alle Deutschen, die in Peking lebten, auf Seiten der Chinesen standen, aber danach handeln konnte man natürlich nicht. Die Japaner waren die Besatzungsmacht; man fügte sich. Wie Millionen Chinesen wollten auch wir überleben.« (221) Die Besatzer führen den Rechtsverkehr und Choleraimpfungen ein. In ihrem Wohnhof gewähren die Constens den Familienangehörigen der Hausangestellten Unterschlupf, die vor den Übergriffen japanischer Soldaten in die Stadt geflüchtet sind. Diese revanchieren sich später, als die Versorgungslage in der Stadt schwierig ist, mit Lebensmitteln. »Sie rechneten uns zu ihrem Familienverband. Es war in den folgenden Jahren von unschätzbarem Wert, wenn man treue Chinesen auf seiner Seite hatte.« (244) Ansonsten ändert sich zunächst wenig. Nur Ausflüge in die Umgebung werden zunehmend unmöglich. Nicht nur wegen der Japaner, sondern auch weil kommunistische Guerillagruppen von Norden kommen und in den Westbergen Stellung beziehen.

Als 1939 in Europa der Zweite Weltkrieg beginnt, bewährt sich der Zusammenhalt der internationalen Gemeinde in Peking. »Der Krieg änderte nichts an unserem freundschaftlichen Verhältnis zu den Angehörigen anderer Nationen, auch nicht zu denen, mit deren Land Deutschland Krieg führte.« (257) Die patriotischen Feiern in der deutschen Botschaft werden mit »begrenzter Begeisterung« (257) absolviert und viele Deutsche verkehren auch freundschaftlich mit jüdischen Flüchtlingen. Berichte über Gräueltaten der Nazis, die von ausländischen Sendern verbreitet werden, hält man für feindliche Propaganda. Etzel Consten wird trotz seines Parteiaustritts zum Bibliothekar des *Deutschen Clubs* ernannt und seine Frau bekommt von der Botschaft überraschend eine monatliche Unterstützung, weil der

Deutschunterricht, den sie gibt, jetzt als »wichtige Kulturarbeit« (257) gilt.

Schwieriger wird die Situation nach dem Angriff der Japaner auf Pearl Harbor im Dezember 1941 und dem darauffolgenden Kriegseintritt der USA. Eleanor Consten ist sofort klar, dass Deutschland nun den Krieg verlieren wird. Mit ihrem Mann kann sie darüber jedoch nicht sprechen. US-amerikanische und englische Freunde, Freundinnen und Bekannte werden verhaftet und interniert. Die Constens machen sich große Sorgen um sie. Gleichzeitig verlieren sie mit ihnen auch einen wichtigen Teil ihrer finanziellen Basis. In dieser Situation ist die deutsche Gemeinde die Rettung. »Das kulturelle Interesse in der deutschen Kolonie belebte sich zusehends, da wir nun auf uns allein angewiesen waren. [...] Wir konnten sicher sein, daß man uns nicht unter die Grenze des Existenzminimums fallen lassen würde, darum ging es uns verhältnismäßig gut.« (268) Allerdings ist das üppige Essen, das es bei Vortragsabenden gibt, für sie so ungewohnt, dass sie sich regelmäßig hinterher übergeben muss.

Nach dem Krieg kommt zunächst die US-Army nach Peking. Jetzt sind es die Deutschen, die ihre Häuser und ihren Besitz zurücklassen müssen. Wer in der Partei war, wird repatriiert. Constens können bleiben. »[...] wir lebten in dem Glauben, immer in Peking bleiben und unser Auskommen finden zu können.« (296 f.) Sie überlegen sogar, ob sie nicht Eleanors Mutter zu sich holen sollen. Doch schon bald ist auch die Zeit der Amerikaner vorbei und die Kommunisten ziehen siegreich ein. Am 1. Oktober 1949 ruft Mao Zedong auf dem Platz des Himmlischen Friedens die Volksrepublik China aus, Peking wird wieder Hauptstadt. Dass vom Kommunismus nichts Gutes zu erwarten ist, darin sind sich Etzel und Eleanor Consten einig. Doch erst mit dem Ausbruch des Korea-Krieges im Juni 1950 wird die Situation für die wenigen verbliebenen Ausländerinnen und Ausländer wirklich bedrohlich. Es kommt zu Beschlagnahmungen und Verhaftungen. Einige Bekannte verschwinden plötzlich. »Von nun an lebten wir mit der Angst. Jede Nacht könnte es an der Türe klopfen.« (309)

»Nicht mehr Beobachten, sondern Schaffen und Erreichen«

Als sich die Möglichkeit bietet, eine Schiffspassage nach Deutschland zu bekommen, greift Eleanor Consten sofort zu. Es gelingt ihnen, 24 Kisten Gepäck mitzunehmen, darin trickreich verpackt viele ihrer angesammelten Schätze, die eigentlich nicht mehr ausgeführt werden dürfen. Am Neujahrsabend 1950 kommt das Paar in Deutschland an und landet schließlich in Aachen, der Heimatstadt von Etzel Consten. Sie werden zwar liebevoll aufgenommen, müssen jedoch – wie vie le zurückgekehrte Chinadeutsche – die Erfahrung machen, dass man die letzten Jahrzehnte in verschiedenen Welten verbracht hat. Die Constens haben weder die Nazi-Zeit noch den Krieg in Deutschland erlebt. »Das stand wie eine Mauer zwischen uns und den Menschen, die wir von früher her gut zu kennen meinten.« (331)

Eleanor Consten bekommt im Nachkriegsdeutschland die Chance, eine wissenschaftliche Karriere zu machen. Sie habilitiert über antike chinesische Bronzen, wird

Eleanor von Erdberg, 1996

Professorin an der TU Aachen und später auch in Bonn und entfaltet eine reiche Vortragstätigkeit auf der ganzen Welt. »Nun wurde ich beachtet und anerkannt. Mein Leben war nicht mehr Beobachten, sondern Schaffen und Erreichen, nicht mehr Überleben, sondern Vorankommen.« (335) Ihr Mann stirbt 1957. Einige Jahre später heiratet sie erneut, einen Mann, der genauso heißt wie ihr Vater: Robert von Erdberg, Cousin und Jugendliebe aus Berliner Studientagen. Sie hat ihn auf einer

Vortragsreise in den USA – wo inzwischen auch ihre Mutter lebt – wiedergetroffen. Neun Jahre lang, bis zu seinem Ruhestand, pendelt sie zwischen Deutschland und den USA hin und her, wieder zwischen den Welten. »Fünf Monate des Jahres war ich in Amerika zu Hause. Viermal im Jahr stellte ich mich um; ich hatte andere Tischmanieren, andere politische Interessen, schuf mir eine andere Umgebung.« (386) Allein und – bis zu seinem Tod 1989 – gemeinsam mit ihrem Mann bereist sie die ganze Welt, immer neugierig und bereit, sich anregen zu lassen. Doch sie kehrt nie wieder nach Peking zurück. Das moderne, kommunistische China will sie nicht kennenlernen. »Meine Erinnerungen sind wie der Küchenjunge im Dornröschenschloß, der lieber nicht entzaubert werden will, weil er dann die Ohrfeige bekommt.« (411)

1 Erdberg, Eleanor von (1994): Der strapazierte Schutzengel. Erinnerungen aus drei Welten. Waldeck, S. 232. (Im Folgenden Seitenzahlen nach den Zitaten).
2 Ebenda, S. 88.
3 Eleanor von Erdberg darf (bis 1937) den Doktortitel nicht führen, weil sie nicht das Geld hat, die Arbeit drucken zu lassen. Diese erscheint zunächst auf Englisch in den USA: *Chinese Influence on European Garden Structures*. Harvard. 1936.
4 Erdberg (1994), a.a.O. S. 131.
5 vgl. Götting, Doris (2012): »Etzel« Forscher, Abenteurer und Agent. Die Lebensgeschichte des Mongoleiforscher Hermann Consten (1878 – 1957). Berlin.
6 Erdberg (1994), a.a.O., S. 181.
7 Götting (2012), a.a.O., S. 498 f.
8 Der Abriss der Pekinger Stadtmauer in den 1960er Jahren ist für sie geradezu ein Sakrileg. »Als die Mauer abgerissen wurde, konnte es kein Peking mehr geben. Die Welt wird diese Zerstörung nie verschmerzen oder verzeihen können.« (Erdberg, Eleanor von (1992): Peking: Erinnerungen an einen Lebensraum, den es nicht mehr gibt. In: Mitteilungen der Gesellschaft für Ostasiatische Kunst. Berlin, Okt. 1992, S. 12–16. Zitat S. 12.)

Ruth Weiss nach der Ankunft in Shanghai, 1933

»Wir wurden ein Schräubchen in der antifaschistischen Maschinerie«

Ruth Felicitas Weiss

Alias: Wei Lushi
Lehrerin, Journalistin und Lektorin
(1908 – 2006)

»China war keine Kolonie, aber für die westlichen Mächte ein ertragreicher Jagdgrund, die Profite, die in China eingeheimst wurden, waren sagenhaft. Auf dieser Basis zu erleben, half uns in den Folgejahren zu verstehen, wie sich China an den eigenen Strippen hochzuziehen hatte, ein erregendes Schauspiel, bei dem man den Eindruck hatte, einer Neuschöpfung beizuwohnen.«[1]

Sie »[...] hatte sich gleichzeitig mit der Flinkheit ihrer Augen und der Energie ihrer Bewegungen die innere Lebendigkeit eines um viele Jahre jüngeren Menschen bewahrt und brachte mir in unseren Unterhaltungen einen Respekt entgegen, wie ich ihn bei einem ähnlichen Altersunterschied selten erlebt habe«,[2] notiert ein junger Deutscher über Ruth Weiss, die er in den 1970er Jahren in Peking kennenlernt. Die geborene Österreicherin lebt seit 1951 hier, hat einen chinesischen Pass und als »ausländische Expertin« Privilegien und Freundinnen und Freunde nicht nur in China. Über

80 Jahre ist sie, als sie Anfang 1990 beginnt, ihre Autobiografie zu schreiben. Es entsteht ein Werk von über 500 Seiten, mit wenigen Fotos versehen. Sie erzählt anschaulich, mit vielen Zeitsprüngen und Reflexionen und oft mit »kesser Schnauze« (20), wie sie selber kommentiert. Dazu vermeidet sie endgültige Urteile, Beschönigungen und Geschichtsklitterungen und stellt sich gerne selbst in Frage.

»Ich habe da einige Traumata in meinem Erinnerungsschatz aufgespart«[3]

Als einziges Kind eines schon älteren Paares in Wien geboren, erlebt Ruth Weiss die ersten Kindheitsjahre in einer Villa in Klosterneuburg. Ein Bruder des Vaters ist zum Industriellen und Millionär aufgestiegen, der Vater arbeitet als Direktor von dessen Glasfabrik. Von der Mutter und von den Verwandten fühlt sich das junge Mädchen nicht verstanden. Sie scheint nicht religiös erzogen worden zu sein; erst als sie in der Schule diskriminiert wird, wird ihr bewusst, dass sie Jüdin ist. Ins Gedächtnis eingebrannt sind der Autorin Erlebnisse zum Kriegsausbruch 1914 und in den Kriegsjahren, Streitereien zwischen der Mutter und dem Onkel und das fluchtartige Verlassen der Villa, die verkauft wird. Sie ziehen nach Galizien (heute Polen), wo der Vater schon seit einigen Jahren für den Onkel arbeitet. In einer »Bauernhofidylle« mit Kuh, Hühnern und Enten erlebt Ruth Weiss »wahrscheinlich die glücklichsten [drei Jahre] meines Lebens« (10). Dann kehren Mutter und Tochter nach Klosterneuburg zurück, damit Ruth endlich zur Schule gehen kann. Sie kommen in einer

Eineinhalb-Zimmer-Wohnung im Dachgeschoss unter. Man ist verarmt, die Ersparnisse sind durch die Inflation Anfang der 1920er Jahre aufgezehrt. Trotzdem kann das Mädchen das Gymnasium bis zum Abitur besuchen. Eigensinn und die freche Schnauze entwickelt Ruth früh: Gegen antisemitische Bemerkungen von Lehrkräften und Schülern und Schülerinnen wehrt sie sich, »[...] auch wenn es nicht viel nutzte« (14). Sie erklärt Cousinen, die sich zu fein für einen Sekretärinnenjob vorkommen, dass es modern geworden sei für eine Frau, ihr Geld selbst zu verdienen. Und sagt dem Onkel, der bestimmen will, wo die Familie zu wohnen hat, er habe das ganze Leben »Schindluder« (22) mit den Eltern getrieben. Ohne sentimental zu werden, scheint sie erste Verliebtheiten und Enttäuschungen erlebt zu haben. »Im Rückblick kommt es mir vor, daß ich schon immer meine Karriere für wichtiger als die Beziehungen zum anderen Geschlecht fand.« (20) Auch das Studium der Germanistik und Anglistik an der Universität in Wien gestaltet sie eigenwillig, hat mehrere Jobs, tritt u.a. einem internationalen Studierendenklub bei und trifft die unterschiedlichsten Menschen. »Wahrscheinlich war es meine jüdische Herkunft, die mir einen kosmopolitischen Ausblick gab.« (36)

»Ein Liebesabenteuer oder eine Nische, in der ich mich heimisch fühlen konnte«

China und seine Kultur beginnen sie zu interessieren, die Kunstschätze, auch die »[...] üble Behandlung durch die Westmächte. [...] Das überragende Moment aber war wohl, daß dieses Land Jahrtausende hindurch bestehen blieb und seine Kultur beibehielt. Die Juden waren ja auch ein altes Volk, in der ganzen Welt zerstreut. [...] in meinem Leben hatte ich zu viel Unbeständigkeit erlebt, durch den Krieg, der ein anscheinend gefestigtes Reich wie Österreich in Fetzen zerrissen hatte.« (36) Sie nimmt chinesischen Sprachunterricht. »Meine ganze ›Ideologie‹ war von da an von China im allgemeinen und besonderen beherrscht!« (38) Nach ihrer Promotion plant sie, für sechs Monate nach China zu reisen. Den Aufenthalt will sie mit Erspartem und journalistischer Arbeit finanzieren. Was aus dem Verhältnis zu dem Chinesen wird, in den sie sich kurz vor seiner Rückreise nach China verliebt hat, ist unsicher. Er hat ihr geschrieben, seine Eltern hätten ihn verheiratet. Interesse an einem »Papierchen mit Trauschein« (37) hat sie nicht. Am 9. September 1933 betritt sie die *Conto Rosso* in Triest Richtung Shanghai. Mit an Bord sind jüdische Familien aus Deutschland, die in China Zuflucht suchen. Die Machtergreifung Hitlers in Deutschland und Befürchtungen, dass Österreich seinem Zugriff verfallen könnte, erleichtern Ruth Weiss die Abreise. »Es war an mir herauszufinden, was ich in China suchte: Ein Liebesabenteuer oder eine Nische, in der ich mich heimisch fühlen konnte.« (60)

»Eine Art Doppelleben«

Sie sucht wohl beides, aber die vermeintlich »große Liebe« zu dem Chinesen erweist sich als Illusion. Auch finden ihre journalistischen Arbeiten keinen Anklang. Aber: Kontaktfreudig und offen wie Ruth Weiss ist, begegnet und befreundet sie sich bald mit einer Vielzahl von Menschen. Wichtig wird ihr eine Gruppe von Ausländern, die nicht »[...] aufs Geldmachen und Ausbeuten eingestellt war« (63), so der Neuseeländer Rewi Alley[4], Fabrikinspektor beim *Municipal Council Shanghai.* Bei seinen Führungen durch die Produktionsbetriebe der Stadt lernt sie das Elend von Arbeitern und Arbeiterinnen, auch das von Kindern kennen, die unter erbärmlichsten Umständen bei größter Hitze und Kälte in Spinnereien und Webereien schuften. »Dantes Inferno muss dagegen wohl ein Erholungsheim gewesen sein.« (60) Gleichzeitig findet sie auf Partys und bei Essen Zugang zur Welt einflussreicher Chinesen: zum Herausgeber der *China Press* und zu dem Generalsekretär der *Bank of China*; er wird bald ein väterlicher Freund. Mit ihrem Sprachlehrer wählt Ruth Weiss einen chinesischen Namen (Wei Lushi), den sie lebenslang beibehalten wird. Selbst lernt sie Chinesisch nie systematisch und beherrscht die Sprache nie richtig gut. Kurzfristig ist sie als Lehrerin an der Shanghaier Jüdischen Schule tätig, aber weil sie nicht orthodox genug ist und ihre »Schnauze« nicht halten kann, wird sie entlassen. Als sie die berühmte Journalistin Agnes Smedley[5] kennenlernt, übernimmt sie für diese Übersetzungen und Dolmetscherdienste. »Durch Zufall oder Neigung glitt ich auf die natürlichste Weise, ich möchte sagen fast unbewußt, in eine Art Doppelleben hinein.« (82) Sie wird Mitglied einer Studiengruppe zum Marxismus-Leninismus, informiert sich über die politischen Geschehnisse in China, lernt den berühmten Dichter Lu Xun kennen (über ihn wird sie 50 Jahre später eine Biografie schreiben[6]) – und begegnet auch Anna Wang. So kritisch sie die sozialen und politischen Zustände der Zeit beschreibt, so kritisch äußert sie sich im Rückblick über die Widersprüchlichkeiten von Freundinnen, Freunden und Bekannten. Die Männer in ihrer Studiengruppe findet sie zu dogmatisch. Und meint: »Männlicher Egoismus war also auch bei Kommunisten nicht ausgerottet.« (125) Nach vierjährigem Aufenthalt in Shanghai plant sie die Rückkehr nach Österreich. Den Eltern hat sie vorher angeboten, nach Shanghai zu ziehen, aber die Mutter schreibt »[...] einen alten Baum verpflanzt man nicht.« Später, als beide kommen wollen, geht es nicht mehr. »Mein Vater war ja einer von den Neunmalklugen, der behauptete, wenn ein Jude sich nicht in die Politik mischt, kann ihm nichts geschehen! Na ja.« (110) So flapsig sie hier das Drama der Eltern andeutet – sie werden im KZ Theresienstadt ermordet, was sie erst nach Kriegsende erfährt –, so flapsig kommentiert sie das Angebot, bei einem methodistischen Bischof als Sekretärin in Chengdu, im Inneren Chinas, zu arbeiten: »Das klang doch wieder sehr anziehend.« (124) Am Tag der Abreise, am 13. August 1937, wird Shanghai von den Japanern angegriffen (der Zweite Chinesisch-Japanische Krieg hatte am 7. Juli begonnen).

»In Sichuan konnte man feudalistische Zustände in Reinkultur studieren«

Viele Menschen flüchten gleichzeitig vor den Japanern ins Landesinnere. Nach einer anstrengenden Reise findet sich Ruth Weiss mit Arbeit überhäuft an der *WCUU* (*West China Union University,* eine von verschiedenen protestantischen Missionsgesellschaften gegründeten

Universität) wieder. Sie ist Sekretärin des Bischofs und eines Missionars, unterrichtet Deutsch, gibt Gymnastikkurse für Frauen, erhält die Aufgabe, Sendungen der *BBC* und *UPI (United Press International)* über Hitlerdeutschland abzuhören und als Kurznachrichten für eine Zeitung zu veröffentlichen. Dass sie Jüdin ist, spielt in den akademisch gebildeten Missionarskreisen keine Rolle. Als ihr der amerikanische Freund, den sie in Shanghai kennengelernt hat, nicht wie gehofft nach Chengdu folgt, ist sie zutiefst enttäuscht. Schon wieder ist eine Liebesbeziehung gescheitert. Sie wird auch in Zukunft nie lange mit einem Mann zusammen sein. Aber sie weiß sich zu trösten: »Dort, wo soviel Neues auf mich eindrang, war es leichter, einen Menschen missen zu müssen.« (139) Sie beobachtet den Standesdünkel chinesischer Ärzte, lernt die Macht von chinesischen Grundherren kennen, die ihre Söhne von der Rekrutierung in Chiang Kai-sheks Armee freikaufen, kommentiert: »In Sichuan konnte man feudalistische Zustände in Reinkultur studieren. Und man begriff, warum die kommunistische Partei Anhänger gewann.« (147) Auch pflegt sie wieder Kontakte zu fortschrittlichen Gruppen, u.a. zu Rewy Alley, der jetzt Generalsekretär der *Chinesischen Industriellen Kooperativen (CIC)* ist, die arbeitslose Geflüchtete organisieren. Und sie befreundet sich mit einem chinesischen Studenten, Hsuan, der Englisch spricht. »Ich hatte also Freunde um mich herum, Chinesen, Ausländer, Durchreisende – letztere wurden immer mehr, je mehr China durch die japanische Aggression zusammengeschnürt wurde.« (149) Nach der Kriegserklärung Englands an Deutschland gründet einer der Missionare eine antifaschistische Zeitung, für die sie zeitweilig arbeitet. Sie muss die Bombardierung Chengdus miterleben, die kriegsbedingte Inflation und entscheidet sich 1943 nach einigem Hin und Her für eine neue Tätigkeit in Chongqing. Auch die provisorische Hauptstadt Chinas, ein Zentrum inländischer und ausländischer Gruppen aller Art, hat unter massiver Bombardierung durch die Japaner gelitten. Als Freund Hsuan aus den USA zurückkehrt, wo er mit einem Stipendium studieren konnte, drängt sie auf Heirat. Wünscht sie sich ein bisschen Sicherheit in dieser Zeit oder braucht sie eine Legitimierung als alleinstehende Frau? Dass Hsuan schon bald wieder in die USA reist, scheint sie nicht zu kümmern: Ihr Leben in der neuen Umgebung ist »[...] nicht ohne Würze. [...] Ich will nichts beschönigen, im Gegenteil – man lebte damals eben leichtlebig, leider.« (180) Ihre »Schnauze« hält sie weiterhin nicht. Die Folge: Ihr wird wieder einmal im neuen Job gekündigt. Schließlich findet sie im *United Nations Picture Office*, einem Informationsdienst von USA, Großbritannien und China, einen Chef, mit dem sie gut zusammenarbeitet. Nach Kriegsende kann sie einen Schiffsplatz auf einem überfüllten Yangtse-Dampfer zurück nach Shanghai ergattern. Dort verdient sie im *China Welfare Fond* von Madame Sun[7] Geld und trifft auch viele alte Bekannte. Bald aber entscheidet sie, in die USA zu reisen. Ihr Mann ist an Tuberkulose erkrankt. Vor allem aber will sie das Graduiertenstipendium antreten, das ihr der frühere Arbeitgeber, der Bischof, vermittelt hat. »Alles in allem war ich also noch glimpflich am Rande davongekommen, ich hatte mir sogar einen chinesischen Paß in Chongqing verschaffen können.« (197)

»Aber ich hatte ja gar nicht die Idee, in der westlichen Welt zu verbleiben«

Von Kindheit an krisengeübt, versteht es Ruth Weiss, Widrigkeiten mit ihrem Eigensinn zum Guten zu wenden. Da aus dem Stipendium nichts wird, findet sie durch einen Bekannten einen Job im Sekretariat der *Radio Division* der United Nations (UNO) und eine Unterkunft in der Nähe des Büros auf Long Island. Gleichzeitig knüpft sie Kontakte zu Chinesen und Chinesinnen. Ihren Mann Hsuan, der nach seiner Genesung in Boston am *MIT (Massachusetts Institute of Technology)* an seiner Promotion schreibt, sieht sie nur

Ruth Weiss mit ihrem Mann und ihren zwei Söhnen sowie mit einem befreundeten Kind

in den Ferien. Ihre beiden Söhne, 1947 und 1949 geboren, zieht sie von Anfang an ohne ihn groß, sie weiß sich mit Hilfen zu umgeben. Schon vor der Geburt des zweiten Kindes hat sie während eines Urlaubs in Peking Freundschaft mit Hsuans Familie geschlossen und Jobmöglichkeiten in China erkundet. Als man ihr versichert, dass die Aussichten für Hsuan und sie gut seien, schmiedet sie Pläne, zurückzukehren, »[...] ich hatte ja gar nicht die Idee, in der westlichen Welt zu verbleiben« (234). In den kapitalistischen USA will sie auf keinen Fall leben, sie kritisiert die Einmischung des Landes in Korea und in Taiwan, die Kommunistenhatz der McCarthy-Zeit und die sozialen Zustände. Dazu: »[...] nach Hitler kam mir die ›Heimkehr‹ nach Österreich gar nicht in den Sinn, besonders, wo niemand mehr da war, der mich kannte« (235). Dass ihr Mann, der eine Stelle als Dozent für Maschinenbau in Baltimore angenommen hat, in den USA bleiben will, ändert nichts an ihrem Vorhaben. Als ihr Vertrag mit der UNO nicht verlängert wird (sie hat ihren Arbeitsplatz unerlaubt für den Besuch der Vollversammlung verlassen), aber man ihr die Reise nach China finanzieren wird, ist die Rückkehr beschlossen. Der Abschied von Hsuan muss Ruth Weiss trotzdem schwer gefallen sein. Wie in Abwehr der Gefühle urteilt sie im Nachhinein: »Ich war wohl ziemlich hysterisch, denn ich heulte wie ein Schlosshund. [...] Wann würde ich Hsuan wiedersehen, wenn überhaupt?« (268) Und tröstet sich: »Ich war mit den Kindern auf dem Weg ›nach Hause‹, nach China zurück, das mir in einem Dutzend Jahren zur neuen Heimat geworden war, wo mir keine rassische Verfolgung etwas anhaben konnte, wo ich mich ein-

Ruth Weiss mit Kolleginnen in einer Stahlfabrik

fach durch mein eigenes Tun bewähren konnte. Und die beiden Kinder würden in Peking durch Großeltern, Tanten und Onkel einen Halt finden.« (271) Hsuan wird Karriere als Wissenschaftler in den USA und in Taiwan machen, um die Söhne und sie kümmert er sich nie – »[...] gefühlsmäßig schien ihm einiges abzugehen!« (504), so ihr späteres Resümee.

»Bei dieser Neuschöpfung einer uralten Kultur mithelfen zu dürfen«[8]

»Nach Hause«, »zur neuen Heimat« – zu Freunden und Bekannten, mit denen sie ihre Geschichte, ihr En-

China im Bild, 1972

gagement und ihre Visionen teilt, wo sie vielleicht auch all die Traumata der Vergangenheit vergessen kann. »In den frühen Fünfzigerjahren [...] herrschte wirklich eine Atmosphäre der Gemeinsamkeit. [...] Es war schön zu sehen, wie eingebettet in die Gemeinschaft jeder Mensch war, ich in meiner Arbeitseinheit, die Kinder in der Schule, im Kindergarten.« (297)[9] Sie wird dem

Verlag für fremdsprachige Literatur zugeteilt, arbeitet als Übersetzerin, als Redakteurin, später als Journalistin für *China im Bild,* kann mit den Söhnen in eine Drei-Zimmer-Wohnung in einer Siedlung für Experten ziehen. Dabei bekennt sie freimütig: »Meine eigne publizistische Tätigkeit erforderte einen Großteil meiner Energie, familiäre Belange wurden oft an den Rand des Geschehens geschoben.« (366) Von ihrem Mann lässt sie sich 1954 scheiden. Fasziniert vom Aufbruch nach der Machtergreifung der kommunistischen Partei glaubt sie, »daß die Partei doch immer die Wahrheit sprach, daß also eine Anklage zu 100 % berechtigt war« (314), ein Glaube, an dem sie erst nach Ende der Kulturrevolution mit Beginn der Reformpolitik von Deng Xiaoping zu zweifeln beginnt, mehr noch nach der Zerschlagung der Studenten-Bewegung von 1989. Als ausländische Expertin (seit 1961) erlebt sie alle politischen, wirtschaftlichen und sozialen Verwerfungen im Land vergleichsweise abgemildert. Während der Kulturrevolution muss sie ertragen, dass niemand in ihrer Arbeitseinheit mit ihr spricht. Aber sie erfährt keine körperlichen Erniedrigungen oder kommt nicht – anders als Freunde im direkten Umfeld – in Haft. Sie nennt die Kulturrevolution dann auch lapidar »Spuk«, ein Versuch, den Schrecken des Erlebten mit »Humor und Ironie« (482) zu begegnen, ohne die Geschehnisse zu leugnen, und sie ist mutig bereit, Freunde in Konflikten zu unterstützen.[10] 1983 gehört sie sogar zu den elf berühmten »ausländischen Experten«, die von der KP in Peking zu Mitgliedern der 6. und 7. *Politischen Konsultativkonferenz des chinesischen Volkes (PKKCV)* ernannt werden.

Ruth Weiss, um 1990

Ab 1981 darf sie ins Ausland reisen, besucht die USA, hält Vorträge, trifft Freundinnen und Freunde. Dann fahren sie und Sohn Norman, der ein Stipendium in den USA hat, mit der Transsibirischen Eisenbahn nach Deutschland, später reist sie allein in die Herkunftsstadt Wien und nach England. Nach der Heimkehr ist sie weiterhin in China unterwegs, schreibt weiterhin für *China im Bild* und schließt neue Freundschaften. Zum 80. Geburtstag wird sie offiziell groß gefeiert, danach zieht sie in das luxuriöse Freundschaftshotel um. Kurz vor den Massakern am Tiananmen-Platz fährt sie noch einmal ins Ausland. Altersweise stellt sie immer wieder auch Fragen zu den »vielen Mysterien« (431) der chinesischen Geschichte und urteilt: »Das ist's, woran es in China fehlt, daß Menschen auf gleich und gleich miteinander reden können, ganzgleich, welchen Alters. ... Die Hierarchie ist bis ins 3. Jahrtausend stehen geblieben, bevor das nicht schwindet, besteht keine Hoffnung für China. So sehe ich das.« (517)

1 Weiss, Ruth (1999): Am Rande der Geschichte. Mein Leben in China. Osnabrück, S. 118. (Im Folgenden Seitenzahlen nach den Zitaten).
2 Kräuter, Uwe: Die älteren Ausländer in Peking. Geheimnisvoll. Unveröffentlichtes Manuskript. O.A.
3 Weiss (1999), a.a.O., S. 7.
4 Rewi Alley siehe auch Anna Wang.
5 Agnes Smedley siehe auch Ruth Werner.
6 Weiss, Ruth (1985): Lu Xun, A Chinese Writer for All Times. Beijing, China.
7 Siehe auch Anna Wang.
8 Weiss (1999), a.a.O., S. 282.
9 Siehe auch Weiss, Ruth (1979): Remembrance and New Questings. In: Living in China by Twenty Authors from Abroad. Beijing, China, S. 185.
10 Siehe Kräuter, Uwe (2012): So ist die Revolution, mein Freund. Freiburg im Breisgau, S. 167.

Eva Siao: Selbstporträt, 1955

»Einerseits mußte ich China nach Europa tragen, andererseits meine europäischen Freunde China durch meine Augen sehen lassen«

Eva Siao

geb. Eva Carola Beatrix Sandberg
Fotografin, Autorin
(1911–2001)

»Am 19. März [1949] erging der berühmt gewordene ›Stockholmer Appell zur Ächtung der Atombombe‹ an die Welt. Nach Emis Rückkehr nach Beijing unterschrieben den Appell als erste Ministerpräsident Zhou Enlai, Song Qingling (Madame Sun Yatsen) und Emi Siao. Ihnen folgten viele Millionen. Emi sprach in Peking und anderen Städten auf Massenmeetings, auf denen Stimmen für den Appell gesammelt wurden. Ich fotografierte. Von da an hatten Emi und ich ein gemeinsames Ziel. Wir kämpften für Freundschaft und Frieden zwischen den Völkern. Emi mit Wort und Schrift, ich mit der Foto-und Filmkamera.«[1]

Eine Chinesin in einem schlichten Hemd rührt in einem Wok auf einer Feuerstelle, ihre kleine Tochter schaut zu. Ein kahlköpfiger Mann, einen Stift in der Hand, sitzt gebeugt über einem Papierschirm, offensichtlich repariert er ihn. Eine Frau schiebt ihre zwei Kinder in einem Kinderwagen aus Bambusstangen durch eine belebte Gasse. Alltagsszenen aus dem Peking der 1950er und 1960er Jahre, von der Fotografin Eva Siao in Schwarz-Weiß aufgenommen. Die Fotografien sind Schnappschüsse, die Betrachteten scheinen sich in ihrem Tun durch die Betrachterin nicht gestört zu fühlen. »Mich interessieren lebendige Fotos, die Mimik, die Gestik eines Menschen im Gespräch, bei Diskussionen, in der Gruppe, auf der Straße, bei der Arbeit«, schreibt Eva Siao in ihren Erinnerungen.[2] Als Fotoreporterin der chinesischen Nachrichtenagentur Xinhua hat sie es mit ihrer subjektiven Art der Fotografie, die Inszenierung und Propaganda ablehnt, in der jungen Volksrepublik nicht immer leicht. Aber sie ist erfolgreich. Ihre Fotos werden in China, in der Sowjetunion, in der DDR und weltweit veröffentlicht – »heute einmalige Zeugnisse der Zeitgeschichte und der Alltagskultur Chinas«.[3]

»Ein Brief, den der ›Kaiser von China‹ unterzeichnet hatte«

Zu ihrem achten oder neunten Geburtstag erhält Eva Siao ein Paket mit ausländischen Briefmarken und einem roten Siegel. Darin: ein Buch mit merkwürdigen Zeichen, eine chinesische Grammatik und ein Brief in ungelenker deutscher Schrift, ein Heiratsantrag des Kaisers von China. Er habe ihr Bild gesehen und sich in sie verliebt und würde auf sie warten, bis sie groß sei, schreibt er. »Den ganzen Tag ging ich wie benommen herum, denn all das paßte recht gut zu meinen märchenhaften Wunschträumen. [...] Erst am Abend platzte der Traum wie eine Seifenblase.« Herbert, ihr zehn Jahre älterer Bruder, hat sich mit ihr einen Spaß erlaubt, »prophetisch« nennt sie ihn. »Denn wer konnte damals ahnen, daß ich den größten Teil meines Lebens in China verbringen und den letzten Kaiser Pu Yi tatsächlich treffen würde?« (7 f.)

Im Spannungsfeld von Traum und Wirklichkeit lebt die kleine Eva schon früh. Vor ihrem ersten Geburtstag stirbt der Vater Richard Sandberg, ein Nervenarzt. Sie wächst liebevoll betreut von der Mutter, dem Bruder, der Großmutter und Freunden in jüdisch-bildungsbürgerlichem Umfeld in Breslau und Bad Landeck auf. Aber nach dem Verlust des ererbten Vermögens durch Krieg und Inflation Anfang 1920 muss die Mutter ihren Unterhalt selbst verdienen. Schon immer hat sie kunstgewerbliche Gegenstände angefertigt und fotografiert, jetzt verkauft sie Fotos an Kurgäste und Buchbinderarbeiten auf Märkten. Sie vermittelt Eva »[...] den Sinn fürs Künstlerische, fürs Praktische und nicht nur den Willen, sondern auch die Fähigkeit, in allen Lebenslagen selbständig zu sein« (16 f.). Der Bruder, ein »musikalisches Wunderkind«, unterstützt beide mit seinen Einkünften als Korrepetitor am Breslauer Stadttheater. Durch ihn bekommt Eva »die Liebe zu Musik mit [...] und die unsentimentale Denkweise und vieles andere mehr« (17). Ein Onkel, Freund und Kollege des Vater, glühender Zionist, Vater ihres Spielgefährten Franz, ist »der erste, der mir den Gedanken eingab, daß man für ein Ideal leben muß, damit das Leben einen Sinn hat« (18). Als sie von einem Lehrer, einem Nazi, diskriminiert wird, weil sie Jüdin ist, geht sie ein Jahr vor dem Abitur vom Gymnasium ab. Sie belegt einen einjährigen Kurs für Fotografie an der Lette-Schule in Berlin und studiert im Anschluss zwei Jahre Foto und Film an der Staatlichen Lehranstalt für Film- und Lichtbildwesen in München. Der Bruder, inzwischen Kapellmeister an der königlichen Oper in Stockholm, finanziert das Studium. Die Mutter stirbt im November 1929 an einem Herzschlag in ihrer Breslauer Wohnung – allein. »Das war der zweite schwere Schlag in meinem jungen Leben.« (20) Der erste war der Tod von Freund Franz vier Jahre zuvor.

»Ich war jung, mit offenem Herzen und empfänglich für die wunderbare neue Welt«

Während des Studiums ist Eva Sandberg begeistert vom Münchener Bohemeleben und interessiert sich nicht für Politik. Das ändert sich, als sie nach Stockholm zu Herbert zieht. Der ist inzwischen ein angesehener Dirigent und schwedischer Bürger und lebenslang ein liebevoller, wenn auch immer vielbeschäftigter Bruder. Durch ihn und die Fotografin Anna Rifkin, für die Eva ohne Arbeitsgenehmigung tätig wird, begegnet sie angesehenen Künstlern und »einer bunten Gesellschaft. Zionisten, Sozialisten, Anarchisten und Salonkommunisten. [...] Viele der Bekannten schauten mit bewunderndem Blick auf die Sowjetunion, reisten dahin, kehrten begeistert zurück.« (29) Auch sie will mit eigenen Augen sehen, was dort geschieht, lernt Russisch und bemüht sich um ein Visum. Noch einmal besuchen der Bruder und sie die Großmutter in Deutschland, man wird sie 1941 in einem Konzentrationslager ermorden. Nach dem Besuch reist Eva Sandberg mit einem Touristenvisum nach Moskau, wird durch Freunde dem Schriftsteller Isaak Babel vorgestellt und fährt ans Schwarze Meer. »Ich war jung, mit offenem Herzen und empfänglich für die wunderbare neue Welt. [...] An dem Tisch [...] saß ein – wie mir schien – junger, sehr sympathischer Chinese. Das war der 38-jährige Dichter und Schriftseller Emi Siao (Siao San). Es kam wie im Märchen – und es war Liebe auf den ersten Blick.« (37)

»In der Sowjetunion passierte etwas, das in die Zukunft gerichtet war«

Emi, ein Weggefährte Mao Zedongs, des Führers der KP China, und ein anerkannter Schriftsteller, erzählt von der Revolution in China und beeindruckt sie durch seine auf Russisch erschienenen Gedichte. Nach seinem Studium in Paris, Berlin und Moskau hatte er in China als Sekretär des kommunistischen Jugendverbandes gearbeitet, kam für die Partei in die Sowjetunion und ist jetzt für die chinesische Ausgabe der *Internationalen Literatur* in Moskau zuständig. Nach wenigen Wochen steht fest: »Wir wollten für immer zusammen bleiben.« (45) Aber: Eva Sandbergs Visum läuft ab, sie muss zurück nach Stockholm. Täglich schreiben sich die Verliebten. Erst als die junge Frau nach einigem Zögern die sowjetische Staatsbürgerschaft angenommen hat, kann das Paar in Moskau zum Standesamt gehen. Durch ihren Mann lernt sie das Land kennen und ist begeistert: »In der Sowjetunion passierte etwas, das in die Zukunft gerichtet war.« (60) In Sibirien, wo Emi Siao für einige Monate tätig ist und sie als Fotografin Arbeit

Eva und Emi Siao, um 1935

findet, wird ihr erster Sohn geboren: Lion, chinesisch Liang. »Wir fühlten uns wie im siebten Himmel.« (47) Zurück in Moskau aber müssen sie registrieren, dass Freunde verschwinden. Die Zeit der Schauprozesse hat begonnen. »In Moskau herrschte Panik; jeder fürchtete, von der Straße weg verhaftet zu werden. Die Panik hatte auch mich erfasst.« (81)

»Ich war finanziell abgesichert, hatte einen Mann, der die Kinder sehr liebte, und nette Freunde. Und doch war ich nicht glücklich«[4]

Während Emi Siao schon Anfang 1939 nach China zurückkehrt, um in Yan'an, der Hauptstadt des kommunistischen China, einen Film über Mao zu drehen, kommt Eva Siao mit dem kleinen Lion wieder bei dem Bruder in Stockholm unter. Im September 1940 erhält sie endlich ihr Visum für China. In Yan'an wohnt die Familie relativ luxuriös in einer dreistöckigen Höhlenwohnung, der zweite Sohn, Vitja (Viktor), kommt zur Welt. Durch Emi, der auch Leiter des *Klubs für Kulturschaffende* ist, begegnet Eva Siao vielen Menschen, auch den Führern der Partei, u.a. Mao Zedong, Zhu Enlai, Zhu De, dem Oberbefehlshaber der Roten Armee. Aber schon bald fühlt sie sich nutzlos, unausgefüllt, isoliert. Ihr Mann hatte sie in einem Brief nach Stockholm angewiesen, nicht zu fotografieren, sondern Kranken- und Geburtshilfe zu lernen. Das wird in Yan'an jedoch nicht gebraucht. Zwar übt sie fleißig Chinesisch, richtig kann sie sich aber nur mit den russischen Bekannten unterhalten. Dazu lässt sie der vielbeschäftigte Emi Siao nicht an seinem Leben teilnehmen – anders als in Moskau. Sie reden nur oberflächlich über Probleme. Was sie nicht weiß: Der Leiter der Geheimpolizei verdächtigt alle Fremden, Spione zu sein, besonders die mit Fotoapparaten. Eines Tages äußert sie in ihrer Verzweiflung den Wunsch, Yan'an mit den Kindern zu verlassen. Wenig später verkündet ihr Mann, ihre Abreise sei organisiert. »Der 23. November 1943, der Tag, an dem ich Emi verließ, war der schwärzeste in meinem Leben.« (133) Im Rückblick erkennt sie: »So wenig ich Emis komplizierte Stellung im ZK durchschaute, so wenig nahm er die Bedürfnisse seiner Frau wahr und ernst, eine aktive Rolle in seinem Leben zu spielen.« (134)

»Vor allem die schlechten Menschen nahmen mir beinahe den Glauben an die gute Sache des Sozialismus«

Um ihre Rückkehr in die Sowjetunion zu begründen, lassen Eva und Emi Siao sich »offiziell« scheiden, in der Hoffnung, dass eine kurze Trennung die Beziehung wieder in Ordnung bringt. Es wird schließlich fünfeinhalb Jahre dauern, bis sie sich wieder sehen. In der Zwischenzeit schlägt sich Eva Siao mit den Kindern, nur zeitweilig finanziell vom Roten Kreuz unterstützt, nach schwerer Erkrankung und Hungerzeiten erfolgreich als Fotografin durch. Es sind Lehrjahre für die gutbürgerliche Tochter. »Vor allem die schlechten Menschen, mit denen ich in Berührung kam und auf die ich oft angewiesen war, nahmen mir in Tschimkent [Kasachstan] beinahe den Glauben an die gute Sache des Sozialismus.« (190) Aber immer wieder begegnet sie auch Leuten, die ihr Mut machen. »Sie waren wirkliche Sozialisten, und weil es sie gab, habe ich im Wirrwarr des Krieges und der Nachkriegsjahre nie meine Ideale verloren.« (190) An Emi Siao schickt sie die ganze Zeit über Briefe, ohne eine Antwort zu erhalten. Als sie erfährt, dass er wieder verheiratet ist und zwei Kinder hat, ist sie zutiefst betroffen. Aber an ihre Liebe glaubt sie weiterhin. Sie schreibt ihm: »[...] ich bin sicher, daß uns letzten Endes nichts und niemand auseinanderbringen kann« (196).

»Ich kann sehr viel arbeiten, aber aus freiem Willen. Ich kann mich nicht unterordnen«

Durch das Rote Kreuz wird Eva Siao informiert, dass Emi in Moskau zu tun hat und sie sehen möchte. »Und dann stand ich vor Emi. Wir umarmten uns stürmisch, und fünfeinhalb Jahre Trennung waren in Sekunden weggewischt.« (204) Nachdem er von seiner chinesischen Frau geschieden ist, können sie in Peking zusammenziehen. Dass sie als Fotografin tätig sein will, daran lässt Eva Siao jetzt keinen Zweifel mehr aufkommen. »Ich kann sehr viel arbeiten, aber aus freiem Willen. Ich kann mich nicht unterordnen« (220), hat sie schon vorher mit neuem Selbstbewusstsein an Emi Siao geschrieben. Sie wird für die *Zentrale Nachrichtenagentur* der Sowjetunion tätig, bald auch für *Xinhua*, die chinesische, fotografiert u.a. Demonstrationen zum Verbot von Atombomben in Peking und reist mit ihrem Mann und anderen Intellektuellen durchs Land, um Stimmen für den *Stockholmer Appell*, der weltweit für das Verbot von Atomwaffen wirbt, zu sammeln. Dabei lernt sie China kennen und in all seinen Widersprüchen lieben. Ihre Fotos werden hier und in der UdSSR veröffentlicht. Kurz nach der Geburt des dritten Sohnes (Heping = Frieden) 1951 zieht die ganze Familie nach Prag um. Emi Siao ist als Sekretär Chinas in den Weltfriedensrat gewählt worden. Eva Siao fotografiert für die Propagandaabteilung des Rates. Sie reist nach Wien und Berlin. Ein Höhepunkt ihrer Arbeit wird der *Völkerkongress für den Frieden* in Wien (12. bis 19. Dezember 1952). »In den Pausen bewegte ich mich durch die Menge. [...] Pablo Neruda, Jorge Amado, Diego Rivera [...] Ehrenburg, Anna Seghers, Arnold Zweig – alle wurden sie von meinem Objektiv eingefangen.« (251) Gleichzeitig finden in der Tschechoslowakei Verhaftungen und Hinrichtungen statt. Politische Spannungen und Intrigen bestimmen auch den Weltfriedensrat. Emi Siao entzieht sich, leidet aber unter Depressionen. Als Eva Siao ihren Bruder in Stockholm besuchen will, wird ihr mitgeteilt: »›Sowjetbürger machen keine privaten Reisen‹. Ich fühlte mich in die 30er Jahre zurückversetzt.« (255)

»Obwohl ich mit Hingabe bei der Arbeit war, hatte ich Schwierigkeiten«[5]

Zurück in Peking ist Eva Siao für die Fotoagentur von *Xinhua* täglich mit dem Fahrrad in der Stadt unterwegs: »Wo immer ich hinging, hatte ich meine Kamera dabei – eine Leica oder eine Exacta.« (260) Am liebsten fotografiert sie Menschen in ihrem Alltag: »Ich war wie in einem Arbeitsrausch.« (285) Durch Besucherinnen und Besucher aus der DDR, insbesondere durch den Schriftsteller Bodo Uhse, wird sie sich jedoch ihrer Sehnsucht nach Europa bewusst. Als er ihr vorschlägt, gemeinsam an einem Projekt zu arbeiten, ist sie Feuer und Flamme. »Einerseits mußte ich China nach Europa tragen, andererseits meine europäischen Freunde China durch meine Augen sehen lassen, ihnen China nahebringen.«

Eva Siao: Straßenleben, Beijing, 1950er Jahre

Sie plant ein Buch über Peking, reist nach Berlin, wo sie alte Freunde trifft und neue Bekanntschaften schließt. »Emi war großzügig genug, mir bei Freundschaften, bei meiner Arbeit und bei meinen Reisen nach Deutschland und in andere Länder jede Freiheit zu lassen. Er hatte seine persönlichen Freunde, zumeist Chinesen, die ihm gaben, was ich ihm nicht geben konnte.« (267) Aber: So erfolgreich beide sind und so froh, endlich mit den Kindern in ein kleines Häuschen ziehen zu können, sorgenfrei sind diese Jahre für das Paar auch jetzt nicht: Emi Siao, der im Schriftstellerverband für die Verbindung mit dem Ausland zuständig ist, bekommt immer wieder Steine in den Weg gelegt und reagiert mit Kränkeln und Depressionen. Eva Siao hat Schwierigkeiten, weil sie – anders als die Kollegen und Kolleginnen – nicht täglich im Büro präsent ist und nicht nach Auftrag gestellte Bilder abliefert, sondern monatlich ein Kontingent von 15 bis 25 guten Abzügen. Dafür ist sie stunden- und tagelang unterwegs. »Solange ich fotografiere, habe ich Schnappschüsse gemacht. [...] Deshalb halte ich eine Aufnahme nur dann für geglückt, wenn sie der Wirklichkeit entspricht, wenn sie echt und nicht gestellt ist. [...] Das Fotografieren in dieser Weise war in China ungewöhnlich.« (286, 288) Trotz aller Kritik bleibt sie ihrem Credo treu, unterstützt von ihrem Chef, bestätigt durch Lob und Anerkennung. Das Buch über Peking erscheint 1956,[6] ein Jahr später ein Fotoband über die Peking-Oper.[7] In Tibet fotografiert sie nach der Inbesitznahme durch China 1956 und 1959.[8] Von 1958 bis 1963 dreht sie vor allem Dokumentarfilme für den Fernsehfunk der DDR.[9]

»Das ganze Land war in einem Rausch«[10]

Die Abkehr der UdSSR vom Stalinismus nach dem Tod des Diktators, Maos politische Kampagnen und die zunehmenden Streitereien zwischen der UdSSR, der DDR und China bleiben nicht ohne Folgen für das Paar. »Wir befanden uns in einer seelischen Krise.« (372) »Jedes dieser drei Länder war überzeugt, nur seine Politik verkörpere den wahren Marxismus-Leninismus. [...] Ich stand mitten zwischen diesen beiden Lagern.« (376) Letztlich aber steht Eva Siao auf der Seite Chinas, beantragt und erhält die chinesische Staatsbürgerschaft – und verliert ihre Arbeit beim Fernsehfunk der DDR. »Gleichzeitig begann [...] auch mein 15jähriger Leidensweg, auf dem ich – trotz allem – an meiner Liebe

Eva Siao bei Filmaufnahmen, 1958

zu China festhielt.« (396) Mit Entsetzen beobachten ihr Mann und sie die Geschehen zu Beginn der Kulturrevolution. »Alle anständigen Menschen wurden auf einmal als Verbrecher entlarvt. Der gute Zhou Enlai, der sich in einer Rede gegen die grausamen Methoden der Roten Garden wandte und allen die Todesstrafe androhte, die noch prügelten, folterten und töteten, stand allein auf verlorenem Posten.« (421) »Überall witterte man Agenten.« (423) Am 23. Juni 1967 wird Eva Siao in Anwesenheit zweier Söhne von zehn Polizisten verhaftet und erst am 10. Oktober 1974, an Emi Siaos Geburtstag, entlassen. Im Gefängnis wehrt sie sich immer wieder mutig gegen alle Quälereien und nutzt die Zeit für Studien. Emi Siao, der nicht nur quälende Befragungen, sondern auch Folterungen in der Haft erleidet, liegt bei ihrer Entlassung noch im Krankenhaus. Viele Bekannte haben das Gefängnis nicht überlebt. »Unser Fall war ein exemplarisches Beispiel für die Auseinandersetzungen zwischen Zhou Enlai und Jiang Qing [Maos Frau]. Auf Zhous Befehl hin hatte man Emi das Leben gerettet, und ihm verdankten wir sicherlich auch unsere Freilassung.« (481 f.) Als »ausländische Spione« leben sie unter Hausarrest. Ihr Glück: Die drei Söhne halten die ganze Zeit über zu ihnen. Erst nach Maos Tod und der Verhaftung der »Viererbande« werden 1979 Emi und Eva Siao rehabilitiert. Im gleichen Jahr kann Eva Siao Pu Yi, den letzten Kaiser Chinas, treffen. Ihre Reportage wird in *China im Bild* veröffentlicht. Im Mai 1983 wird sie – mit Ruth Weiss – zum Mitglied der *Politischen Fakultativkonferenz* der VRCh gewählt – in Anerkennung ihrer Leistungen. Allerdings: »Am 2. Juli 1983 schrieb ich auf die letzte Seite meines Tagebuchs: Das war das traurigste aller meiner Tagebücher. In ihm ist Emi gestorben, und er fehlt mir so.« (541) So engagiert wie sie ihr Leben gestaltet hat, so engagiert gestaltet sie aber bald ihr Alter, reist in Europa, hält Vorträge, gibt Interviews fürs Fernsehen, schreibt ihre Erinnerungen, und veröffentlicht Bücher, um der Welt ihren Blick auf China zu hinterlassen.[11] Denn: »Trotz aller Kritik liebe ich dieses Land, wie man eben einen Menschen liebt, auch wenn er nicht vollkommen ist.« (568)

Eva Siao: Pu Yi in seinem Garten, 1958

1 Siao, Eva (1989): China und seine Gesichter. Fotografien aus zwei Jahrzehnten. Berlin, S. 12 f.
2 Siao, Eva (1990): China, mein Traum, mein Leben. München, S. 28. (Im Folgenden Seitenzahlen nach den Zitaten).
3 Peter Pachnicke (1996): Mit den Augen kennenlernen, nicht mit den Ohren. In: Siao, Eva: China. Photographien 1949–1967. Heidelberg, S. 132.
4 Siao (1990), a.a.O., S. 127.
5 Ebenda, S. 286.
6 Siao, Eva (1956): Peking. Eingeleitet von Bodo Uhse. Dresden.
7 Siao, Eva (1957): Peking Opera. An Introduction through Pictures. Text by Rewi Alley. Peking.
8 Siao, Eva und Hauser, Harald (1957): Tibet. Leipzig sowie Siao, Eva und Hauser, Harald (1961): Sterne über Tibet. Leipzig.
9 U. a. »Ein Tag im Pekinger Filminstitut«. »Die Enkel der Kantoner Kommunarden«. »Der Pekinger Pionierpalast«. »Meine Straße«. »Mein Peking«.
10 Siao (1989), a.a.O., S. 342.
11 Siehe Siao, Eva (1984): Peking Oper. Text von Rewi Alley. Beijing. Siao Eva (1986) Kina, Min Dröm och min Verklighet. Stockholm. Siao, Eva (1989): China und seine Gesichter. Fotografien aus zwei Jahrzehnten. Berlin. Siao, Eva (1996): China. Photographien 1949–1967. Hg. von Reinhold Mißelbeck. Vgl. auch CTL S. 586.
Nach Erscheinen ihrer Erinnerungen werden zwei Dokumentarfilme mit ihr und über sie gemacht. Nickel, Gitta (Regie), Schwarz, Wolfgang (Autor), Pawloff, Nico (Kamera) (1991): China, mein Traum, mein Leben. Fluck, Martina (Regie), Hoffmann, Jürgen (Kamera) (1993): Mein Traum, meine Liebe, meine Hoffnung. Lebenserinnerungen der Eva Siao. Hamburg.

Hintergrundwissen

Unterstreichungen verweisen auf andere Stichwörter.

1. Boxeraufstand (1899 – 1901)
2. Bürgerkrieg zwischen Guomindang und KP China (1927 – 1949)
3. China-Mission
4. China-Studien
5. Chinesische Studierende in Deutschland
6. Deutsche Kolonialpolitik
7. Friedensvertrag zwischen Deutschland und China (1921)
8. Gründung der Republik China (1912)
9. Japanische Invasion (1931 – 1945)
10. Jüdisches Exil in Shanghai
11. Kolonie Jiaozhou (Kiautschou) mit Hauptstadt Qingdao (Tsingtau) (1897–1914)
12. Militärische Beraterschaft (1928 – 1938)
13. Nationalsozialismus in China
14. Opiumkriege (1839 – 1842 und 1856 – 1860)
15. Repatriierung nach dem Zweiten Weltkrieg (ab 1946)
16. Vierte-Mai-Bewegung (1919)
17. Volksrepublik (ab 1949) und Kulturrevolution (1966 – 1976)

1. Boxeraufstand (1899 – 1901)

Die *Bewegung der Verbünde für Gerechtigkeit und Harmonie* (Selbstbezeichnung) breitete sich Ende des 19. Jahrhunderts von der ostchinesischen Provinz Shandong über Nordchina aus. Sie richtete sich vor allem gegen Menschen aus dem Ausland und Mitglieder christlicher Gemeinden. Gründe für die Entstehung waren u.a. das aggressive Vorgehen ausländischer Mächte in China, außerdem Naturkatastrophen und Hungersnöte, für die ebenfalls die Fremden verantwortlich gemacht wurden. Hinzu kam das teilweise fragwürdige Vorgehen der Missionsgesellschaften. Durch die »Boxer« starben bei den Unruhen (ohne die folgenden militärischen Auseinandersetzungen) etwa 32.000 chinesische und 200 ausländische Menschen, vor allem aus dem Missionsumfeld. Das chinesische Kaiserhaus verhielt sich widersprüchlich. Es bekämpfte zunächst die Aufstände, sah darin aber später eine Möglichkeit, die verhassten Fremden loszuwerden. Im Sommer 1900 belagerten »Boxer« das Botschaftsviertel in Peking und ermordeten den deutschen Gesandten Clemens von Ketteler. Daraufhin wurde eine internationale Strafexpedition unter deutscher Führung ausgesandt. Als sie eintraf, hatten alliierte Streitkräfte Peking bereits »befreit« (und geplündert). Die deutschen Truppen machten ihr Zuspätkommen durch brutale Bestrafungsaktionen in Gebieten wett, in denen »Boxer« aktiv gewesen waren, getreu der berüchtigten »Hunnenrede«, mit der Kaiser Wilhelm II. sie verabschiedet hatte: »Führt eure Waffen so, dass niemals wieder ein Chinese es wagt, einen Deutschen auch nur scheel anzusehen.« Der im September 1901 ausgehandelte Friedensvertrag verpflichtete China zu hohen Entschädigungszahlungen, ein Mitglied des Kaiserhauses musste zudem zu einer demütigenden »Sühnemission« nach Deutschland kommen und in Peking musste für von Ketteler ein Denkmal errichtet werden.

2. Bürgerkrieg zwischen Guomindang und KP China (1927 – 1949)

Kurz nach der Ausrufung der Republik China 1912 wurde die Nationale Volkspartei Guomindang (GMD) unter Sun Yat-sen gegründet und entwickelte sich zu einem Sammelbecken unterschiedlicher Interessen von links bis rechts. Die Kommunistische Partei Chinas (KPCh) bildete sich 1921. Beide Organisationen wurden von der Kommunistischen Internationalen (Komintern) unterstützt und 1924 zu einer Einheitsfront gedrängt, um das zerrissene Land zu einen und zu entwickeln. Nach Sun Yat-sens Tod (1925) beendete sein Nachfolger Chiang Kai-shek, ein rechter Militär, die Zusammenarbeit: Er ließ 1927 in Shanghai ein Blutbad gegen den linken Flügel seiner Partei und die KPCh anrichten, die KPCh verbieten und ihre Anhänger brutal verfolgen. Der Bürgerkrieg begann. Nachdem es Chiang 1928 gelungen war, das Land weitgehend zu einen, wurde die GMD zeitweilig Staatspartei, Hauptstadt Nanjing. Chiang setzte den Kampf gegen die Kommunisten fort, diese entzogen sich schließlich der Umzingelung und Verfolgung durch den legendären, äußerst verlustreichen »Langen Marsch« (1934 – 1935) nach Norden. Dort bauten sie unter Mao Zedong im abgelegenen Yan'an, Provinz Shaanxi, eine eigene Machtbasis auf. Mit der Entführung von Chiang Kai-shek 1936 erzwang die KPCh gegen die japanische Invasion eine Zweite Einheitsfront, die allerdings nie sehr stabil war. Maos Strategie des Guerillakriegs und der Mobilisierung der bäuerlichen Bevölkerung war zunehmend erfolgreich, während die von den USA unterstützten GMD-Truppen im Kampf gegen Japan und durch Korruption geschwächt waren. Mit der Kapitulation Japans 1945 begann der Kampf um die Macht. Er endete 1949 mit dem Sieg der KPCh und der Ausrufung der Volksrepublik China. Chiang Kai-shek und große Teile der GMD zogen sich nach Taiwan zurück.

3. China-Mission

Katholische Missionare hatte es bereits im 17./18. Jahrhundert in China gegeben. Vor allem Jesuiten waren wegen ihrer wissenschaftlichen Kenntnisse am Kaiserhof geschätzt. Als der Papst jedoch 1742 entschied, Konfuzius- und Ahnenverehrung seien mit der christlichen Lehre nicht vereinbar, wurde die Missionstätigkeit vom chinesischen Kaiser verboten. Erst im 19. Jahrhundert kamen im Zuge der erzwungenen Öffnung durch die Opiumkriege wieder vermehrt Missionare – und jetzt auch Missionarinnen – ins Land, dieses Mal vorwiegend aus dem protestantischen Spektrum. Das Leben auf den oft abgelegenen Missionsstationen im Inland war nicht einfach und manchmal lebensgefährlich. Vielen machte das Klima zu schaffen, eine Gesundheitsversorgung gab es in den ersten Jahrzehnten kaum. Zudem waren die Stationen immer wieder fremdenfeindlichen Angriffen ausgesetzt, da sie von vielen Einheimischen als Teil des westlichen Imperialismus betrachtet wurden. Die Missionen gründeten jedoch auch Krankenhäuser, Waisenhäuser und Schulen und trugen damit ihren Teil zur Modernisierung des Landes bei. Wichtige Protagonisten des neuen China, wie der Republikgründer Sun Yat-sen, hatten christliche Schulen besucht und waren getauft.

Mit der Aussendung von Frauen tat man sich in Deutschland schwer – anders als in den dominierenden angelsächsischen Missionsgesellschaften. Man setzte zunächst auf die unentgeltliche Mitarbeit der Ehefrauen der Missionare, musste jedoch schließlich einsehen, dass hauptberufliches weibliches Personal nötig war, um Chinesinnen zu erreichen. Die Tätigkeit der Missionarinnen konzentrierte sich vor allem auf Evangelisation und Seelsorge von Frauen, Erziehung und Ausbildung (Gründung von Mädchenschulen) und medizinische Hilfe. Anders als ihre männlichen Kollegen mussten sie unverheiratet sein. Sie erhielten zudem ein geringeres Gehalt und konnten nicht die Leitung einer Station übernehmen.

Während des Nationalsozialismus wurde die Arbeit der deutschen Missionsgesellschaften zunehmend schwieriger. Geldüberweisungen wurden eingeschränkt und schließlich ganz untersagt, Spenden durften nicht mehr gesammelt werden. Das führte dazu, dass die christlichen Gemeinden sich nach und nach selbst tragen mussten, was ihnen zugutekam, als die Missionsangehörigen nach der Ausrufung der Volksrepublik 1949 das Land verlassen mussten.

4. China-Studien

Die wissenschaftliche Beschäftigung mit China entwickelte sich mit dem Ostasienhandel Preußens im 18. Jahrhundert. Missionare und Gelehrte begannen Sprache, Philosophie und Volkstum des Landes zu erforschen. Das ursprünglich positive Chinabild der Aufklärung veränderte sich im 19. Jahrhundert durch Imperialismus und Fortschrittsgläubigkeit zur Vorstellung von China als einem rückständigen Land. Dazu befeuerten die Forschungsreisen des Ferdinand von Richthofen mit ihren geologisch-geografischen Informationen, u.a. über reichhaltige Kohlevorkommen, deutsche Kolonialträume. Im Dienste der Kolonialpolitik des Reiches stand auch das 1887 an der Berliner Universität gegründete *Seminar für Orientalische Sprachen (SOS),* das u.a. Beamten sprachliche und landeskundliche Kenntnisse vermittelte. Die Inbesitznahme von Jiaozhou förderte einerseits den kolonialen Hochmut, im Kontakt mit chinesischen Politikern und Gelehrten jedoch auch das Interesse an der jahrtausendealten Kultur. Großen Einfluss hatten die Übersetzungen chinesischer Klassiker durch den Missionar und Pädagogen Richard Wilhelm. Auch der Dolmetscher Otto Franke, 1909 auf den ersten sinologischen Lehrstuhl in Hamburg berufen, trug mit seinen Forschungen u.a. zur *Geschichte des chinesischen Reiches* maßgeblich zum Verständnis des Landes bei. Der Erste Weltkrieg und der Zusammenbruch in Europa förderten zusätzlich das Interesse an anderen Kulturen und wendeten den Blick auf China wieder ins Positivere. Insbesondere Richard Wilhelm, der ab 1924 als Sinologe an der Frankfurter Universität wirkte, unterstützte mit dem dortigen *China-Institut* die breitere Kenntnis des Landes in Deutschland.

5. Chinesische Studierende in Deutschland

Nach den Niederlagen in den Opiumkriegen sah man in China die Notwendigkeit, sich technologische und militärische Kenntnisse aus dem Westen anzueignen. Im Zuge dieser sogenannten Selbststärkungsbewegung schickte man erste Studenten ins Ausland. Deutschland spielte als Gastland zunächst eine geringe Rolle. Erst in den 1920er Jahren erhöhte sich dort die Zahl der chinesischen Studierenden. Durch die hohe Inflation war das Leben für sie relativ billig, die deutsche Wissenschaft hatte einen guten Ruf und beide Länder waren durch den Friedensvertrag von 1921 zu gleichberechtigten Partnern geworden. Hinzu kam, dass deutsche Hochschulen in China (Kolonialpolitik) bereits die Grundlagen für ein Studium in Deutschland legten und Stipendien vergaben, vor allem in den Bereichen Medizin und Ingenieurswissenschaften.

Die meisten Studierenden wollten am Aufbau eines modernen China mitwirken, sie konzentrierten sich auf das Studium und wurden von der deutschen Wirtschaft umworben. Andere nutzten den Aufenthalt, um Organisationen zu gründen und gegen westlichen Imperialismus und später gegen die japanische Invasion zu mobilisieren, zum Teil in enger Zusammenarbeit mit der KPD. Fast alle verließen Deutschland zwischen 1933 und 1939. Insgesamt studierten etwa 2.500 Chinesen und Chinesinnen in Deutschland. Mehrere von ihnen wurden später führend in ihrem Fach oder übernahmen wichtige Rollen in der Politik. Zu den bekanntesten gehören der spätere Ministerpräsident Zhou Enlai, der Gründer der Roten Armee, Zhu De, und Jiang Weiguo, ein Adoptivsohn Chiang Kai-sheks, der in Deutschland in den 1930er Jahren seine Militärausbildung absolvierte. Auch Song Qingling, die Witwe Sun Yat-sens, hielt sich Ende der 1920er Jahre längere Zeit in Berlin auf.

6. Deutsche Kolonialpolitik

Die Politik des Deutschen Reiches (1871 – 1918) war, vor allen unter Wilhelm II. (ab 1888), von Aufrüstung, Nationalstolz und kolonialen Bestrebungen geprägt. Nach der Eroberung der Kolonie Jiaozhou kam es in den ersten Jahren immer wieder zu Unruhen und Widerständen der einheimischen Bevölkerung, vor allem im Zusammenhang mit dem Eisenbahnbau. Bei Strafexpeditionen griff das deutsche Militär hart durch. Nach der Niederschlagung des Boxeraufstandes, einem Tiefpunkt der deutsch-chinesischen Beziehungen, begann man, stärker auf Kooperation und kulturelle Infiltration zu setzen statt auf Herrschaft durch Gewalt. Man wollte die Überlegenheit der eigenen kulturellen, wissenschaftlichen und technischen Leistungen herausstellen und eine deutschfreundliche Elite heranbilden. Dafür war es wichtig, Deutsch als Fremdsprache zu etablieren und – in Konkurrenz zu dominierenden angelsächsischen Einrichtungen – Einfluss auf das chinesische Bildungssystem zu gewinnen. Da China dieses gerade grundlegend reformierte und nach westlichen Methoden ausrichtete, war das Land auf ausländische Lehrmittel angewiesen. Ein wichtiges Projekt war die 1907 gegründete *Deutsche Medizinschule für Chinesen* in Shanghai, die 1912 durch eine Ingenieursschule erweitert wurde. Daraus ging die Tongji-Universität hervor – bis heute ein Vorzeigemodell der Hochschulzusammenarbeit beider Länder. Wichtig war auch die 1908 in Qingdao eröffnete *Deutsch-Chinesische Hochschule*, die vom chinesischen Staat anerkannt und finanziell unterstützt wurde. Die neue Politik verfehlte ihre Wirkung nicht (Chinesische Studierende). Sie ist einer der Gründe, warum Deutschland in den folgenden Jahrzehnten zu einem der wichtigsten Partner des neuen China wurde.

7. Friedensvertrag zwischen Deutschland und China (1921)

Der Erste Weltkrieg leitete das Ende des deutschen Kolonialismus in China ein. 1917 trat das bis dahin neutrale Land den Alliierten bei und erklärte dem Deutschen Kaiserreich den Krieg. Nach Kriegsende wies China auf Druck der Alliierten alle Deutschen aus, ihre Besitztümer wurden beschlagnahmt. Von den fast 300 deutschen Unternehmen, die 1913 in China ansässig waren, blieben 1919 nur zwei übrig. Der Handel zwischen den beiden Ländern kam zum Erliegen. Bei den Verhandlungen des Versailler Vertrages 1919 wurde Deutschlands ehemalige Kolonie Jiaozhou Japan zugesprochen (Vierte-Mai-Bewegung). Chinas Hoffnungen auf gleichberechtigte Behandlung erfüllten sich nicht, es verweigerte deshalb die Unterschrift unter den Vertrag. Am 20. Mai 1921 schlossen China und Deutschland, beide »Verlierer« des Krieges, einen separaten Friedensvertrag in Peking, der erste gleichberechtigte Vertrag mit einer westlichen Nation. Anders als die anderen ausländischen Mächte verzichtete Deutschland auf alle Sonderrechte. Der Vertrag hatte zahlreiche wirtschaftliche und kulturelle Kooperationen in den

1920er Jahren zur Folge. Viele repatriierte Deutsche konnten ins Land zurückkehren und erhielten teilweise das requirierte Eigentum zurück.

8. Gründung der Republik China (1912)

Ab der Mitte des 19. Jahrhunderts geriet das chinesische Herrscherhaus zunehmend unter Druck. Außenpolitisch verlor das Reich nach den Niederlagen in den Opiumkriegen und gegen Japan (1894–1895) immer mehr an Ansehen und Souveränität. Im Inneren führten massive soziale Spannungen zu Aufständen mit Millionen von Toten. Versuche, durch Modernisierungen und Reformen (etwa des Bildungssystems) gegenzusteuern, kamen zu spät. Im Herbst 1911 löste ein bewaffneter Aufstand in Südchina eine Welle republikanischer Erhebungen aus. Daraufhin kehrte Sun Yat-sen, ein Arzt, der bereits aus dem Exil in Japan und den USA für eine Revolution gekämpft hatte, zurück und rief am 1. Januar 1912 die Republik China aus. Am 12. Februar dankte der letzte Kaiser, der erst sechsjährige Pu Yi, offiziell ab. Damit ging eine mehrtausendjährige Regierungsform zu Ende.

Die neue Republik war jedoch von Anfang an gefährdet. Unter den Oppositionellen gab es unterschiedliche Strömungen, die zu politischen Spaltungen und Machtkämpfen führten. Suns Nationale Volkspartei, die Guomindang (GMD), gewann zwar bei den Wahlen die Mehrheit, wurde aber vom neuen Präsidenten, einem Militärführer, der zunehmend diktatorisch agierte, verboten. Die GMD zog sich in der Folge nach Kanton zurück und baute dort eine eigene Machtbasis auf. International wurde zunächst die in Peking residierende Regierung anerkannt, sie kontrollierte jedoch nur einen Teil des Landes, viele Regionen wurden von Warlords beherrscht, die politische Situation war äußerst instabil (siehe auch: Bürgerkrieg).

9. Japanische Invasion (1931 – 1945)

Seit dem Ersten Chinesisch-Japanischen Krieg (1894–1895) hatte Japan versucht, China als Hegemonialmacht in Südostasien abzulösen. 1931 besetzte es die Mandschurei in Nordostchina, ein wichtiger Rohstofflieferant. Durch den Bürgerkrieg im Land kam es zu keiner nennenswerten Gegenwehr. Japan gründete den Marionettenstaat Mandschukuo und setzte den abgedankten chinesischen

Kaiser Pu Yi dort als Staatsoberhaupt ein. China musste den Staat 1932 anerkennen, nachdem Japan Shanghai bombardiert und einzelne Stadtteile weitgehend zerstört hatte. Am 7. Juli 1937 lieferten sich japanische und chinesische Truppen auf der Marco-Polo-Brücke bei Peking ein Gefecht: Der Zweite Chinesisch-Japanische Krieg begann. In rascher Folge eroberte die japanische Armee Nordchina um Peking, Shanghai (ausgenommen die Internationalen Konzessionen) und die Yangtze-Tal-Region. Dabei begingen die japanischen Truppen eine Reihe von Kriegsverbrechen, in der Hauptstadt Nanjing kam es zu einem Massaker an der Zivilbevölkerung. Die Guomindang-Regierung, politische und zivile Institutionen und Millionen von Menschen flüchteten immer weiter nach Westen ins Hinterland. Chongqing wurde schließlich der neue Hauptsitz der GMD. Sie hatte mit deutschen Militärs die Modernisierung ihrer Streitkräfte vorangetrieben, die Umsetzung war jedoch unvollständig (Militärische Beraterschaft). In der Zweiten Einheitsfront mit den Kommunisten ruhte der Bürgerkrieg, aber die Truppen der GMD und der Roten Armee agierten unabhängig in ihren jeweiligen Gebieten, ohne gemeinsame Strategie. Als Japan nach der Bombardierung Pearl Harbours im Dezember 1941 den Eintritt der USA in den Zweiten Weltkrieg erzwang, trat auch China auf Seiten der Alliierten in den Krieg ein. Die chinesischen Truppen gewannen zwar Kontrolle über ländliche Gebiete, die japanischen aber hielten Städte und Hauptverkehrswege an der Ostküste bis zur offiziellen Kapitulation Japans am 2. September 1945 besetzt.

10. Jüdisches Exil in Shanghai

Shanghai war Ende der 1930er Jahre für kurze Zeit nahezu der einzige Ort der Welt, in den jüdische Flüchtige aus Deutschland und Österreich ohne Auflagen einreisen konnten. Für rund 18.000 von ihnen wurde die Stadt zur letzten Zuflucht vor dem Nationalsozialismus.

Shanghai war seit 1937, bis auf die Internationalen Konzessionen, von Japan besetzt. Die Flüchtlinge kamen vor allem im weitgehend zerstörten Stadtteil Hongkou unter. Sie waren in der Regel mittellos. Verschiedene ausländische Flüchtlingsorganisationen und eine wohlhabende, schon seit dem 19. Jahrhundert in Shanghai ansässige, sephardische jüdische Gemeinde baute, finanzierte und unterhielt Heime und Garküchen und sorgte so für das Allernötigste. Die meisten Ankömmlinge versuchten, eine eigene Existenz aufzubauen, gründeten Ladengeschäfte und boten Dienstleistungen aller Art an. Wie in vielen Exilsituationen entwickelten dabei gerade die Frauen enorme Phantasie und Tatkraft. Trotz teilweise katastrophaler Lebensbedingungen gelang es den Flüchtlingen, Schulen und Krankenhäuser zu gründen und ein europäisches Kulturleben mit Zeitschriften, Theatern, Konzerten, Nachtclubs und Sportvereinen aufzubauen. Hongkou wurde zu »Little Berlin« bzw. »Little Vienna«. Zu den rund 2.000 »Reichsdeutschen« in der Stadt gab es wenig Kontakte. Im Frühjahr 1943 verfügten die japanischen Behörden, dass alle nach 1937 eingereisten staatenlosen Flüchtlinge Wohnungen und Geschäfte in ein festgelegtes Areal innerhalb von Hongkou verlegen mussten. Sie durften dieses Gebiet nur noch mit einem Passagierschein verlassen, was die Lebens- und Arbeitsbedingungen weiter verschärfte. Das Ghetto wurde im September 1945 aufgelöst. Fast alle jüdischen Flüchtlinge verließen China innerhalb der folgenden vier Jahre, die meisten wanderten in die USA aus, nur wenige kehrten nach Europa zurück.

11. Kolonie Jiaozhou (Kiautschou) mit Hauptstadt Qingdao (Tsingtau) (1897 – 1914)

Das deutsche Kaiserreich hatte bereits seit den 1870er Jahren die Jiaozhou-Bucht in der Provinz Shandong als möglichen deutschen Flottenstützpunkt und Handelsplatz ins Auge gefasst. Da man auf diplomatischem Weg nicht weiterkam, musste der Mord an zwei Missionaren als Vorwand herhalten, die Bucht im November 1897 zu besetzen. Anschließend wurde China gezwungen, einen Pachtvertrag für 99 Jahre abzuschließen. Dieser umfasste eine Fläche von etwa 550 km² und beinhaltete auch die Konzession für den Bau einer Eisenbahn und den Abbau von Kohlevorkommen im Inneren der Provinz. Das *Schutzgebiet Kiautschou* sollte eine Musterkolonie werden, mit einer modernen Infrastruktur und einem attraktiven Zentrum: Qingdao (Tsingtau). Bei der Stadtplanung achtete man auf eine strikte räumliche Trennung von europäischen und einheimischen Wohnvierteln. Reiche Chinesen konnten im Europäerviertel zwar Grundbesitz erwerben und bebauen, durften dort aber nicht wohnen. Das änderte sich erst 1911/12, als mit dem Sturz des Kaiserhauses viele wohlhabende Beamte aus Peking nach Qingdao flüchteten. Zwischen 1902 und 1913 wuchs die chinesische Bevölkerung der Stadt von rund 15.000 auf über 53.000, die Zahl der überwiegend deutschen Europäer und Europäerinnen stieg von knapp 700 auf über 2.000, hinzu kamen bis zu 2.400 Marinesoldaten. Frauen waren eine Minderheit, in der deutschen Zivilbevölkerung machten sie 1910 etwa ein Viertel aus. Das zuständige Reichsmarineamt und verschiedene Kolonialorganisationen bemühten sich zwar, die Auswanderung lediger Frauen zu fördern, doch das blieben Einzelfälle. Prostitution war angesichts des Frauenmangels weit verbreitet und wurde von den deutschen Behörden als notwendiges Übel geduldet. Trotz erheblichen Aufwands war die Kolonie wirtschaftlich kein Erfolgsprojekt, sondern blieb in den 17 Jahren ihres Bestehens ein Zuschussgeschäft. Bereits zu Beginn des Ersten Weltkrieges eroberte die mit den Alliierten verbündete japanische Armee Qingdao und bekamen im Versailler Vertrag das gesamte deutsche Pachtgebiet Jiaozhou offiziell zugesprochen (Vierte-Mai-Bewegung). 1922 musste Japan das Gebiet auf internationalen Druck an China zurückgeben.

12. Militärische Beraterschaft (1928 – 1938)

Nach dem Friedensvertrag von 1921 verfolgte das Deutsche Reich offiziell eine Politik der Nichteinmischung in chinesische Angelegenheiten. Die Guomindang-Regierung unter Chiang Kai-shek, die Industrie und Militär modernisieren wollte, sah Deutschland als Vorbild für einen modernen effizienten Staat und fand dort Kontakt zu rechten ehemaligen Militärs. Mit stillschweigender Duldung des Reichswehrministeriums stellten diese 1928 eine militärische Beraterschaft zusammen, die in Nanjing die GMD-Streitkräfte neu strukturieren sollte. Nach der »Machtergreifung« der NSDAP 1933 unterstützte man auch offiziell die Aufrüstung des chinesischen Militärs, trieb den Eisenbahnbau voran und ließ Stahl- und Maschinenfabriken und Kraftwerke bauen. Umgekehrt erhielt Deutschland landwirtschaftliche Produkte und militärisch wichtige Rohstoffe. Zur Abwicklung der Geschäfte wurde 1934 die *Handelsgesellschaft für industrielle Produkte* (kurz: *Hapro*) gegründet, ein privates Unternehmen, dessen Aktivitäten staatlich abgesichert waren. Das führte zum Protest der traditionellen Chinafirmen, die um ihre Geschäfte fürchteten. Der Ausbruch des Zweiten Chinesisch-Japanischen Krieges am 7. Juli 1937 und die japanische Eroberung Nanjings erzwangen eine Parteinahme des Deutschen Reiches. Hitler entschied sich – gegen die Interessen der Chinafirmen und den Rat vieler Diplomaten – für eine Kooperation mit Japan, mit dem man bereits 1936 den Antikominternpakt abgeschlossen hatte. Die deutsche Regierung erkannte den Marionettenstaat Mandschukuo (Japanische Invasion) Anfang 1938 an und rief die Militärberater zurück.

13. Nationalsozialismus in China

Bei den international vernetzten Chinadeutschen stieß die nationalsozialistische Bewegung zunächst auf wenig Resonanz. Mit Hitlers Machtübernahme wuchs jedoch die Zahl von Parteimitgliedern und Ortsgruppen. Alteingesessene Chinadeutsche standen der aggressiv-antisemitischen Bewegung häufig distanziert gegenüber. Unter jüngeren Angestellten fanden Führerkult und NS-Ideologie größere Verbreitung. Aber die Parteizugehörigkeit blieb – verglichen mit Deutschland – zunächst gering. Die Gleichschaltung von deutschen Institutionen, Zeitungen und Vereinen erfolgte dagegen auf Betreiben der deutschen Regierung durchgreifend. Der Hitlergruß wurde ein Muss, Heldengedenktage, paramilitärische Sportveranstaltungen, Auftritte von HJ (Hitler-Jugend) und BDM (Bund Deutscher Mädel) wurden von der NSDAP organisiert. Firmen mussten jüdischen Mitarbeitern kündigen, in jüdischen Geschäften war der Einkauf verboten, kritische Stimmen setzte man unter Druck. Gegen die zunehmende staatliche Kontrolle der Wirtschaft durch die Gründung der *Hapro* und die deutsch-japanische Allianz (Militärische Beraterschaft) – beides Katastrophen für den Chinahandel – gab es zwar Proteste, sie blieben aber ungehört. Die meisten Chinadeutschen fühlten sich mehr mit China als mit Japan verbunden, selbst als China 1941 zum Kriegsgegner wurde.

14. Opiumkriege (1839 – 1842 und 1856 – 1860)

1839 ließ das chinesische Kaiserreich über 20.000 Kisten illegales Opium in Kanton beschlagnahmen und öffentlich verbrennen. Die enorme Ausweitung des Opiumschmuggels, den vor allem die *Britische Ostindien-Kompanie* betrieb, war für China immer mehr zu einem wirtschaftlichen und gesellschaftlichen Problem geworden. Großbritannien sah eine Gelegenheit, seine Handelsmöglichkeiten in dem weitgehend abgeschotteten Land gewaltsam zu erweitern und schickte Kriegsschiffe, was zum Ersten Opiumkrieg (1839–1842) führte. Nach der Niederlage musste China den ersten einer Reihe »Ungleicher Verträge« mit westlichen Staaten abschließen. Er beinhaltete hohe Reparationszahlungen, die Abtretung Hongkongs und die Öffnung mehrerer Häfen für den ausländischen Handel. Dort konnten Ausländer Konzessionen errichten, die nicht chinesischem Recht unterstanden. Zudem wurden für diverse Handelsgüter niedrige Zinssätze festgelegt, so dass China die Kontrolle über seine Zolleinnahmen verlor. Um noch mehr Zugeständnisse zu erreichen, nahm Großbritannien 13 Jahre später einen harmlosen Vorfall zum Anlass für den Zweiten Opiumkrieg (1856–1860), an dem sich auch Frankreich beteiligte. Im September 1860 marschierte das Invasionsheer in Peking ein und plünderte und zerstörte dabei auch weite Teile der Sommerpaläste des Kaisers. China musste in der Folge noch mehr Orte für Konzessionen öffnen, unbegrenzten Handel ermöglichen, Opium legalisieren und christliche Missionsgesellschaften auch im Inland zulassen. Die Niederlagen hatten weitreichende Auswirkungen. Sie offenbarten die militärische Überlegenheit des Westens, schwächten das innenpolitisch bereits angegriffene China und zwangen das Land in einen halbkolonialen Status. Die Deutschen konnten von den »Errungenschaften« dieser Kriege profitieren, ohne zunächst selbst als Kolonialmacht aufzutreten.

15. Repatriierung nach dem Zweiten Weltkrieg (ab 1946)

Der Zweite Weltkrieg hatte in Ostasien mit der Aggression der Japaner 1937 begonnen (Japanische Invasion). Er endete nicht wie in Europa am 8. Mai 1945, sondern mit der Niederlage und der darauffolgenden offiziellen Kapitulation Japans am 2. September. In den Monaten zuvor hatten die USA zur Unterstützung Chinas immer wieder von Japanern besetzte Städte bombardiert. Amerikanische Truppen und chinesische Institutionen requirierten nach ihrem Einmarsch in Peking, Shanghai und anderen Städten die von Deutschen bewohnten Häuser und Wohnungen und internierten deutsche Diplomaten, Journalisten und Journalistinnen und NSDAP-Mitglieder. Vielen Deutschen wurde erst jetzt das Ausmaß der Katastrophe bewusst. Vorher hatte man Schreckensnachrichten häufig als ausländische Propaganda abgetan. Im Juni 1946 begann die Repatriierung der Deutschen aus China auf amerikanischen Truppentransportern von Shanghai aus, bis September 1947 hatte die Mehrzahl der Deutschen und der exilierten jüdischen Flüchtlinge China verlassen. Einige Kaufleute versuchten, den Handel neu zu beleben, die meisten wanderten jedoch spätestens nach Ausrufung der Volksrepublik 1949 aus. Einige landeten in Gefängnissen, manche starben. Andere flüchteten mit Chiang Kai-shek nach Taiwan. Nur wenige Kommunisten und Kommunistinnen lebten und arbeiteten weiterhin in China.

16. Vierte-Mai-Bewegung (1919)

Als klar wurde, dass die ehemalige deutsche Kolonie Jiaozhou im Versailler Vertrag Japan zugesprochen werden sollte, demonstrierten am 4. Mai 1919 zunächst mehrere tausend Studierende in Peking gegen Japan und die Westmächte. Im ganzen Land kam es daraufhin zu patriotischen Protesten, Streiks und dem Boykott japanischer Waren. Der 4. Mai gilt als der Beginn politischer Massenbewegungen in China. Im Juni verweigerte die chinesische Delegation ihre Unterschrift unter den Versailler Vertrag und schloss 1921 einen separaten Friedensvertrag mit Deutschland. Viele Intellektuelle der jungen Republik hatten die traditionelle konfuzianische Kultur in China hinterfragt und sich liberale westliche Demokratien und Werte wie Freiheit und Gleichheit zum Vorbild genommen. Das Gefühl, vom Westen betrogen worden zu sein, führte bei einem Teil von ihnen zu einer Radikalisierung des Denkens und einer Hinwendung zu kommunistischen Ideen mit der Sowjetunion als politischem Modell.

17. Volksrepublik (ab 1949) und Kulturrevolution (1966 – 1976)

In der von Mao Zedong am 1. Oktober 1949 ausgerufenen Volksrepublik China machte sich die KPCh – zunächst mit sowjetischer Unterstützung – an den Wiederaufbau der Wirtschaft und die Beseitigung der Kriegsschäden. Eine Landreform enteignete Großgrundbesitzer und verteilte das Land an die bäuerliche Bevölkerung. Ein neues Ehegesetz stellte Frauen und Männer gleich. Ab Mitte der 1950er Jahre kam es immer wieder zu politischen Kampagnen, die die Gesellschaft spalteten und kritische Stimmen mundtot machten. Besonders verheerend wirkte sich *Der Große Sprung nach vorn* (1958–1961) aus. Diese Kampagne (u.a. Zwangskollektivierung der Landwirtschaft und Heranziehung von Bäuerinnen und Bauern zur Stahlgewinnung) war die wesentliche Ursache für eine katastrophale Hungersnot, der, je nach Schätzung, 14 bis 55 Millionen Menschen zum Opfer fielen.

1966 riefen Mao und seine Verbündeten innerhalb eines parteiinternen Machtkampfs die *Große Proletarische Kulturrevolution* aus, die den »revolutionären Elan« der »Volksmassen« wecken sollte. Besonders junge Leute fühlten sich angesprochen. Maßgeblichen Einfluss auf die Bewegung hatte die sogenannte Viererbande unter der Führung von Jiang Qing, Maos vierter Frau. Unliebsame Kader, Intellektuelle und Kulturschaffende wurden verfolgt, teils ermordet, teils in Arbeitslager oder ins Gefängnis gesteckt. Rund zehn Millionen Schulkinder schickte man aufs Land, um »von den Bauern zu lernen«. Familien wurden getrennt, Denunziationen waren an der Tagesordnung. Man geht von mehreren Millionen Todesopfern aus. Schulen und Universitäten mussten jahrelang schließen, unzählige Kulturdenkmäler wurden zerstört. Die Hochphase der Kulturrevolution endete bereits 1969, doch erst nach Maos Tod am 9.9.1976 konnte ein anderer Kurs eingeschlagen werden. Parteiintern setzte sich schließlich der Pragmatiker Deng Xiaoping durch und läutete die Reform- und Öffnungspolitik Chinas ein.

Literatur/Quellen

Abegg, Lily

Abegg, Lily (1940): Chinas Erneuerung. Der Raum als Waffe. Frankfurt am Main.

Abegg, Lily (1957): Im neuen China. Zürich, München.

Abegg, Lily (1944): In the Wake of the Blitz. In: The XXth Century. Vol. VI Shanghai, Mai 1944.

Abegg, Lily (1973): Japans Traum vom Musterland. Der neue Nipponismus. München.

Abegg, Lily (1970^{2}): Ostasien denkt anders. Eine Analyse des west-östlichen Gegensatzes. Überarbeitete Neuausgabe. München. 1949^{1}.

Abegg, Lily (1966): Vom Reich der Mitte zu Mao Tse-Tung. Luzern und Frankfurt am Main.

Abegg, Lily (1936): Yamato. Der Sendungsglaube des Japanischen Volkes. Frankfurt am Main.

Bieber, Hans (2014): SS und Samurai. Deutsch-japanische Kulturbeziehungen 1933 – 1945. München.

Fellmer, Edith (1981): Die Kiste der Besinnung. Leben mit einem Tagebuch. Norderstedt.

Graham, Thomas (2020): Lily Abegg (1–3). https://grahamthomasauthor.wordpress.com/2020/04/29/lily-abegg-part-1-3/

Mader, Julius (1984): Der Sorge Report. Berlin.

Mehnert, Klaus (1962): Peking und Moskau. Stuttgart.

Tobler, Andreas (2019): War Lily Abegg eine Kriegsverbrecherin? In: Tagesanzeiger vom 29.6.2019.

Wickert, Erwin (1991): Mut und Übermut. Stuttgart.

Anz, Otti

Anz, Otti. Tagebücher und Briefe (in Familienbesitz). Dokumente über den Zeitraum in China (1903–1912) https://wurzelton.wordpress.com.

Anz, Otti (1923): »Einigkeit und Recht und Freiheit.« Ort o.A. (in Privatbesitz).

Anz, Otti (o. A.): Sommerabend im deutschen Tsingtau. Eine Erinnerung von Otti Anz. Ort o. A. (Artikel in Privatbesitz).

Anz, Otti (1933): Zu Deutschlands Erhebung. Gedichtentwurf. (Privatbesitz).

Bunsen, Marie von

Bunsen, Marie von (1916): Die Frau und die Geselligkeit. Leipzig.

Bunsen, Marie von (1929): Die Welt in der ich lebte. Erinnerungen aus glücklichen Jahren 1860–1912. Leipzig.

Bunsen, Marie von (1935³): Im fernen Osten. Eindrücke und Bilder aus Japan, Korea, China, Ceylon, Java, Siam, Kambodscha, Birma und Indien. Leipzig. 1934¹.

Bunsen, Marie von (1909): Führer – Internationale Volkskunst-Ausstellung. Berlin.

Bunsen, Marie von (1932): Zeitgenossen die ich erlebte. 1900–1930. Leipzig.

Erdberg, Eleanor von

Erdberg, Eleanor von (1994): Der strapazierte Schutzengel. Erinnerungen aus drei Welten. Waldeck.

Erdberg, Eleanor von (1992): Peking: Erinnerungen an einen Lebensraum, den es nicht mehr gibt. In: Mitteilungen der Gesellschaft für Ostasiatische Kunst. Berlin. Okt. 1992. S. 12–16.

Götting, Doris (2012): »Etzel«. Forscher, Abenteurer und Agent. Die Lebensgeschichte des Mongoleiforschers Hermann Consten (1878–1957). Berlin.

Fischer, Frieda

Fischer, Frieda (1942): Chinesisches Tagebuch. München.

Fischer-Wieruszowski, Frieda (1931): Die Frau und ihr Haus. 12. Jahrgang, Heft 3. Sonderabdruck. Köln.

Fischer, Frieda (1938): Japanisches Tagebuch. München.

Fischer, Adolf (1897): Bilder aus Japan. Berlin.

Lang, Lisa (2022): Frieda Fischer, Lilli Fischer und Hanna Stirnemann – Frauen in Führungspositionen an Museen zu Beginn des 20. Jahrhunderts. Masterarbeit. Technische Universität Berlin.

Schlomps, Adele (2009): Aufbruch in eine neue Zeit. Museum für ostasiatische Kunst in Köln.

Schöne: Lebenslauf Frieda Fischer. Dokument, o.A. Ostasiatisches Museum. Köln.

Grimm, Irmgard

Grimm, Irmgard (1992): Erinnerungen aus meinem bunten Leben. Hannover, Frankfurt am Main. (Selbstverlag).

Grimm, Irmgard (Hg. und Übers). (1948): Lun Yü. Gespräche des Konfuzius. Hamburg.

Grimm, Reinhold (1976): Erinnerungen an das alte kaiserliche China. In: Therapie der Gegenwart. Monatsschrift für praktische Medizin. Heft 4.4.1976, S. 2–16.

Grimm, Rüdiger (2002): Tilemann Grimm, Kindheit in China 1923–1934 und sein Weg in die Sinologie. Erinnerungen aus seiner Familie. Als PDF erhältlich unter: https://uni-tuebingen.de/fakultaeten/philosophische-fakultaet/fachbereiche/asien-orient-wissenschaften/sinologie/abteilung-fuer-sinologie/geschichtliches/prof-dr-tilemann-grimm/

Heyking, Elisabeth von

Heyking, Elisabeth von (2014[52]): Briefe, die ihn nie erreichten. Berlin. 1903[1].

Heyking, Elisabeth von (1926[2]): Tagebücher aus vier Weltteilen 1886/1904. Hg. von G. Litzmann. Ort o. A.

Heyking, Elisabeth von (1914): Tschun. Eine Geschichte aus dem Vorfrühling Chinas. Berlin, Wien.

Leutner, Mechthild (2009): Elisabeth von Heykings ambivalente Positionen zur Kolonialpolitik. In: Bechhaus-Gerst, Marianne und Leutner, Mechthild (Hg.): Frauen in den deutschen Kolonien. Berlin.

Sieberg, Herward (2012): Elisabeth von Heyking. Ein romanhaftes Leben. Hildesheim, Zürich, New York.

Kluge Scheel, Erna

Kluge Scheel, Erna (1998): The Strength to Persevere. Fairway Press. Lima, Ohio, USA. (Übersetzungen von Hilke Veth).

Wickert, Erwin (Hg.) (2008): John Rabe. Der gute Deutsche von Nanking. München.

Langner, Ilse

Langner, Ilse (1960): Chinesisches Tagebuch. Erinnerung und Vision. Nürnberg.

Langner, Ilse (1937): Die purpurne Stadt. Berlin.

Langner, Ilse (1989): Jugend in Schlesien. Texte der Erinnerung. Hg. von Margarete Diercks. Würzburg.

Langner, Ilse (1979): Mein Thema und mein Echo. Darstellung und Würdigung. Hg. von Ernst Johann. Darmstadt.

Denkler, Horst (2005): Rassenprobleme in Peking. Zu Ilse Langners China-Roman »Die purpurne Stadt« (1937). In: Kimura, Naoji und Thomé, Horst (Hg.): »Wenn Freunde aus der Ferne kommen«. Eine west-östliche Freundschaftsgabe für Zhang Yushu zum 70. Geburtstag. Bern, S. 55–65.

Marhoff, Lydia (2002): Zwischen Abwehr und Anpassung. Strategien der Realitätsverarbeitung in den Texten nichtfaschistischer junger Autorinnen von 1930–1945. Berlin.

Melchert, Monika (2002): Die Dramatikerin Ilse Langner. »Die Frau, die erst kommen wird ...«. Berlin.

Schulte, Birgitta M. (1999): Ich möchte die Welt hinreißen ... Ilse Langner 1899–1987. Rüsselsheim.

Lehmann, Emily

Lehmann, Emily (1997): Als Missionarin und Pfarrfrau in China: Erinnerungen 1936 bis 1949. (Scheitern, um zu begreifen). Berlin.

Lehmann, Emily (1956): Bambus zerbricht nicht am Sturm. Wuppertal.

Lehmann, Emily (1966): Pretoria, Skinnerstraat 295. Briefe aus dem Lande der Apartheid. Wuppertal.

Lehmann, Emily (1955): Verborgene Brücken. Wuppertal.

Boetzinger, Vera (2004): »Den Chinesen eine Chinese werden«. Die deutsche protestantische Frauenmission in China 1842–1952. Missionsgeschichtliches Archiv. Band 11. Stuttgart.

Lehmann, Hellmut (1974): Übernahme der Chinamission. In: 150 Jahre Berliner Mission. Erlangen, S. 74–82.

Lehmann, Hellmut (1989): China. In: Zur Zeit und zur Unzeit. Geschichte der Berliner Mission 1918 – 1972. Band 1. Berlin, S. 1–222.

Oehler, Elisabeth

Oehler-Heimerdinger, Elisabeth (1921[3]): Ich harre aus. Geschichten von chinesischen Frauen. Stuttgart. 1911[1].

Oehler-Heimerdinger, Elisabeth (1925): Wie mir die Chinesen Freunde wurden. Aus dem Tagebuch einer jungen Frau. Stuttgart.

Oehler-Heimerdinger, Elisabeth (1949): Wie's daheim war. Von Menschen, die durch meine Kindheit gingen. Stuttgart.

Konrad, Dagmar (2001): Missionsbräute. Pietistinnen des 19. Jahrhunderts in der Basler Mission. Münster.

Oehler, Regina (2016): Das Eigene und das Fremde: Missionsgeschichte als eine Geschichte von Grenzüberschreitungen und Perspektivwechseln. Radiofeature. Hessischer Rundfunk, 15.5.2016.

Skrzypek, Elisabeth (2021): Von Cannstatt nach China – Die Lebensgeschichte der Elisabeth Oehler-Heimerdinger. https://cannstatterfrauengeschichten.wordpress.com/2021/04/23/von-cannstatt-nach-china-die-lebensgeschichte-der-elisabeth-oehler-heimerdinger/

Pfeiffer, Ida

Pfeiffer, Ida (1861): Biographische Skizze: Ida Pfeiffer, nach ihren eigenen Aufzeichnungen. In: Dies.: Gesammelte Werke (eBook 2015). e-artnow.

Pfeiffer, Ida (1850): Eine Frauenfahrt um die Welt. Zweiter Band. Kapitel: China. In: Dies.: Gesammelte Werke (eBook 2015). e-artnow.

Pfeiffer, Ida (1846): Reise nach dem skandinavischen Norden und der Insel Island im Jahre 1845. Kapitel: Reise nach Reikholt (Reikiadal) und der Grotte Surthellir. (21. Juni). In: Dies.: Gesammelte Werke (eBook 2015). e-artnow.

Habinger, Gabriele (1997): Eine Biedermeierdame erobert die Welt. Die Lebensgeschichte der Ida Pfeiffer (1797–1858). Wien.

Habinger, Gabriele (Hg.) (2008): Ida Pfeiffer. »Wir leben nach Matrosenweise«. Briefe einer Weltreisenden des 19. Jahrhunderts. Wien.

Siao, Eva

Siao, Eva (1990): China, mein Traum, mein Leben. München.

Siao, Eva (1996): China. Photographien 1949–1967. Hg. von Reinhold Mißelbeck. Heidelberg.

Siao, Eva (1989): China und seine Gesichter. Fotografien aus zwei Jahrzehnten. Berlin.

Siao, Eva (1986): Kina, Min Dröm och min Verklighet. Stockholm.
Siao, Eva (1956): Peking. Eingeleitet von Bodo Uhse. Dresden.
Siao, Eva (1957): Peking Opera. An Introduction through Pictures. Text by Rewi Alley. Peking.
Siao, Eva (1984): Peking Oper. Text von Rewi Alley. Beijing.
Siao, Eva und Hauser, Harald (1961): Sterne über Tibet. Leipzig.
Siao, Eva und Hauser, Harald (1957): Tibet. Leipzig.

Filme (Auswahl):

Siao, Eva: Die Enkel der Kantoner Kommunarden.
Siao, Eva: Der Pekinger Pionierpalast.
Siao, Eva: Ein Tag im Pekinger Filminstitut.
Siao, Eva: Mein Peking.
Siao, Eva: Meine Straße.
Fluck, Martina (Regie), Hoffmann, Jürgen (Kamera) (1993): Mein Traum, meine Liebe, meine Hoffnung. Lebenserinnerungen der Eva Siao. Hamburg.
Nickel, Gitta (Regie), Schwarz, Wolfgang (Autor), Pawloff, Nico (Kamera) (1991): China, mein Traum, mein Leben. DDR.
Pachnicke, Peter (1996): Mit den Augen kennenlernen, nicht mit den Ohren. In: Siao, Eva: China. Photographien 1949–1967. Heidelberg, S. 132.

Tausig, Franziska

Tausig, Franziska (1955): Café International. In: Arbeiter-Zeitung, Nr. 47. 26.2.1955.
Tausig, Franziska (1966): Die letzte Liebe. In: Die Frau, Nr. 33, 13.8.1966, S. 6.
Tausig, Franziska (1947): Mit vier Dollar in die weite Welt. In: o.A. (vermutlich Arbeiter-Zeitung, 30.8.1947).
Tausig, Franziska (2007[2]): Shanghai Passage. Emigration ins Ghetto. Wien. 1987[1].
Tausig, Otto (2010): Kasperl, Kummerl, Jud. Eine Lebensgeschichte. Wien.

Troschel, Elise

Troschel, Elise (2001): Fünfzig Jahre Dr. med. 1948. (unveröffentl. Privatdruck).

Seeger, Hilde Dr. med. (1969): Weiblicher Sonderling im Hörsaal. Zum Gedenken an Frau Dr. med. Elise Troschel, die erste Ärztin mit Staatsexamen einer deutschen Universität. In: Deutsches Ärzteblatt – Ärztliche Mitteilungen. Heft 25/1969. S. 1894 f.

Seeger, Sinikka (2002): Sehnsucht. Zwei Ärztinnen – Zwei Jahrhunderte. Diplomarbeit Ecosign Akademie Köln.

Wang, Anna

Wang, Anna (1973[2]): Ich kämpfte für Mao. Hamburg. 1964[1].

Kampen, Thomas (2006): Anna Wang und Herbert Wunsch – Zwei Deutsche und der Xi'an-Zwischenfall. In: Das neue China. Dezember, S. 20 f.

Kampen, Thomas (2010): Chinesen in Europa – Europäer in China. Journalisten, Spione, Studenten. Gossenberg.

Kampen, Thomas (2010): Drei Ausländerinnen in Yan'an: Agnes, Anna und Helen. In: SHAN 2010. Newsletter Nr. 42.

Saalfeld, Lerke von (1985): Gespräch mit Frau Dr. Martens, alias Anna Wang. Bad Oeynhausen. In: Dies.: Wir waren voller Hoffnung. Zeitzeuginnen des 20. Jahrhunderts im Gespräch. Random House Audio. 2016.

Weiss, Ruth

Weiss, Ruth (1999): Am Rande der Geschichte. Mein Leben in China. Osnabrück.

Weiss, Ruth (1985): Lu Xun, A Chinese Writer for All Times. Beijing, China.

Weiss, Ruth (1979): Remembrance and New Questings. In: Living in China by Twenty Authors from Abroad. Beijing, China.

Kräuter, Uwe (2012): So ist die Revolution, mein Freund. Freiburg im Breisgau.

Werner, Ruth

Werner, Ruth (1976): Der Gong des Porzellanhändlers. Drei Erzählungen. Berlin.

Werner, Ruth (1960): Ein ungewöhnliches Mädchen. Berlin.

Werner, Ruth (1980): Gedanken auf dem Fahrrad. Publizistik aus zwei Jahrzehnten. Berlin.

Werner, Ruth (2006): Sonjas Rapport. (Erste vollständige Ausgabe). Berlin. 1977[1].

Hempel, Werner (Hg.) (2007): Ruth Werner: Funksprüche an Sonja. Die Geschichte der Ruth Werner. Berlin.

Macintyre, Ben (2022): Agent Sonja. Kommunistin, Mutter, Topspionin. Aus dem Englischen von Kathrin Bielfeldt und Jürgen Bürger. Berlin.

Allgemein (Auswahl)

Bechhaus-Gerst, Marianne/Leutner, Mechthild (Hg.) (2009): Frauen in den deutschen Kolonien. Berlin.

Eberstein, Bernd (1988): Hamburg-China. Geschichte einer Partnerschaft. Hamburg.

Freyeisen, Astrid (2000): Shanghai und die Politik des Dritten Reiches. Würzburg.

Freytag, Mirjam (1994): Frauenmission in China. Die interkulturelle und pädagogische Bedeutung der Missionarinnen untersucht anhand ihrer Berichte von 1900 bis 1930. Münster, New York.

Groeneveld, Sabina (2019): Zweite Heimat Tsingtau. Qingdao (1897–1914) im Spiegel deutscher Selbstzeugnisse. St. Ingbert.

Harnisch, Thomas (1999): Chinesische Studenten in Deutschland. Geschichte und Wirkung ihrer Studienaufenthalte in den Jahren von 1860 bis 1945. Hamburg.

Heise, Katja (2005): Deutsche Frauen in Tsingtau 1898–1920. Studien und Quellen zur Geschichte Schantungs und Tingstaus. Bonn.

Hinz, Hans-Martin/Lind, Christoph (Hg.) (1998): Tsingtau. Ein Kapitel deutscher Kolonialgeschichte in China 1887–1914. Katalog zur Tsingtau-Ausstellung im Deutschen Historischen Museum 1998. Berlin.

Kampen, Thomas (2010): Chinesen in Europa – Europäer in China. Journalisten, Spione, Studenten. Gossenberg. Reihe Gelbe Erde 8.

Konrad, Dagmar (2001): Missionsbräute. Pietistinnen des 19. Jahrhunderts in der Basler Mission. Münster.

Kreissler, Françoise (1991): Exil in Shanghai: Problematik und Schwerpunktthemen. In: Deutsch-chinesische Beziehungen vom 19. Jahrhundert bis zur Gegenwart. (Hg. von Heng-yü Kuo und Mechthild Leutner). München. S. 293–314.

Li, Erna (1984): Deutsche Frauen in China. 12 Plaudereien über deutsch-chinesische Ehen. Berliner China-Studien 7. München.

Schmitt-Englert, Barbara (2021[2]): Deutsche in China 1920–1950. Alltagsleben und Veränderungen. Gossenberg.

Seitz, Konrad (2000): China. Eine Weltmacht kehrt zurück. Berlin.

Wilhelm, Richard (1926): Die Seele Chinas. Frankfurt am Main.

Yü-Dembski, Dagmar (1991): Lebenskonzepte und politische Aktivitäten chinesischer Intellektueller in Deutschland, 1920–1941. In: Deutsch-chinesische Beziehungen vom 19. Jahrhundert bis zur Gegenwart. (Hg. Kuo, Heng-yü und Leutner, Mechthild). München. S. 315–344.

Namen und Schreibweisen

Wir verwenden in unseren Texten weitgehend die heute übliche Schreibweise in Hanyu Pinyin. Ausnahmen sind Orte und Persönlichkeiten, deren Namen sich in Deutschland in der alten Form eingebürgert haben. In den Zitaten übernehmen wir die jeweiligen Schreibweisen der Autorinnen.

Orte

Orte (Hanyu Pinyin)	**Orte (andere Schreibweisen)**	
Beijing	Peking	Hauptstadt bis 1928 und seit 1949
Cangkou	Tsangkou	Ehemals Dorf in der Nähe von Qingdao
Chengdu	Tschengdu	Hauptstadt der Prov. Sichuan
Chongqing	Tschungking	Im Landesinnern am Yangtse-Fluss, Kriegshauptstadt der Nationalchinesischen Regierung von 1938–1945
Dalian	Dairen	Nördlichste Hafenstadt Chinas
Guangdong	Kanton, Canton	Südchin. Provinz
Guangzhou	Kanton, Canton	Hauptstadt der Prov. Guangdong
Hankou	Hankow	Am Yangtse-Fluss, fünf ausländische Konzessionen. 1938 von Japan erobert, heute Teil von Wuhan
Hongkou	Hongkew	Stadtteil in Shanghai, in dem viele jüdische Flüchtlinge lebten
Huizhou	Fuidschu (Weichow)	Stadt in der Nähe einer Missionsstation der Berliner Mission, Prov. Guangdong
Jiaozhou	Kiautschou	Deutsches Kolonialgebiet in der Prov. Shangdong
Jinan	Tsinanfu	Hauptstadt der Provinz Shandong
Nanjing	Nanking	Hauptstadt von 1928–1949
Manzhouguo	Mandschukuo	Japanischer Marionettenstaat in der Mandschurei, 1932–1945

Qingdao	Tsingtau	Hauptstadt der deutschen Kolonie Jiaozhou
Shenyang	Mukden	Heute Hauptstadt der Provinz Liaoning
Taiwan Republik China	Formosa	Insel im südchin. Meer, nach 1949 Rückzugsort für Truppen und Eliten der GMD, sieht sich als legitime Nachfolgerin der Republik China von 1912
Tianjin	Tientsin	Hafenstadt in Ostchina
Xi'an	Sian, auch Chang-an	Alte Kaiserstadt, Schauplatz des »Xi'an-Zwischenfalls«
Xiamen	Amoy	Küstenstadt im Südosten
Xianggang	Hongkong, Victoria	Von 1843 – 1997 britische Kronkolonie
Yan'an	Yenan	Rückzugsort der KPCh nach dem »Langen Marsch«
Zhifu	Tschifu, Chefoo	Heute Stadtteil von Yantai, Provinz Shangdong
	Tschonghang-kang	Missionsstation der Basler Mission in der Prov. Guangdong, heute Stadtteil der Millionenmetropole Shenzhen

Personen

Cixi (1835–1908)	Tzu Hsi	Kaiserwitwe, eine der mächtigsten Frauen Chinas
Jiang Jieshi (1887–1975)	Chiang Kai-shek/ Tschiang Kai-schek	Führer der GMD ab 1925
Lu Xun (1881–1936)	Lu Hsün	Revolutionär und Erneuerer der chin. Literatur
Mao Zedong (1893–1976)	Mao Tse Tung	Führer der KPCh
Song Qingling (1893–1981)	Madame Sun	Frau des Republikgründers Sun Yat-sen
Sun Zhongshan/ Sun Yixian (1866–1925)	Sun Yat-sen	Republikgründer 1912, Gründer der GMD
Zhou Enlai (1898–1976)	Tschu En Lai	Wichtiges Mitglied der KPCh, Premierminister der VR China von 1949 bis zu seinem Tod

Bildnachweise

Vorsatz/Nachsatz: Chinakarte, vermutlich vor 1897. In: Roschen, Axel/ Theye, Thomas (Hg.) (1998): Abreise von China. Texte und Photographien von Wilhelm Wilshusen 1901–1919. Frankfurt am Main, S. 5. Die Markierungen der Orte stammen von uns.

S. 8, 332: Chinesische Mauer, © iStock.com/zhaojiankang

S. 12: Foto: Franz Seraph Hanfstaengl https://commons.wikimedia.org/w/index.php?curid=3178405

S. 17: Foto: Lai Afong https://commons.wikimedia.org/w/index.php?curid=38325399

S. 19: Lithografie von Thomas Allom nach Auguste Borget. In: China, in a Series of Views, Displaying the Scenery, Architecture, and Social Habits, of That Ancient Empire (1843). Drawn with Original and Authentic Scetches by Thomas Allom, Esq. with Historical and Descriptive Notices by Rev. G. N. Wright, M. A. Volume 1

S. 22: Foto: John Thomson (zugeschrieben). The Met, Gilman Collection, Purchase, Robert Rosenkranz Gift, 2005

S. 25: Lithografie von Adolf Dauthage

S. 28, 34, 40: Privatbesitz. In: Sieberg, Herward (2012): Elisabeth von Heyking. Ein romanhaftes Leben. Hildesheim

S. 33: In: Hesse-Wartegg, Ernst von (1900): China und Japan. Erlebnisse, Studien, Beobachtungen. Leipzig

S. 43: Das Foto von Schloss Crossen wurde uns freundlicherweise vom Verein »Freunde und Förderer des Schlosses Crossen e.V.« zur Verfügung gestellt. Für Führungen, Besichtigungen oder andere Termine wenden Sie sich gerne an den Verein unter info@schloss-crossen.de oder 0171/2785018.

S. 44, 46, 55: Mit freundlicher Genehmigung der Familie von Otti Anz

S. 51: Bundesarchiv, Bild 134-B2427, ohne Angabe des Fotografen/ der Fotografin

S. 60, 72, 74: Mit freundlicher Genehmigung von Hilde Seeger-Philipp

S. 65: Bundesarchiv, Bild 137-014876, ohne Angabe des Fotografen/ der Fotografin

S. 68: Mit freundlicher Genehmigung von Gerlinde Pehlken

S. 76, 85, 86: In: Fischer, Frieda (1942): Chinesisches Tagebuch.

S. 80, 89, 90, 92: Fotos: Museum für Ostasiatische Kunst Köln (Archiv)

S. 94, 99, 108: Mit freundlicher Genehmigung von Regina Oehler

S. 100, 103: In: Oehler-Heimerdinger, Elisabeth (1925): Wie mir die Chinesen Freunde wurden. Stuttgart

S. 110: In: Bunsen, Marie von (1932): Zeitgenossen, die ich erlebte. Leipzig, S. 2.
S. 113: In: Bunsen, Marie von (1929): Die Welt in der ich lebte. Leipzig, S. 2.
S. 118: Foto: Fukuhara Shinzō
S. 124: Bunsen, Marie von (1935): Im fernen Osten. Leipzig. Umschlag. Foto: Martina Bölck
S. 126, 133, 137: Mit freundlicher Genehmigung von Agnes Scheel Kivett
S. 135: The Little Museum of Foreign Brand Advertising
S. 138: © Shanghai Museum
S. 142, 155: Mit freundlicher Genehmigung von Rüdiger Grimm
S. 147: Bundesarchiv, Bild 137-023965, ohne Angabe des Fotografen/der Fotografin
S. 151: ohne Angabe des Fotografen/der Fotografin https://commons.wikimedia.org/w/index.php?curid=14358468
S. 158, 164, 167, 172: © Peter Beurton
S. 160: © Shanghai Museum
S. 174, 178: Fotos: Folkwang-Archiv Berlin/DLA Marbach. Fotografin oder Fotograf der beiden Langner-Porträts ist unbekannt. Die Originale aus dem Bestand des ehemaligen Folkwang-Archivs in Berlin liegen heute im Deutschen Literaturarchiv Marbach. Weitere Teile des Folkwang-Archivs befinden sich mittlerweile im Bestand des Folkwang-Museum Essen.
S. 182: Foto: Meadville, Pa.: Keystone View Company. Über Library of Congress, https://www.loc.gov/item/2007683138/
S. 188: Foto: Stadtarchiv Darmstadt
S. 190, 201, 202, 205: Mit freundlicher Genehmigung von Johanna Johannsen
S. 199: Archiv des Studienwerks Deutsches Leben in Ostasien e.V.
S. 206: Privatarchiv Hilke Veth
S. 210: https://grahamthomasauthor.wordpress.com/2020/04/29/lily-abegg-part-1-3/
S. 213: © ullstein bild – ullstein bild
S. 219: © Barbara Klemm
S. 222, 224, 231, 232, 235: Mit freundlicher Genehmigung von Liming Wang
S. 238, 251: Mit freundlicher Genehmigung von Wolfgang Tausig
S. 246: In: Beiheft zum Reprint »Gelbe Post« (1999). Wien, S. 6

S. 254, 259, 260: Fotos aus dem Nachlass von Hermann Consten. Mit freundlicher Genehmigung von Wolfgang Strölin
S. 268: Foto: Renate Jährling
S. 263: In: Hesse-Wartegg, Ernst von (1900): China und Japan. Erlebnisse, Studien, Beobachtungen. Leipzig
S. 270, 279, 281, 284: Mit freundlicher Genehmigung von Norman Yeh
S. 282: Foto: Martina Bölck
S. 286: © Rheinisches Bildarchiv Köln, Eva Siao, rba_d053575
S. 292: © Rheinisches Bildarchiv Köln, Eva Siao, rba_d053588
S. 297: © Rheinisches Bildarchiv Köln, Eva Siao, rba_d053636
S. 299: © Rheinisches Bildarchiv Köln, Eva Siao, rba_d053716
S. 301: © Rheinisches Bildarchiv Köln, Eva Siao, rba_d031505

Autorinnen und Verlag bedanken sich sehr herzlich bei allen Personen und Institutionen, die Bildmaterial für diese Publikation zur Verfügung gestellt haben.

Die Autorinnen

Foto: © privat

Martina Bölck ist freie Autorin und Dozentin in Hamburg. Von 2003 bis 2008 war sie als Lektorin des DAAD an einer chinesischen Universität in Beijing tätig. Sie hält Vorträge zu China und »starken Frauen« und beschäftigt sich seit mehreren Jahren mit der Geschichte der Deutschen in China. Zuletzt veröffentlichte sie »Was Sie dachten NIEMALS über CHINA wissen zu wollen« (2022).
www.marbol.de

Foto: © Achim Sperber

Hilke Veth arbeitete als Journalistin, Dozentin, Dramaturgin und Autorin für den Rundfunk sowie von 1995 bis 2011 als Hörspielredakteurin beim NDR und ist jetzt freiberuflich als Autorin tätig. Sie ist in China geboren und beschäftigt sich seit 20 Jahren mit Geschichte und Gegenwart des Landes. Ihre Bearbeitung von Liao Yiwus »Vier Lehrmeister« wurde Hörspiel des Jahres 2011.
www.hilkeveth.wordpress.com

Danke!

An alle, die uns bei diesem Projekt inspiriert, ermutigt und unterstützt haben.

Viele Angehörige und Bekannte der Chinareisenden haben uns Fotos und Material zur Verfügung gestellt und in Gesprächen unsere Vorstellungen von den Frauen vertieft und manchmal auch korrigiert. Danke an: Lilia Antico, Oscar und Katharina Becker, Peter Beurton, Rüdiger Grimm, Johanna Johannsen, Uwe Kräuter, Regina Oehler, Nicolas Reichelt, Agnes Scheel Kivett, Hilde Seeger-Philipp, Wolfgang Strölin, Wolfgang Tausig, Liming Wang, Norman Yeh.

Auch Forschende und Mitarbeitende in Bibliotheken und Archiven haben uns unterstützt. Zu nennen sind hier Bettina Clever, Freya Eckardt, Doris Götting, Gerd Kaminski, Gerhard Krebs, Lisa Lang und Gerlinde Pehlken. Ganz besonders möchten wir uns bei Renate Jährling und Anita Günther vom Studienwerk Deutsches Leben in Ostasien (StuDeO) bedanken. Mit ihrer Hilfsbereitschaft und ihrem enormen Wissen haben sie manche Kontakte hergestellt und uns wertvolle Hinweise gegeben. Das StuDeO-Archiv in Kreuth am Tegernsee hat es uns zudem ermöglicht, in einer wunderschönen Umgebung zusammen zu arbeiten.

Außerdem danken wir Britta Jürgs vom AvivA Verlag, die an das Projekt geglaubt und das Buch ermöglicht hat.

Und nicht zuletzt auch unseren Männern, die uns bei diesem literarischen Abenteuer begleitet haben.

Mehr Bücher über Abenteurerinnen und andere außergewöhnliche Frauen unter www.aviva-verlag.de

Alle Rechte vorbehalten.

Lektorat: Britta Jürgs
Korrektorat: Laura Sill
Coverfoto: © iStock.com/zhaojiankang
Layout und Satz: Kerstin Weber
Druck: Finidr, s.r.o.
Printed in Europe

FSC
www.fsc.org
MIX
Papier aus verantwortungsvollen Quellen
FSC® C014138

1. Auflage 2023
© 2023 AvivA Verlag
AvivA Britta Jürgs GmbH
Emdener Straße 33, 10551 Berlin
info@aviva-verlag.de

ISBN 978-3-949302-21-3

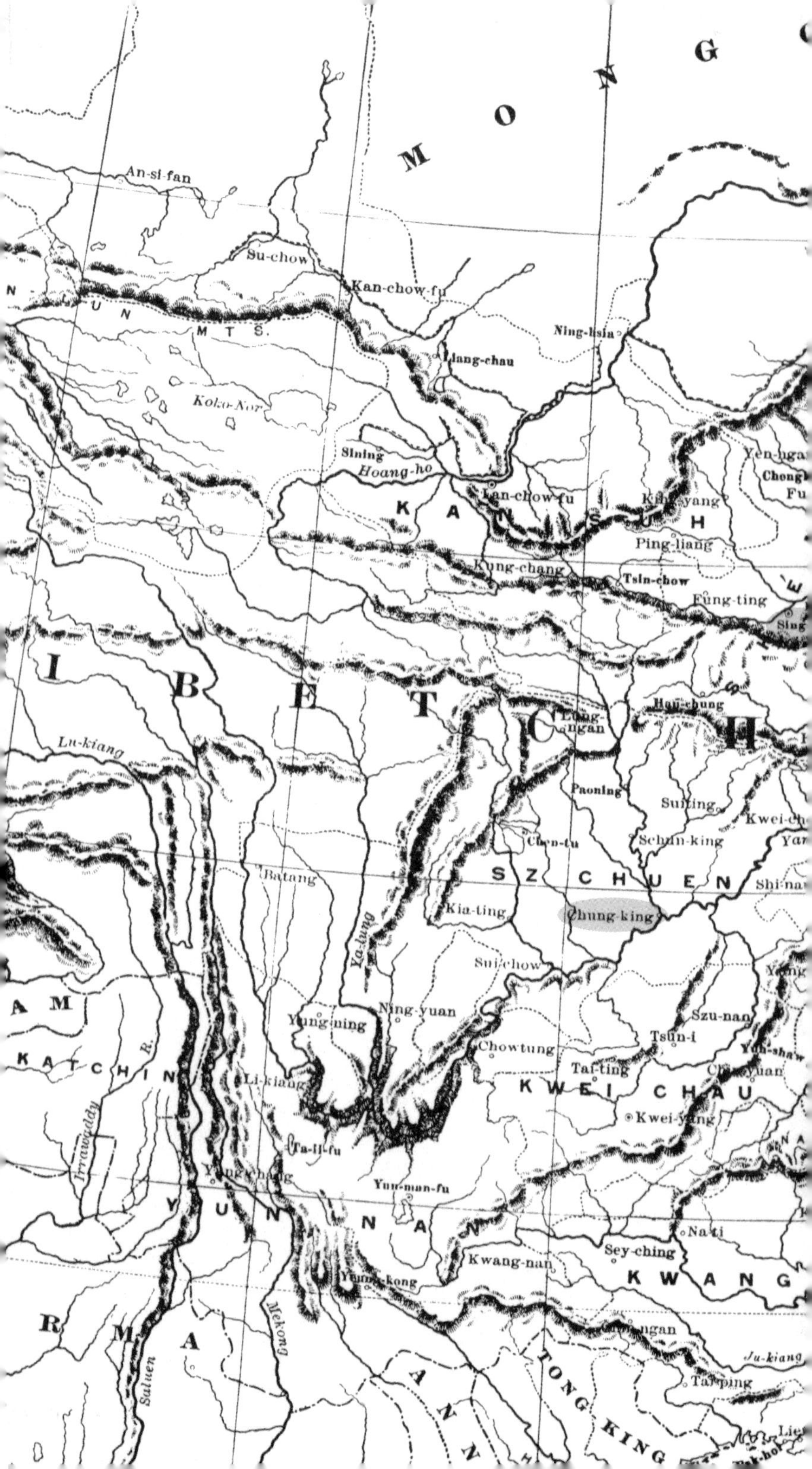

MONGO
An-si-fan
Su-chow
Kan-chow-fu
Ning-hsia
Liang-chau
MTS.
Koko-Nor
Sining
Hoang-ho
Lan-chow-fu
KANSUH
Ping-liang
Kung-chang
Tsin-chow
Fung-ting
TIBET
Lu-kiang
Han-chung
Paoning
Suining
Chen-tu
Schun-king
SZCHUEN
Batang
Kia-ting
Chung-king
Ya-lung
Sui-chow
Ning-yuan
Yung-ning
Chowtung
Szu-nan
Tsun-i
Tai-ting
KWEI CHAU
Kwei-yang
Li-kiang
Ta-li-fu
Yun-nan-fu
YUNNAN
KATCHIN
Irrawaddy
Kwang-nan
Sey-ching
Na-ti
KWANG
Mekong
Saluen
RMA
ANN
TONG KING
Ju-kiang
Tai-ping